재미팡팡!
생각쑥쑥!

특별한 우리 아이를 위한 입체 종이접기

백석초등학교 미술부 지음

BM (주)도서출판 성안당

Foreign Copyright:
Joonwon Lee
Address: 10, Simhaksan-ro, Seopae-dong, Paju-si, Kyunggi-do,
    Korea
Telephone: 82-2-3142-4151
E-mail: jwlee@cyber.co.kr

재미팡팡! 생각쑥쑥!
특별한 우리 아이를 위한
입체 종이접기

2007. 1. 30. 초 판 1쇄 발행
2012. 4. 5. 초 판 6쇄 발행
2018. 4. 17. 장정개정 1판 1쇄 발행
2022. 9. 5. 장정개정 1판 2쇄 발행

지은이 | 백석초등학교 미술부
펴낸이 | 이종춘
펴낸곳 | BM (주)도서출판 성안당

주소 | 04032 서울시 마포구 양화로 127 첨단빌딩 3층(출판기획 R&D 센터)
      | 10881 경기도 파주시 문발로 112 파주 출판 문화도시(제작 및 물류)
전화 | 02) 3142-0036
     | 031) 950-6300
팩스 | 031) 955-0510
등록 | 1973. 2. 1. 제406-2005-000046호
출판사 홈페이지 | www.cyber.co.kr
ISBN | 978-89-315-8237-6 (73690)
정가 | 23,000원

이 책을 만든 사람들
책임 | 최옥현
진행 | 조혜란
기획·진행 | 앤미디어
본문 디자인 | 앤미디어
표지 디자인 | 앤미디어
홍보 | 김계향, 이보람, 유미나, 이준영
국제부 | 이선민, 조혜란, 권수경
마케팅 | 구본철, 차정욱, 오영일, 나진호, 강호묵
마케팅 지원 | 장상범, 박지연
제작 | 김유석

이 책의 어느 부분도 저작권자나 BM (주)도서출판 성안당 발행인의 승인 문서 없이 일부 또는 전부를 사진 복사나 디스크 복사 및 기타 정보 재생 시스템을 비롯하여 현재 알려지거나 향후 발명될 어떤 전기적, 기계적 또는 다른 수단을 통해 복사하거나 재생하거나 이용할 수 없음.

■ 도서 A/S 안내

성안당에서 발행하는 모든 도서는 저자와 출판사, 그리고 독자가 함께 만들어 나갑니다.
좋은 책을 펴내기 위해 많은 노력을 기울이고 있습니다. 혹시라도 내용상의 오류나 오탈자 등이 발견되면 **"좋은 책은 나라의 보배"**로서 우리 모두가 함께 만들어 간다는 마음으로 연락주시기 바랍니다. 수정 보완하여 더 나은 책이 되도록 최선을 다하겠습니다.
성안당은 늘 독자 여러분들의 소중한 의견을 기다리고 있습니다. 좋은 의견을 보내주시는 분께는 성안당 쇼핑몰의 포인트(3,000포인트)를 적립해 드립니다.
잘못 만들어진 책이나 부록 등이 파손된 경우에는 교환해 드립니다.

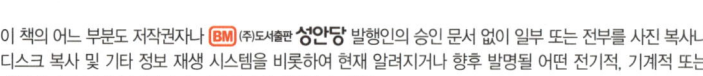

자유로운 상상력을 위한
종이접기

종이접기는 단순히 종이를 이용한 공작 놀이의 개념이 아닙니다. 실생활에서 쉽게 찾을 수 있고 구하기 쉬운 종이라는 재료를 이용하여 화면에 주제를 구성할 수 있는 구성력을 키워주며, 종이를 접어 만든 형태가 주는 모티브를 통해 풍부한 상상력을 유발하고 스스로의 상상력을 화면 속에 펼쳐 나갈 수 있게 하는 동기의 시작점이랍니다.

종이접기를 이용하여 스스로의 구성표현력을 향상시키며 자신만의 창의적인 화면 재구성으로 집중력을 키워나갈 수 있습니다. 이 책에서는 다양한 구성 방법을 익히고 종이접기로 완성된 형태를 어떻게 활용할 것인가를 자신만의 창의적 개념으로 구체화 시킬 수 있도록 제시하였습니다.

종이는 평면이 아닌, 여러 가지 형태로의 변형이 가능한 미술 활동의 수단이 된다는 것을 체험하고 조형이라는 미술의 개념을 좀 더 가까이 이해할 수 있도록 도움이 되었으면 합니다. 아이들의 응용력과 표현력을 높이고, 유연한 사고 속에서 자유로운 미술 활동에 도움이 되며, 재미있는 종이접기의 길잡이가 될 것입니다.

이 책이 만들어지기까지 저와 함께 종이라는 재료를 이용하여 스스로 즐길 줄 아는 미술 수업에 열심히 따라와 준 사랑하는 백석초등학교 미술부 어린이들과 그동안 관심 있게 지켜봐주시고 더 나은 발전을 위해 조언을 아끼지 않으셨던 모든 백석초등학교 선생님들께 감사의 마음을 전하고 싶습니다.

백석초등학교 미술부

미리보기

이 책을 보는 방법에 대해 설명하고 있습니다. 책을 구성하는 요소마다 필요한 종이접기 정보들이 숨어있어요.

종이를 접기 전에 테마를 설명하는 부분으로, 앞으로 접을 종이접기의 구성과 접기 방법을 알려주고 있어요.

완성된 종이접기 결과물을 서로 다른 각도에서 보여주어 종이가 접혀진 형태를 이해하기 쉽도록 구성하였어요.

> 아이들에게 호기심과 재미를 주기 위해 종이를 접으면서 읽어주세요. 접기의 재미와 폭넓은 상식을 얻을 수 있어요.

> 준비물과 종이접기의 순서를 한눈에 확인할 수 있어요. 어떤 순서대로 접을지 미리 알아보세요.

준비물 : 샘물 20   강아지 얼굴 접기   강아지 얼굴 접기   강아지 몸통 접기

> 종이접기 단계별로 간단하게 제목과 따라하기 설명을 소개합니다.

1 강아지 얼굴 접기

색종이의 윗면과 아랫면을 분리하여 접어 강아지의 얼굴을 접어 보세요.

> 새싹은 씨앗에서 다 자라지 않고 3~5cm정도 자란 채소를 말한답니다. 새싹은 다 자란 채소보다 오히려 영양이 2~3배 더 많대요. 씨앗을 심은 다음 18~24도의 온도를 맞춰주면 새싹이 잘 자랄수 있대요.

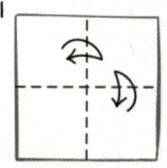

1. 색종이를 가로와 세로 방향으로 이등분이 되도록 안쪽으로 접었다 펴준다.

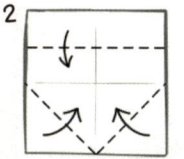

2. 색종이 윗부분을 이등분이 되도록 안쪽으로 내려접고, 색종이 아랫부분을 중심선에 맞추어 안쪽으로 접는다.

> 누구나 쉽게 종이를 접을 수 있도록 접는 과정을 따라하기 방식으로 구성하였어요. 번호 순서대로 종이를 접어 보세요.

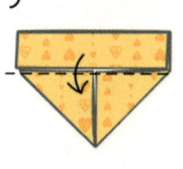

3. 색종이 윗부분을 안쪽으로 내려 접는다.

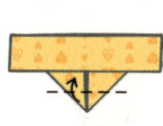

4. 색종이 아랫부분을 이등분이 되도록 안쪽으로 올려 접는다.

알아두면 더

다양한 강아지 얼굴

강아지의 얼굴 부분을 만들 때 크기를 다르게 하여 얼굴을 반으로 접어주면 강아지의 옆모습과 다른 표정의 강아지 얼굴을 만들 수 있어요.

> 예제의 종이접기 과정에서 알아두면 좋을 활용 방법이나 돋보이는 아이디어를 소개하고 있어요.

차례

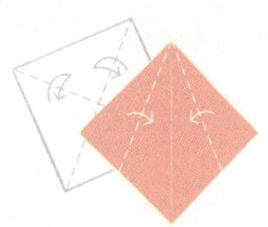

재미팡팡! 생각쑥쑥!
특별한 우리 아이를 위한
입체 종이접기

(주)성안당(www.cyber.co.kr) 홈페이지의 [도서몰]에서 회원가입 후 [자료실]-[부록CD]에서 다운로드 가능!

3　머리말
4　미리보기
11　종이접기 동영상 강의 구성
12　기본접기

18 1. 파릇 파릇 싹이 났어요!
　　 새싹 접기

21 2. 지구를 지키는 배트맨!
　　 배트맨 가면 접기

24 3. 나는 왕이로소이다!
　　 왕관 접기

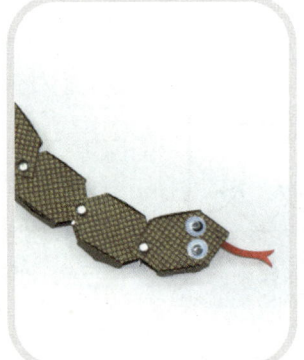

28 4. 냨름 냨름, 움직이는
　　 뱀 접기

33 5. 소꿉놀이를 해볼까요?
　　 감자튀김과 닭다리 접기

38 6. 띠리띠리~ 움직이는
　　 깡통로봇 접기

47 7. 쨍그랑 한푼,
　　 금붕어 저금통 접기

54 8. 우주를 항해하는
　　 미래의 우주탐험대 접기

62 9. 노랗게 옥수수가 익어요!
　　 옥수수 접기

65 10. 엄마, 아빠에게 선물 할까? 지갑 접기

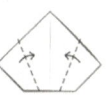

72 11. 외출을 해볼까?
핸드백 접기

76 12. 강아지와 산책을 해봐요!
강아지 접기

81 13. 아기 강아지가 태어났어요!
아기 강아지 접기

86 14. 사진을 예쁘게, 꽃 모양의
사진 액자 접기

90 15. 알록 달록, 새장 속의
앵무새 접기

93 16. 주룩주룩 비가 내려요!
우산 접기

96 17. 늑대가 나타났어요!
아기 돼지 삼형제

101 18. 한가로이 풀을 먹는
아기 토끼 접기

109 19. 초가집 속의 할아버
지와 할머니 접기

114 20. 요리조리 움직여요!
아기 고양이 접기

119 21. 딱지보다 멋진
문양 만들기

차례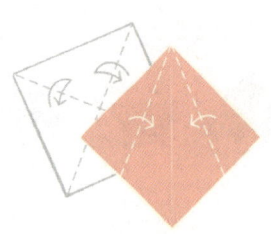

124 22. 눈처럼 희고 깨끗한 백합꽃 접기

126 23. 굴러라! 주사위 접기

129 24. 사슴벌레가 있는 가을 풍경 꾸미기

137 25. 치즈 케이크를 찾아라! 생쥐 접기

142 26. 데굴데굴 재주 넘는 팬더 곰 접기

148 27. 반짝반짝 신데렐라 유리 구두 접기

155 28. 얼음 톡톡! 아이스 빙수 접기

158 29. 펄펄 눈 내리는 유리병 트리 접기

163 30. 예쁘게 장식할 수 있는 크리스마스 트리 접기

168 31. 시장을 봐왔어요! 냉장고 꾸미기

179 32. 가슴에 달아볼까? 장미꽃 모빌 접기

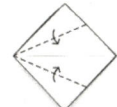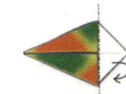

182 33. 연못가에 숨어있는 송사리 떼 접기

185 34. 발레를 해볼까? 호수 위의 백조 접기

189 35. 하늘 위로 붕붕, 공중 곡예 비행기 접기

193 36. 빨랫줄에 빨래를 널어요! 옷 접기

202 37. 알콩달콩~ 고양이 가족 접기

211 38. 잠이 안와요~ 양 한 마리, 양 두 마리 양 접기

215 39. 깊은 바닷속, 진주조개 접기

218 40. 잠자리가 나는 하늘, 잠자리 접기

224 41. 흰 눈송이 속의 눈사람 접기

227 42. 울타리가 있는 토끼 집 접기

232 43. 나도 발레리나! 인형 발레복 접기

차례

235 44. 나룻배를 띄워요! 나룻배 접기

238 45. 내 손으로 만드는 트리 장식품 접기

241 46. 땡그랑, 땡그랑 크리스마스 종 모빌 접기

245 47. 트리 속의 산타 할아버지 접기

252 48. 예쁜 화분을 만들어 볼까? 선인장 화분 접기

257 49. 펄럭펄럭, 자랑스러운 태극기 접기

261 50. 벽면에 수족관을 만들어요! 수족관 접기

267 부록 패턴지 모음

동영상 종이접기 강의 구성

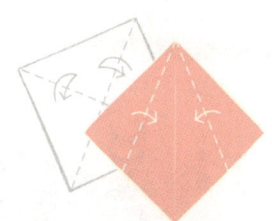

(주)성안당 홈페이지(www.cyber.co.kr)의 [도서몰]에서 회원가입 후 로그인한 다음 [자료실]-[부록CD] 바로가기-'입체'로 검색하여 315-8237_입체종이접기_부록CD.zip 파일의 압축을 풀어주세요. '8237(구7218) 부록CD' 폴더에서 paperart.exe 파일을 더블클릭하시면 다음 메뉴가 나타납니다.

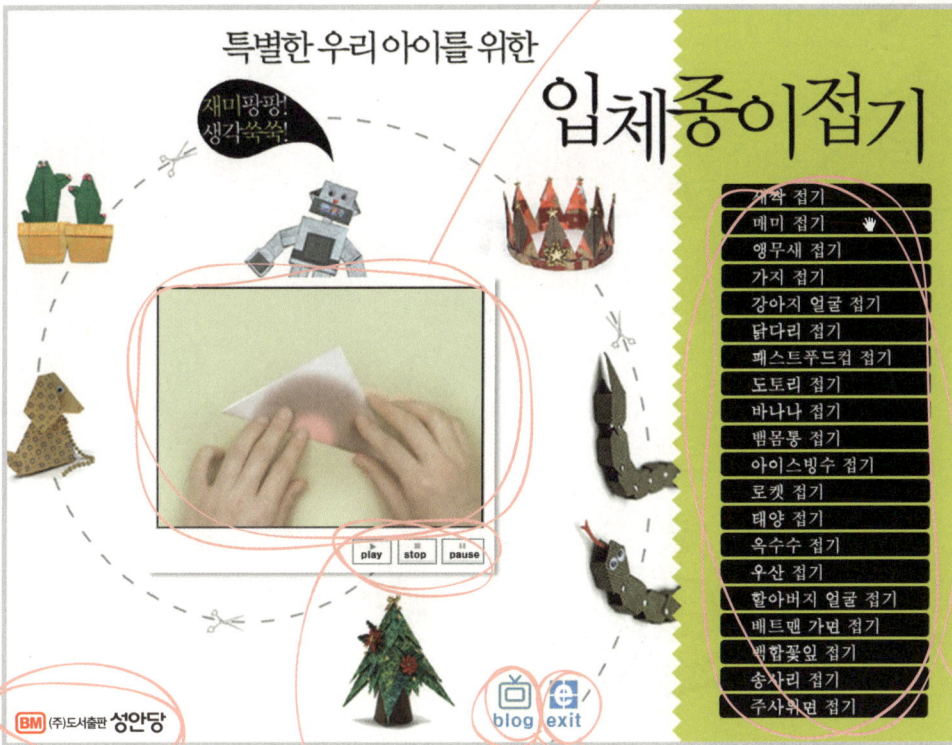

미디어 플레이어에서 종이접기 영상이 재생됩니다.

종이접기 동영상 항목을 마우스로 클릭하여 선택합니다.

영상을 다시 보거나 정지시킬 때 사용합니다.

동영상 메인 화면에서 빠져 나옵니다.

성안당 홈페이지로 이동합니다.

인터넷에서 종이접기 동영상을 볼 수 있는 블로그로 이동합니다.

기본접기

본문에서 소개된 종이접기 과정에서 꼭 알아두어야 할 기본 접기를 알아봅니다. 기본 접기를 반복적으로 연습한 다음 테마별 종이접기를 따라해 보세요. 손쉽게 예제를 따라할 수 있을 것입니다.

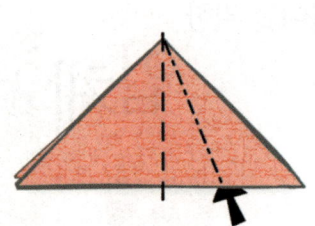

눌러 접기

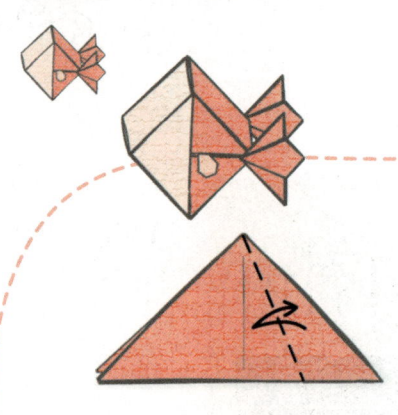

1 중심선에 맞추어 이등분이 되도록 안쪽으로 접었다 펴준다.

2 바깥쪽으로 펼쳐 눌러 접기를 완성한다.

문 접기

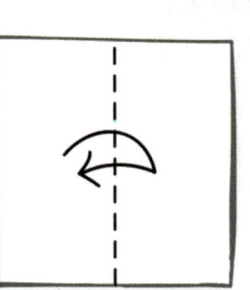
1 색종이를 이등분이 되도록 안쪽으로 접었다 펴준다.

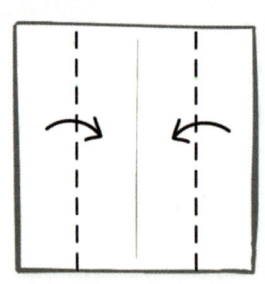
2 중심선에 맞추어 안쪽으로 접는다.

3 문 접기를 완성한다.

1 색종이의 접으려는 면을 바깥쪽으로 접는다.

2 바깥 접기를 완성한다.

선의 모양에 따라 안쪽 접기(---)와 바깥 접기(-----)를 구분합니다.

바깥 접기   **안쪽 접기**

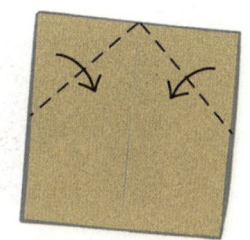 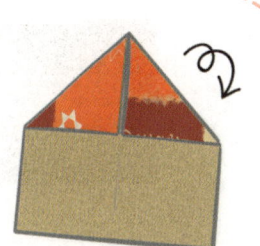

1 색종이의 접으려는 면을 안쪽으로 접는다.

2 안쪽 접기를 완성한다.

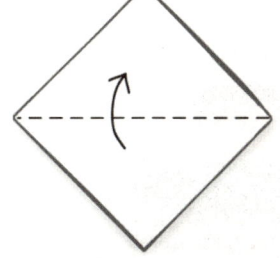 

컵 접기

1 색종이를 이등분이 되도록 안쪽으로 접어 올린다.

2 색종이 한쪽 면을 안쪽으로 접는다.

3 색종이 한쪽 면을 안쪽으로 접는다.

4 컵 접기를 완성한다.

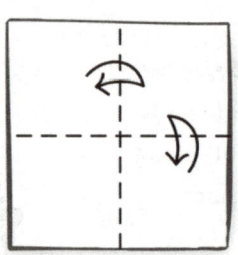 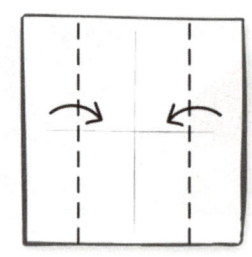 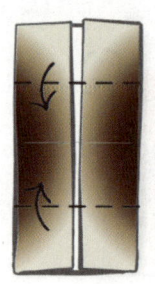

1 색종이를 가로와 세로 방향으로 안쪽으로 접었다 펴준다.

2 중심선에 맞추어 안쪽으로 문 접기한다.

3 중심선에 맞추어 안쪽으로 문 접기한다.

4 중심선에 맞추어 안쪽으로 삼각 모양이 되도록 접는다.

5 접어진 삼각 모양을 바깥쪽으로 당겨준다.

6 쌍배 접기를 완성한다.

쌍배 접기

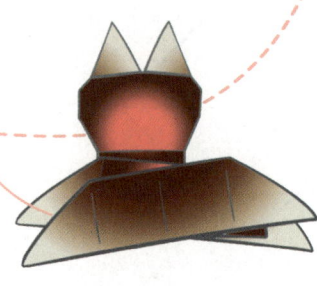

계단 접기

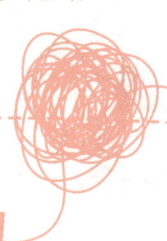 

1 점선대로 접어 계단 접기 한다.

2 계단 접기를 완성한다.

삼각 주머니 접기

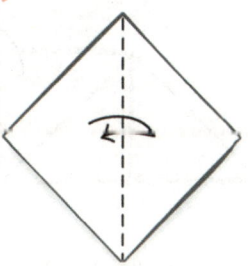 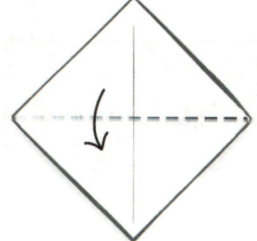 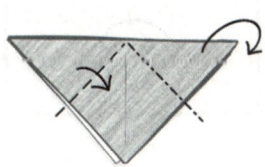

1 색종이를 이등분이 되도록 안쪽으로 접었다 펴준다.

2 색종이를 이등분이 되도록 안쪽으로 접어 내린다.

3 중심선에 맞추어 안쪽과 바깥쪽으로 접어준다.

4 바깥쪽으로 펼쳐 눌러 접기하여 삼각 주머니를 만든다.

5 삼각 주머니 접기를 완성한다.

방석 접기

  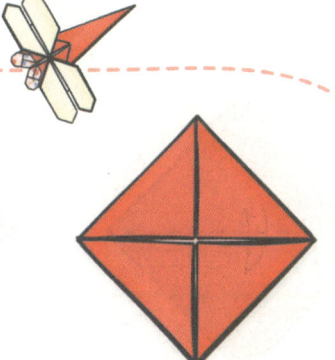

1 색종이를 가로와 세로 방향으로 이등분이 되도록 안쪽으로 접었다 펴준다.

2 중심선에 맞추어 안쪽으로 방석 접기한다.

3 방석 접기를 완성한다.

15

사각 주머니 접기

1 색종이를 이등분이 되도록 안쪽으로 접었다 펴준다.

2 중심선에 맞추어 안쪽으로 접는다.

3 중심선에 맞추어 바깥쪽으로 접는다.

4 색종이를 바깥쪽으로 펼쳐 눌러 접기한다.

5 사각 주머니 접기를 완성한다.

아이스크림 접기

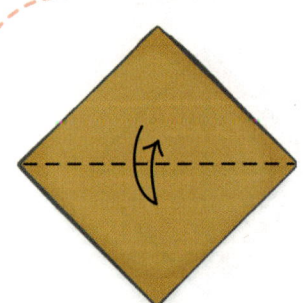 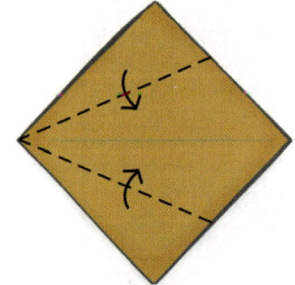 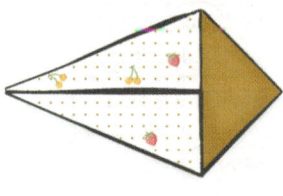

1 색종이를 이등분이 되도록 안쪽으로 접었다 펴준다.

2 중심선에 맞추어 이등분이 되도록 안쪽으로 접는다.

3 아이스크림 접기를 완성한다.

학 접기

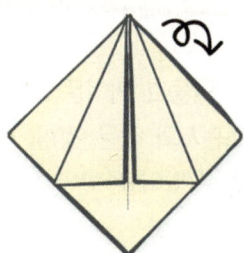

1 중심선에 맞추어 안쪽으로 아이스크림 접기한다.

2 색종이를 뒤집기한다.

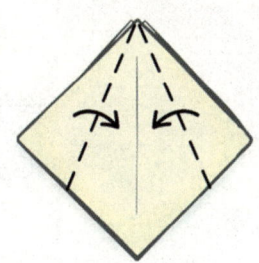

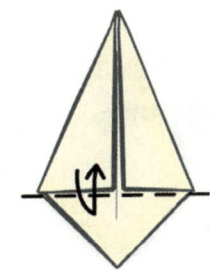

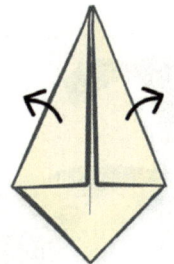

3 중심선에 맞추어 안쪽으로 아이스크림 접기한다.

4 색종이 아랫부분을 안쪽으로 접었다 펴준다.

5 색종이를 펴준다.

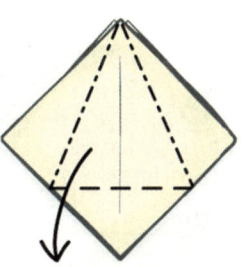

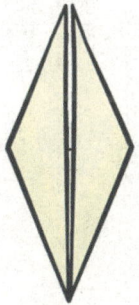

6 색종이를 점선대로 아래로 내려 접는다. 뒷면도 같은 방법으로 접는다.

7 학 접기를 완성한다.

파릇 파릇 싹이 났어요!
새싹 접기

01

종이접기

작은 화분이나 나만의 정원을 만들고 귀여운 새싹을 접어 꾸며 보세요. 새싹을 접어 오아시스(꽃꽂이에 사용되는 초록색의 스펀지와 같은 것)를 이용하여 화분 속에 심어주거나 책상 위에 올려 멋진 장식 소품으로도 활용할 수 있어요.

준비물 : 샘플 이   새싹 접기

새싹 접기

색종이 모서리 부분에 초록색으로 염색 되어진 색종이를 사용하면 예쁜 새싹을 접을 수 있어요.

1
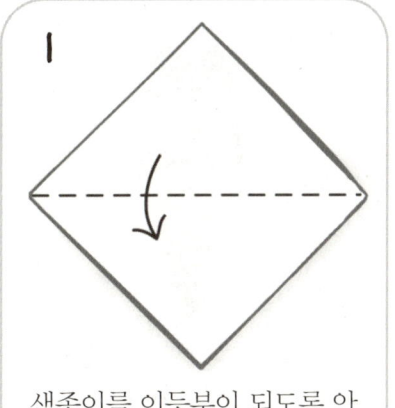
색종이를 이등분이 되도록 안쪽으로 접어 내린다.

2

이등분이 되도록 안쪽으로 접었다 펴준다.

3
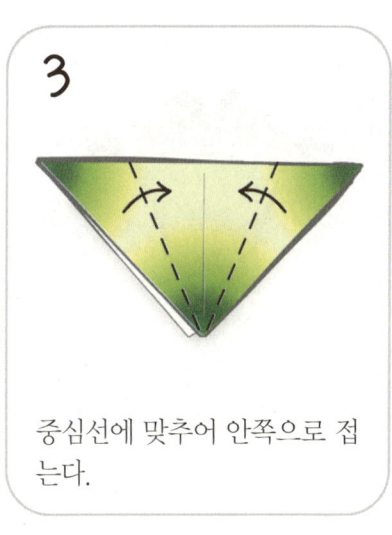
중심선에 맞추어 안쪽으로 접는다.

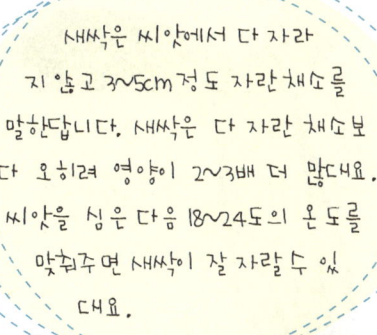

새싹은 씨앗에서 다 자라지 않고 3~5cm 정도 자란 채소를 말한답니다. 새싹은 다 자란 채소보다 오히려 영양이 2~3배 더 많대요. 씨앗을 심은 다음 18~24도의 온도를 맞춰주면 새싹이 잘 자랄 수 있대요.

4
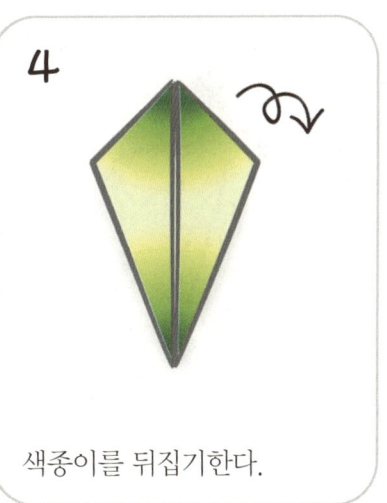
색종이를 뒤집기한다.

5

이등분이 되도록 안쪽으로 접었다 펴준다.

6
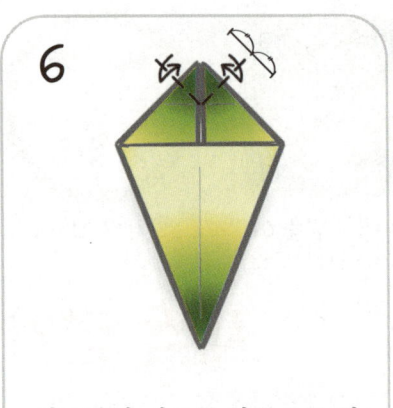
이등분이 되도록 안쪽으로 접었다 펴준다.

7

색종이 윗부분을 안쪽으로 접어 넣어준다.

8

중심선에 맞추어 안쪽으로 접었다 펴준다.

9

바깥 접기하며 안쪽으로 밀어 넣어 준다.

10

모서리 부분을 바깥 접기하며 안쪽으로 밀어 넣어 준다.

11

삼각 모양으로 접어 내리면서 중심선에 맞추어 안쪽으로 접는다.

12

양쪽 모두 사선으로 안쪽 접기한다.

13

색종이 윗부분을 양쪽으로 벌려준다.

14 새싹을 완성한다.

지구를 지키는 배트맨!
배트맨 가면 접기

종이접기

02

영화 속에 나오는 배트맨 가면 만들기예요. 검정 도화지나 무늬 색지를 이용해 접어도 좋아요. 완성된 가면 양쪽 끝부분에 작은 펀치로 구멍을 뚫고 고무줄을 연결하여 가면 놀이를 해보세요. 기본 가면 접기에 여러 가지 색종이를 오려붙여 개성있는 가면들을 만들어보고, 가면을 이용한 재미있는 역할 놀이도 해보세요.

1

2

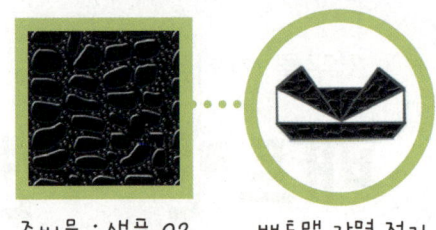

준비물 : 샘플 02   배트맨 가면 접기

배트맨 가면 접기

색종이 윗부분과 아랫부분의 접기 비율을 다르게 하여 다양한 표정을 가진 가면을 만들어 보세요.

1
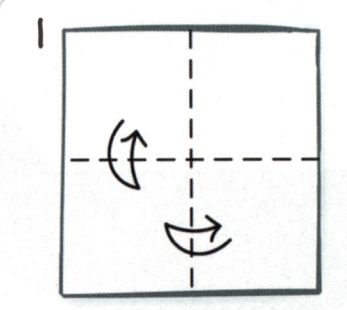

색종이를 가로와 세로 방향으로 이등분이 되도록 안쪽으로 접었다 펴준다.

2
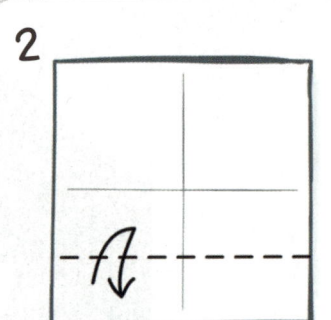

중심선에 맞추어 이등분이 되도록 안쪽으로 접었다 펴준다.

3
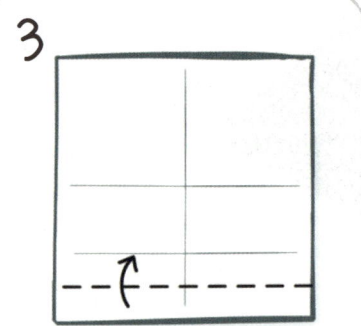

색종이를 이등분선에 맞추어 안쪽으로 접어 올린다.

4
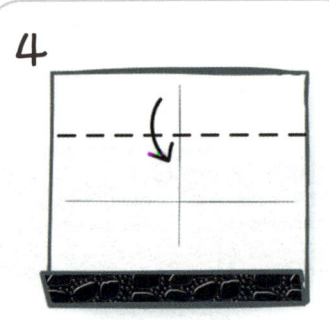

색종이 윗부분을 중심선에 맞추어 이등분이 되도록 안쪽으로 접어 내린다.

5
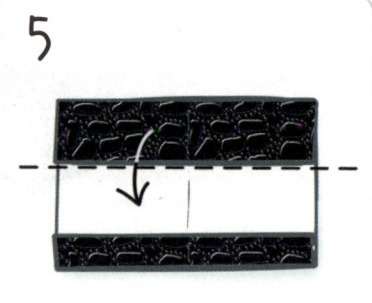

색종이 윗부분을 안쪽으로 접어 내린다.

6 양쪽 모서리 부분을 사선 방향으로 안쪽으로 접어 올린다.

7 모서리 부분을 살짝 바깥쪽으로 접는다.

8 배트맨 가면을 완성한다.

가면 축제의 유래

유럽의 가장 유명하고도 화려한 카니발 중의 하나가 베니스의 가면 축제랍니다. 전통적인 가장 무도회와 18세기 복장을 부활시킨 베니스의 가면 축제는 18세기 성 마르코 광장에서 행해졌던 가장 무도회가 기원이래요. 지금은 겨울철의 가장 대표적인 유럽 축제가 되었답니다.

종이접기

나는 왕이로소이다!
왕관 접기

03

중세 시대에서나 볼 수 있을 것 같은 멋진 왕관 만들기예요. 왕관 조각을 서로 살짝 겹쳐 붙여 둥글게 연결하여 왕관을 만들고, 색구슬이나 별 장식을 붙여 꾸며주세요. 도화지에 보석모양을 그려주고 색 사인펜으로 색칠한 다음 가위로 오려 붙여 사용해도 좋아요.

준비물 : 샘플 03   왕관 접기

왕관 접기

색종이를 중심선에서 이등분이 되도록 접어 삼각 모양의 장식이 들어간 왕관을 만들어 보세요.

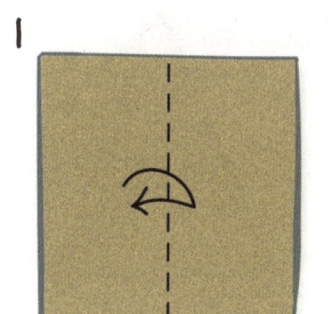

1. 색종이를 이등분이 되도록 안쪽으로 접었다 펴준다.

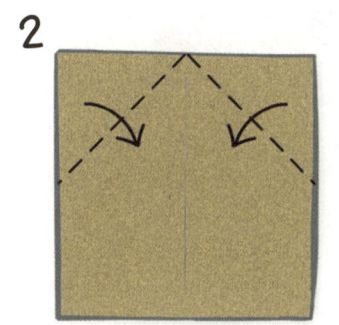

2. 색종이 윗부분을 중심선에 맞추어 안쪽으로 접는다.

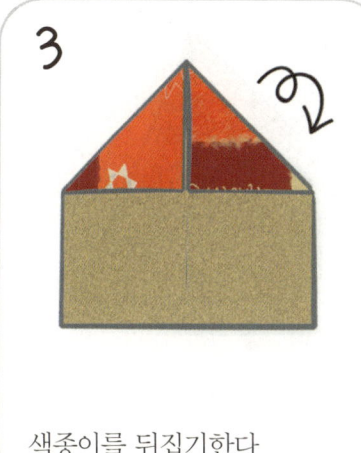

3. 색종이를 뒤집기한다.

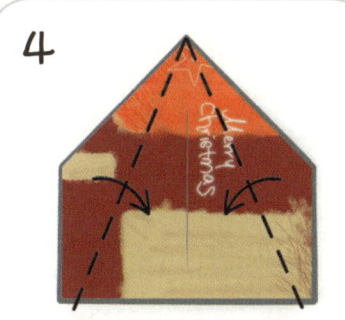

4. 중심선에 맞추어 이등분이 되도록 안쪽 접기하며 뒷면을 빼준다.

영예와 통치권을 상징하는 머리 장식물을 왕관이라고 하지요. 고대 그리스와 로마 시대에는 운동선수와 시인, 싸움에서 이긴 전사들이 각기 다른 형태의 화관을 영예로 받았대요. 화관의 원리를 따라 변형 발전하던 왕관은 나라들마다 각기 다르게 발달되어 왔지만, 지금은 박물관에서나 볼 수 있어요. 아직도 왕관이 축성식에 쓰이는 나라는 영국과 바티칸 시티밖에는 없답니다.

5
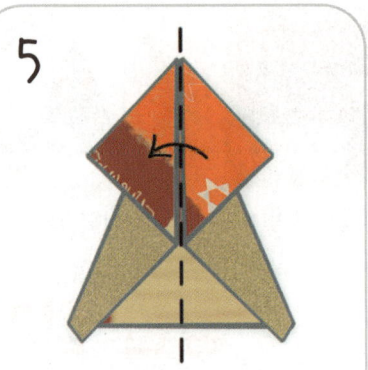
색종이 윗부분을 안쪽으로 접는다.

6
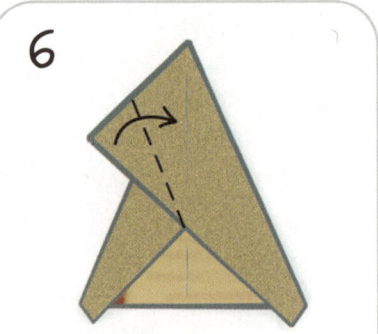
모서리부분을 중심선에 맞추어 이등분이 되도록 안쪽으로 접는다.

7
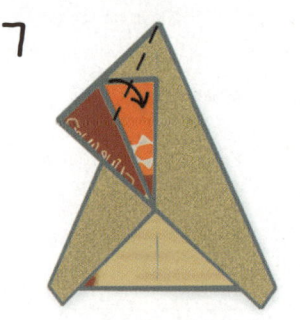
색종이 윗부분을 중심선에 맞추어 이등분이 되도록 안쪽으로 접는다.

8
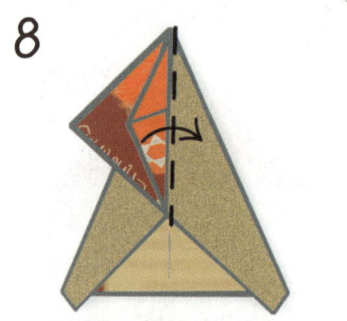
색종이 한 매만을 안쪽으로 접는다.

9
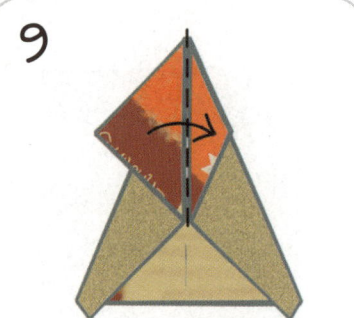
색종이 윗부분을 안쪽으로 접는다.

10
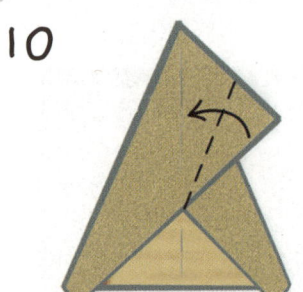
모서리부분을 중심선에 맞추어 이등분이 되도록 안쪽으로 접는다.

11
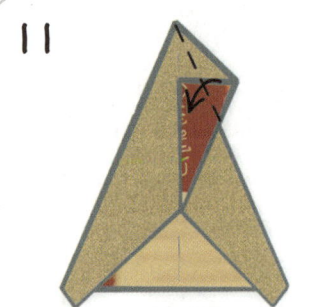
색종이 윗부분을 중심선에 맞추어 이등분이 되도록 안쪽으로 접는다.

12
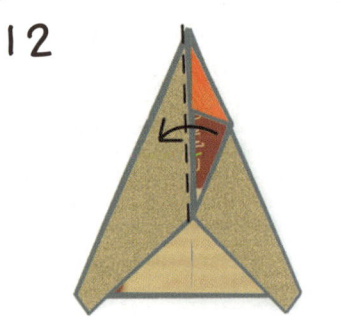
색종이 한 매만을 안쪽으로 접는다.

13
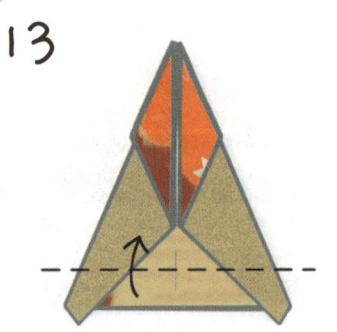
색종이 아랫부분을 안쪽으로 접어 올린다.

14

왕관 부분을 완성한다.

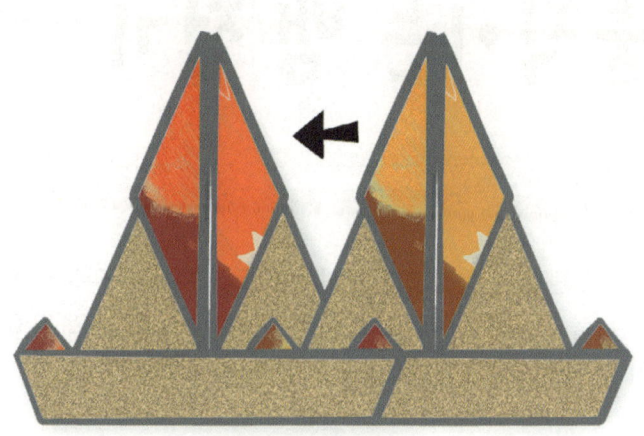

15 같은 모양을 여러 개 접어 둥글게 연결시켜 왕관을 완성한다.

하나 더

왕관 장식하기

멋진 왕관을 만들려면 중심선에서 정확하게 이등분이 되도록 접어 양쪽 왕관 장식부분이 대칭이 되도록 접어야 돼요. 완성된 왕관의 중앙 부분에 커다란 장식을 색연필로 그리고, 가위로 오려 붙여주거나 구슬이나 별 장식을 붙여주어도 좋아요. 왕관의 뾰족한 장식 윗부분에도 구슬이나 별 장식을 붙여 꾸며주세요. 왕관 장식을 머리 둘레에 잘 맞도록 연결하여 붙여줄 때, 왕관의 밑단 부분을 꼼꼼히 풀칠하여 붙여주세요. 밑단 부분을 꼼꼼히 잘 붙여야 둥근 왕관 모양이 예쁘게 만들어져요.

날름 날름, 움직이는 뱀 접기

04

구불 구불 땅 위를 기어가는 뱀을 만들어 보세요. 완성된 뱀의 입부분에 빨간색 색종이를 이용하여 혀를 만들어 붙여주고, 모형 눈을 붙여주세요. 뱀의 몸통을 서로 연결할 때, 연결 핀에 손가락이 다치지 않도록 주의하세요. 연결 구멍을 작은 펀치로 미리 뚫어 사용해도 좋아요.

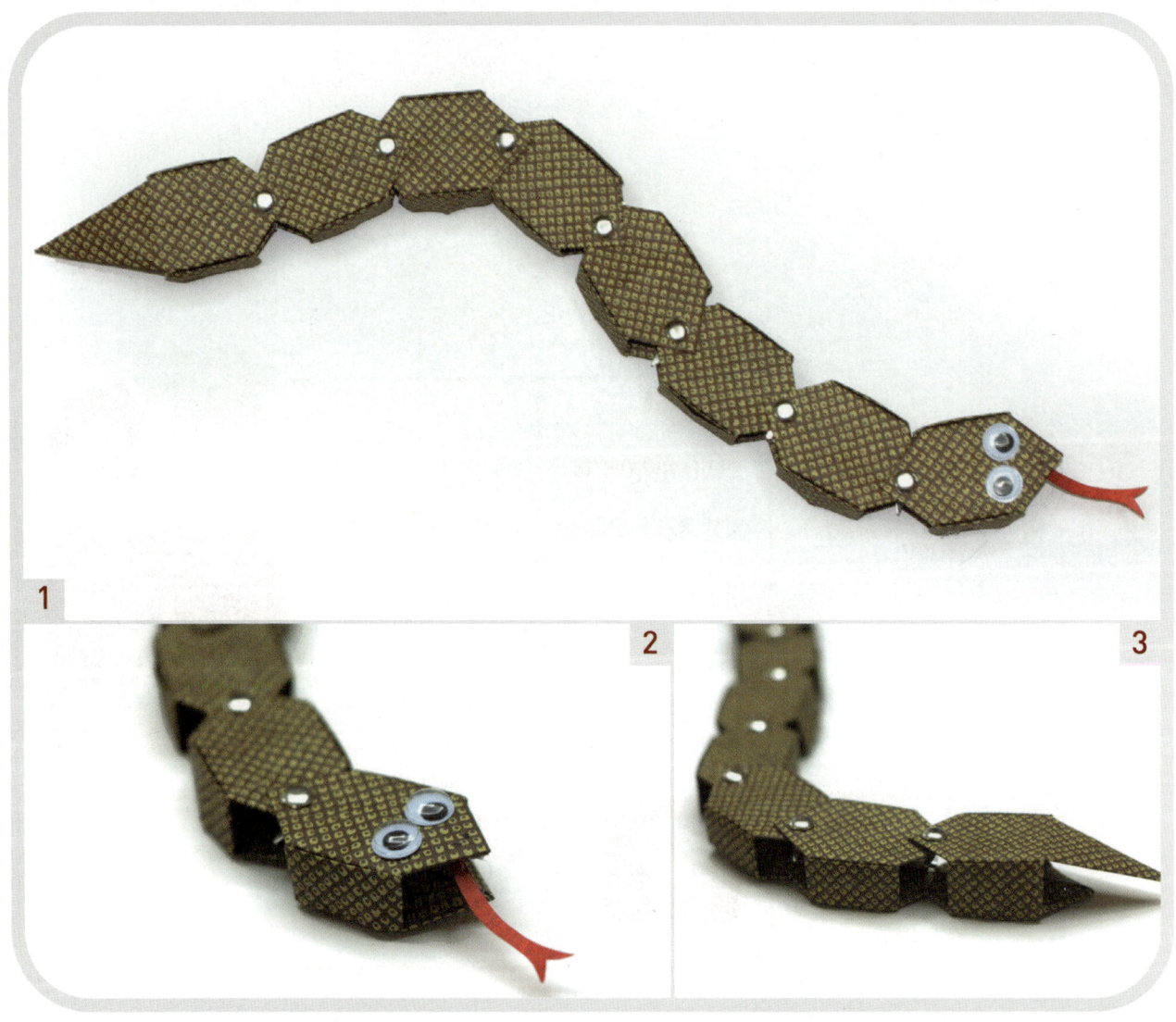

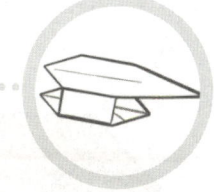

준비물 : 샘플 04   뱀 몸통 접기   뱀 꼬리 접기

1 뱀 몸통 접기

방석 접기를 응용하여 뱀의 몸통 부분을 만들어 보세요.

고대부터 멸종되지 않고 살아남은 뱀은 파충류의 화석이라고 불릴 만큼 생명력이 강하답니다. 뱀은 스스로 열을 만들어 체온을 유지할 수 없기 때문에 소화, 활동, 번식에 필요한 열을 태양으로부터 얻어 사용한답니다. 그래서 뱀은 일조량이 적은 겨울철엔 땅의 지열을 이용하면서 동면에 들어간답니다.

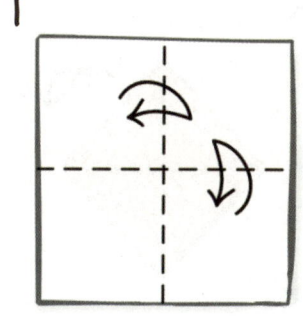

1 색종이를 가로와 세로 방향으로 이등분이 되도록 안쪽으로 접었다 펴준다.

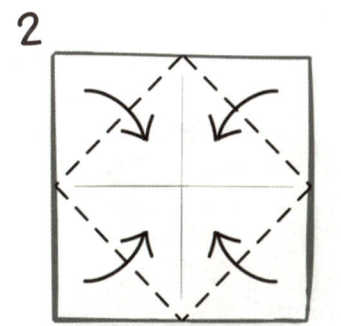

2 중심선에 맞추어 안쪽으로 방석 접기한다.

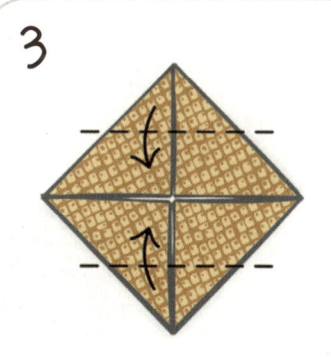

3 중심선에 맞추어 이등분이 되도록 안쪽으로 접는다.

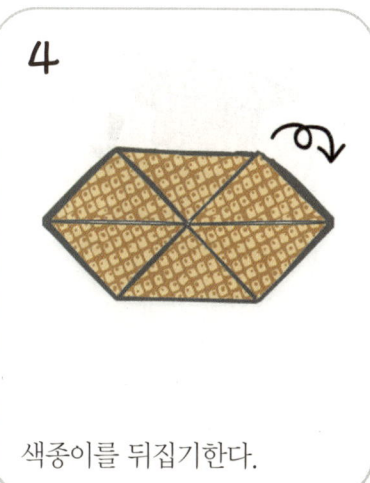

4 색종이를 뒤집기한다.

날름 날름, 움직이는 뱀접기 • 29

5
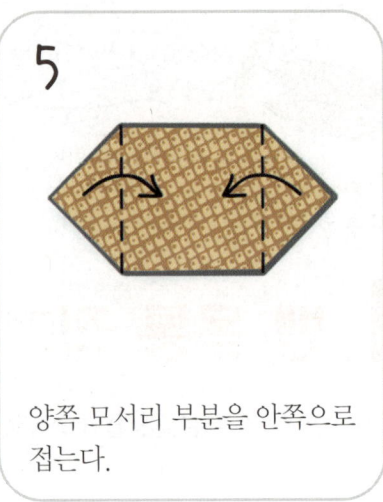
양쪽 모서리 부분을 안쪽으로 접는다.

6
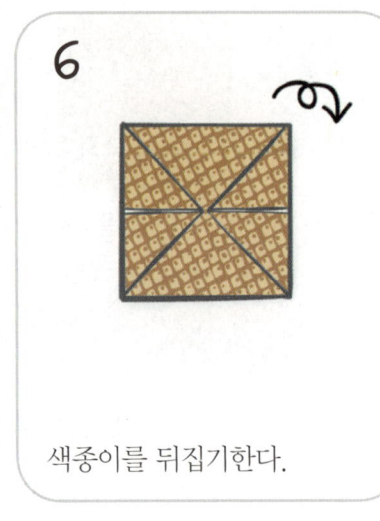
색종이를 뒤집기한다.

7

중심선에 맞추어 안쪽으로 방석 접기한다.

8

색종이를 뒤집기한다.

9
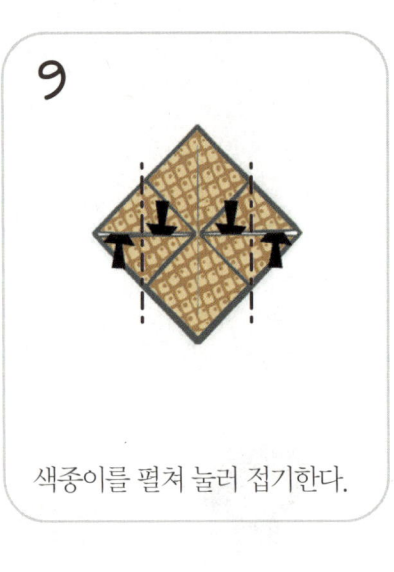
색종이를 펼쳐 눌러 접기한다.

10
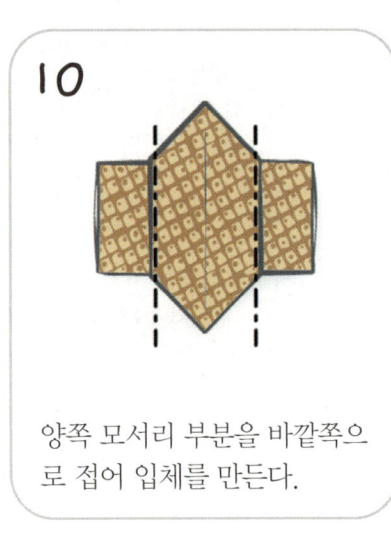
양쪽 모서리 부분을 바깥쪽으로 접어 입체를 만든다.

11
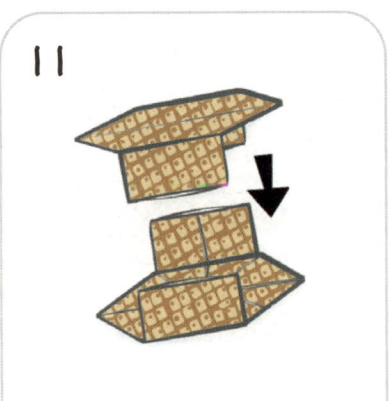
같은 모양을 서로 연결하여 붙인다.

12
뱀 몸통 부분을 완성한다. 같은 모양을 여러 개 접고, 몸통과 몸통 부분을 움직일 수 있도록 연결 핀으로 연결한다.

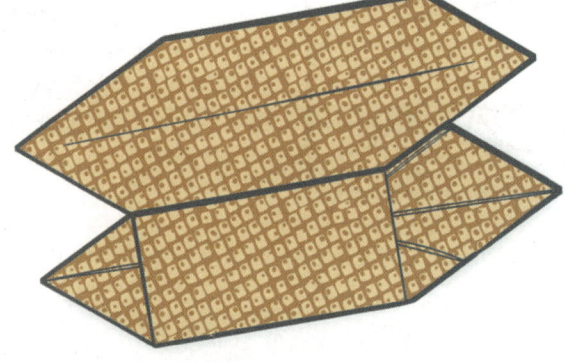

뱀 몸통 접기 　　준비물 : 샘플 04 　　뱀 꼬리 접기

2 뱀 꼬리 접기

방석 접기한 다음 가위집을 넣고 접어 뱀의 꼬리 부분을 만들어 보세요.

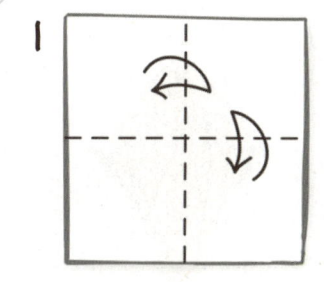

1
색종이를 가로와 세로 방향으로 이등분이 되도록 안쪽으로 접었다 펴준다.

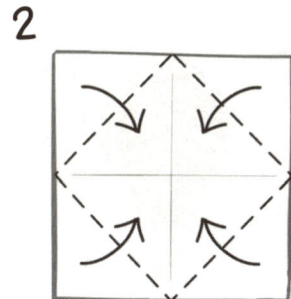

2
중심선에 맞추어 안쪽으로 방석 접기한다.

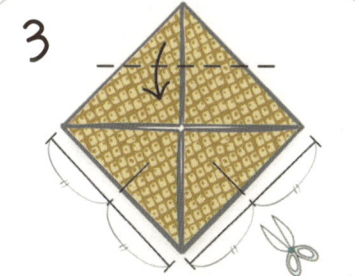

3
색종이 윗부분을 중심선에 맞추어 이등분이 되도록 안쪽으로 내려접고, 색종이 아랫부분을 1/2 부분에서 살짝 가위집을 넣어준다.

4
색종이를 뒤집기한다.

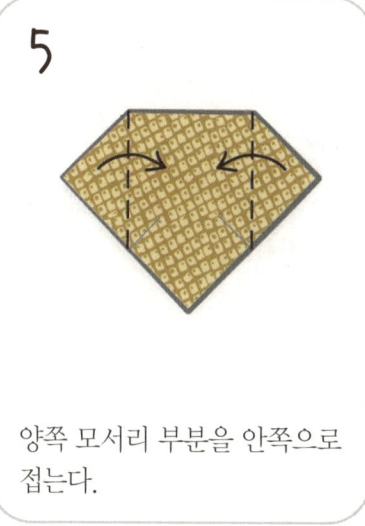

5
양쪽 모서리 부분을 안쪽으로 접는다.

6
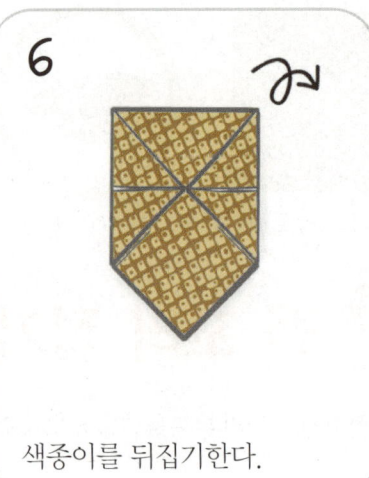
색종이를 뒤집기한다.

7
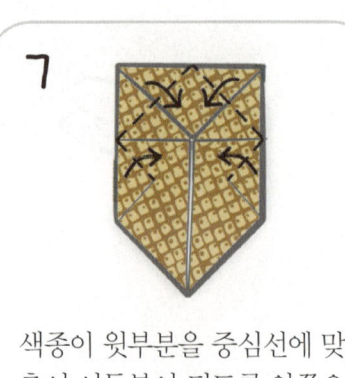
색종이 윗부분을 중심선에 맞추어 이등분이 되도록 안쪽으로 접고, 가위집 부분에서 사선 방향으로 안쪽 접기한다.

8

색종이 아랫부분을 안쪽으로 살짝 겹쳐 접는다.

9

색종이를 뒤집기한다.

10

색종이를 펼쳐 눌러 접기한다.

11

양쪽 모서리 부분을 바깥쪽으로 접어 입체를 만든다.

12
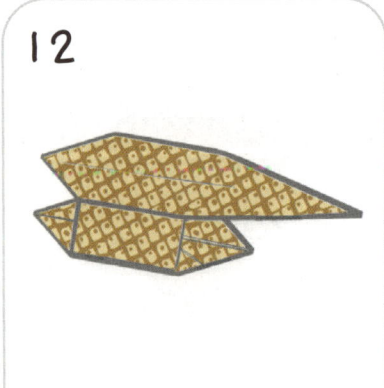
몸통 부분과 서로 연결하여 뱀의 꼬리 부분을 완성한다.

13
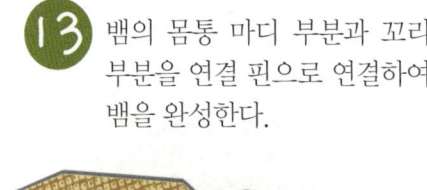
뱀의 몸통 마디 부분과 꼬리 부분을 연결 핀으로 연결하여 뱀을 완성한다.

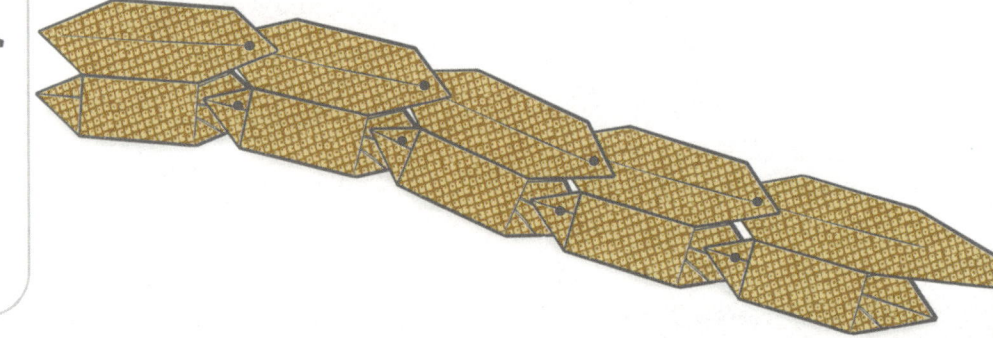

종이접기

소꿉놀이를 해볼까요?
감자튀김과 닭다리 접기 05

감자튀김과 닭다리를 만들어 소꿉놀이를 해보세요. 작은 메모지에 주문서를 만들고 역할을 바꾸어 보며 재미있는 패스트푸드 소꿉놀이를 해보세요.

준비물 : 샘플 05 　　종이컵 접기 　　감자튀김 접기 　　닭다리 접기

1 종이컵 접기

컵 접기를 이용하여 감자튀김을 담을 수 있는 종이컵을 만들어 보세요.

1
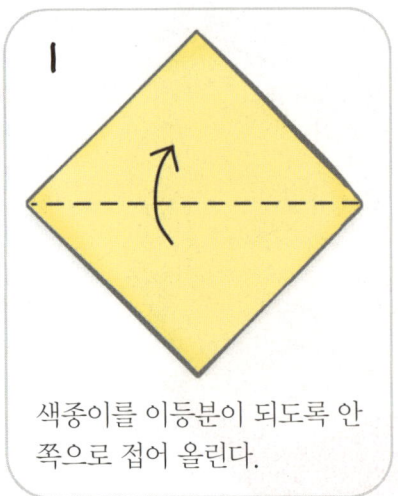

색종이를 이등분이 되도록 안쪽으로 접어 올린다.

2
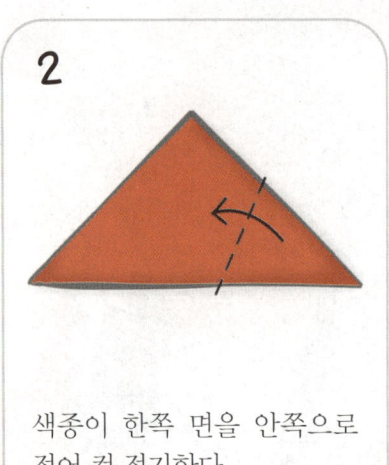

색종이 한쪽 면을 안쪽으로 접어 컵 접기한다.

3
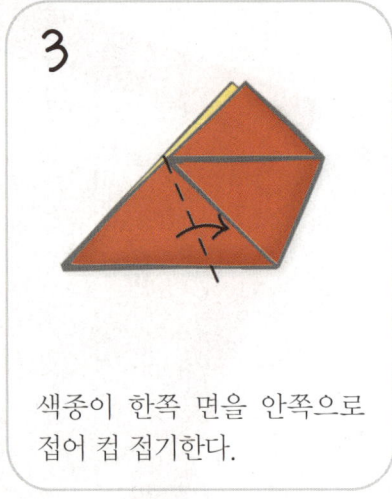

색종이 한쪽 면을 안쪽으로 접어 컵 접기한다.

4
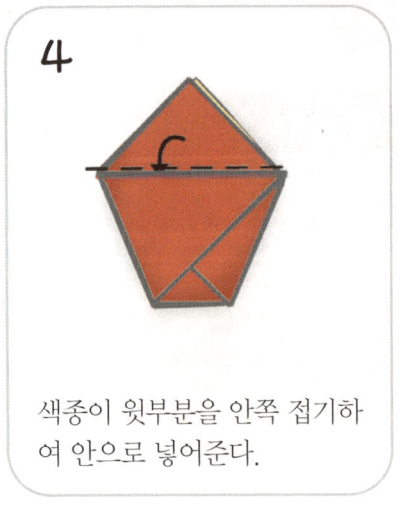

색종이 윗부분을 안쪽 접기하여 안으로 넣어준다.

5

색종이를 뒤집기한다.

6
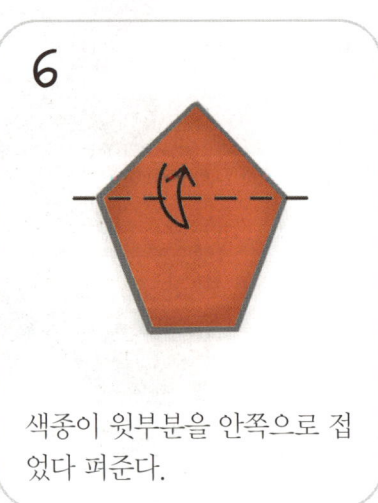

색종이 윗부분을 안쪽으로 접었다 펴준다.

34 • 특별한 우리 아이를 위한 입체 종이접기

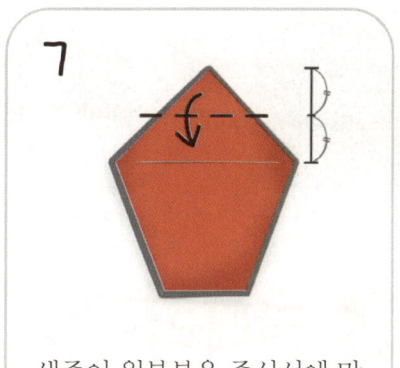

7 색종이 윗부분을 중심선에 맞추어 이등분이 되도록 안쪽으로 접어 내린다.

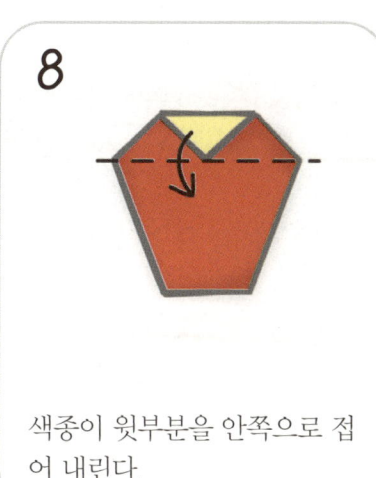

8 색종이 윗부분을 안쪽으로 접어 내린다.

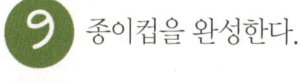

9 종이컵을 완성한다.

2 감자튀김 접기

색종이를 같은 간격으로 바깥 접기와 안쪽 접기하여 감자튀김을 만들어 보세요.

1 색종이를 이등분하여 가위로 자른다.

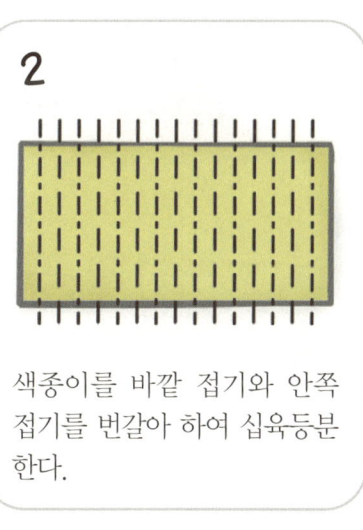

2 색종이를 바깥 접기와 안쪽 접기를 번갈아 하여 십육등분 한다.

3 종이컵 속에 감자튀김을 두 개 만들어 겹쳐 넣어 완성한다.

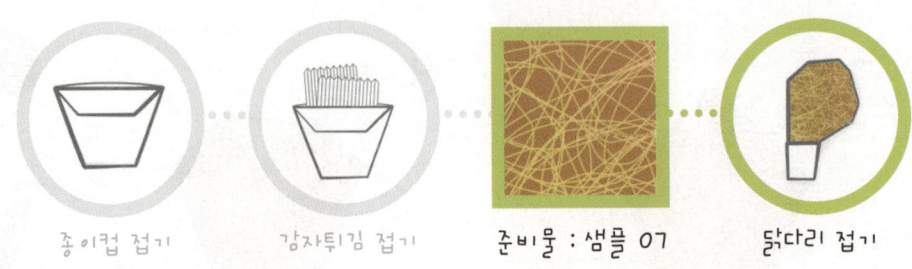

3 닭다리 접기

색종이 아랫면을 안쪽으로 접고 아이스크림 접기하여 닭다리 모양을 만들어 보세요.

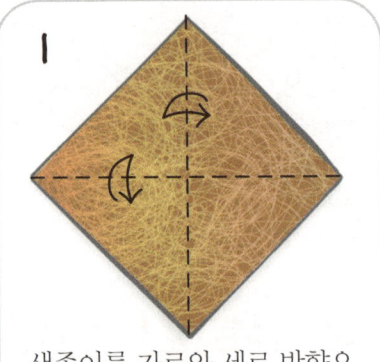

1. 색종이를 가로와 세로 방향으로 이등분이 되도록 안쪽으로 접어 올린다.

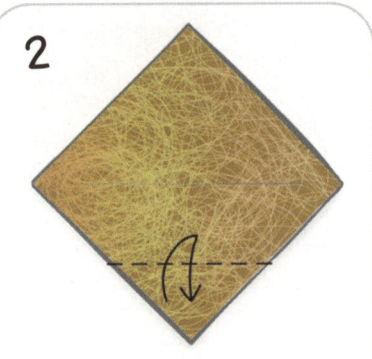

2. 중심선에 맞추어 이등분이 되도록 안쪽으로 접었다 펴준다.

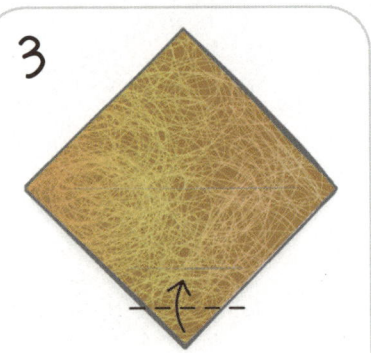

3. 이등분선에서 이등분이 되도록 안쪽으로 접어 올린다.

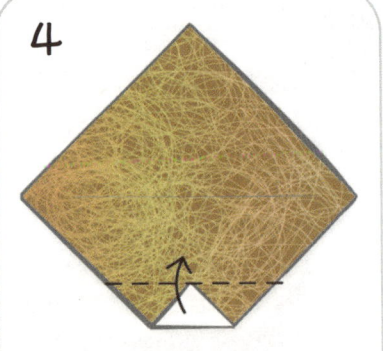

4. 색종이 아랫부분을 안쪽으로 접어 올린다.

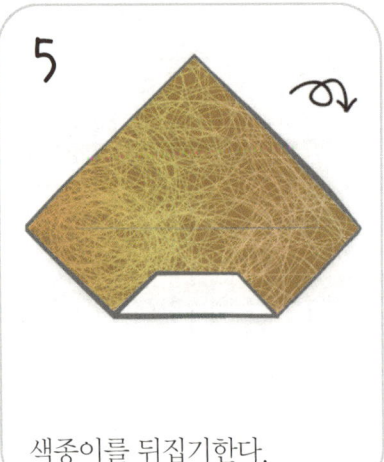

5. 색종이를 뒤집기한다.

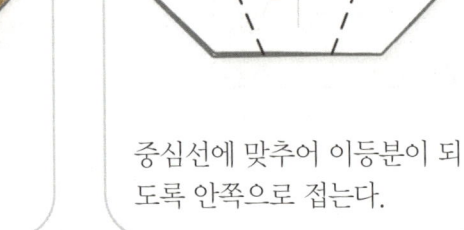

6. 중심선에 맞추어 이등분이 되도록 안쪽으로 접는다.

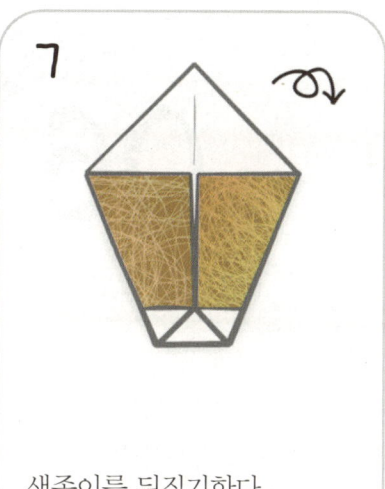

7

색종이를 뒤집기한다.

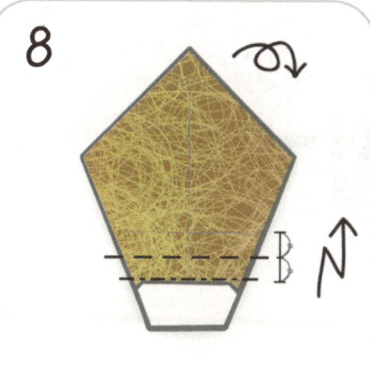

8

색종이 아랫부분을 계단 접기 한다. 색종이를 뒤집기한다.

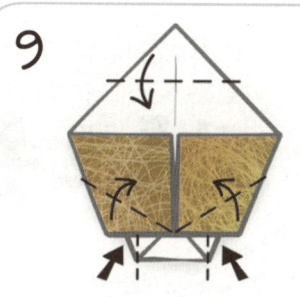

9

색종이 윗부분을 이등분이 되도록 안쪽으로 접어 내리고, 색종이 아래 모서리 부분을 안쪽으로 접어 올리며 펼쳐 눌러 접기한다.

10

색종이를 이등분이 되도록 안쪽으로 접는다.

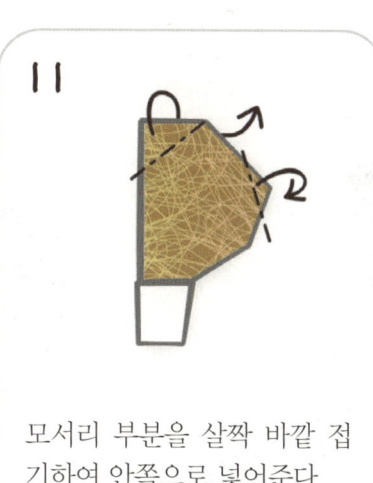

11

모서리 부분을 살짝 바깥 접기하여 안쪽으로 넣어준다.

12

색종이 윗부분을 살짝 바깥 접기하여 안쪽으로 넣어준다.

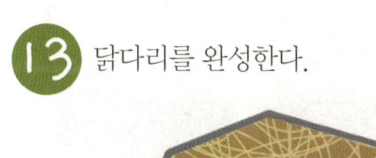

13 닭다리를 완성한다.

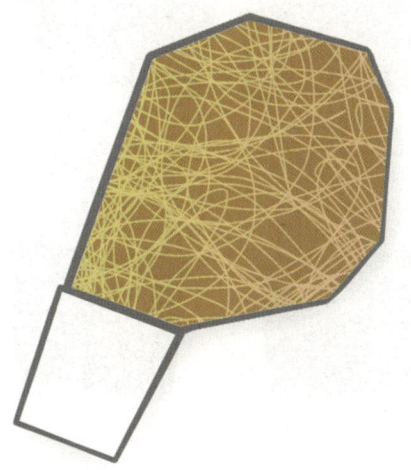

패스트푸드란 주문하면 빨리 먹을 수 있다는 의미에서 유래한 것으로 언제 어디서나 손쉽게 먹을 수 있어 널리 이용되는 음식이에요. 미국에서는 1960년대에 시작되었고 우리나라에서는 1970년에 들어와 급속히 증가하여 식습관의 서구화에 많은 영향을 주었지만, 영양은 낮은 반면 열량이 높아 많이 먹게 되면 영양섭취의 불균형을 초래할 수 있대요.

띠리띠리~ 움직이는
깡통로봇 접기

06

종이접기

여러 가지 크기로 종이를 잘라 깡통 로봇 만들기를 해보세요. 로봇의 팔과 다리, 머리 부분이 잘 움직일 수 있도록 연결 핀으로 고정시켜주세요. 로봇의 머리 부분을 빵끈이나 가는 철사를 이용하여 꾸며주어도 좋아요. 종이의 크기와 길이를 다양하게 하여 재밌는 로봇들을 만들어 보세요.

  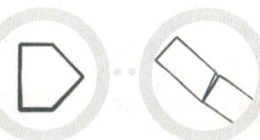 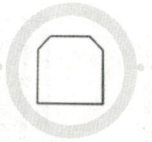  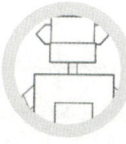

준비물 : 샘플 08
샘플 09

로봇 몸통, 머리, 배 접기

로봇 다리, 무릎, 발 접기

로봇 귀 접기

로봇 팔 접기

로봇 손 접기

로봇 목 접기

로봇 합체 접기

1 로봇 몸통, 머리, 배 접기

방석 접기를 이용하여 로봇의 몸통과 머리, 배 부분을 접어 보세요.

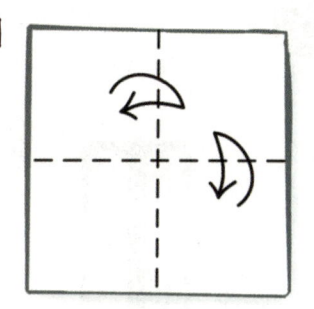

1 색종이를 가로와 세로 방향으로 이등분이 되도록 안쪽으로 접었다 펴준다.

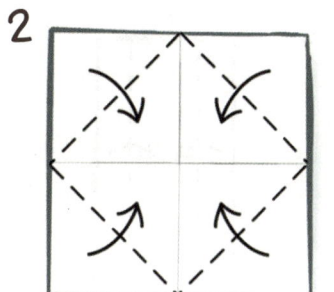

2 중심선에 맞추어 안쪽으로 방석 접기한다.

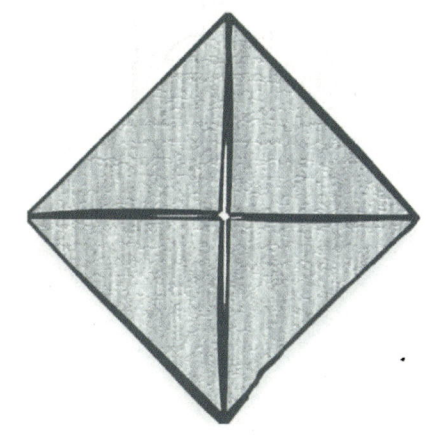

3 몸통, 머리, 배 부분을 각각 접어 완성한다.

사용 종이 크기

다음과 같은 크기의 색종이들을 각자 준비하여 접어보세요.

몸통 : 15×15cm(2장)   머리 : 11×11cm(2장)
손, 발, 귀 : 7.5×7.5cm(6장)   팔, 다리, 목 : 15×7.5cm(5장)
무릎 : 5×5cm(2장)   배 : 9×9cm(1장)
벨트 : 2×25cm(1장)   입 : 10×3cm(1장)

로봇 몸통, 준비물: 샘플 08　　로봇 다리,　　로봇 귀 접기　　로봇 팔 접기　　로봇 손 접기　　로봇 목 접기　　로봇 합체 접기
머리, 배 접기　　샘플 09　　무릎, 발 접기

2 로봇 다리, 무릎, 발 접기

문 접기를 이용하여 로봇의 다리, 무릎, 발 부분을 접어 보세요.

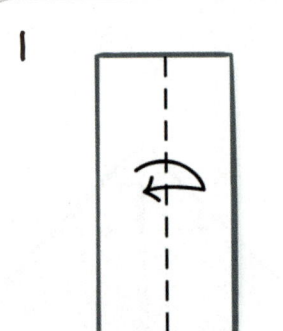

1

색종이를 이등분이 되도록 안쪽으로 접었다 펴준다.

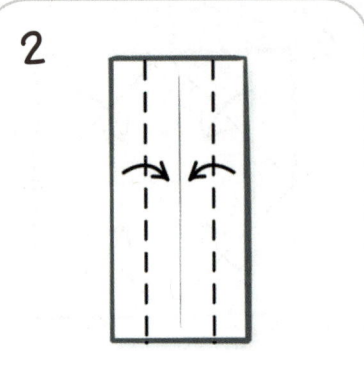

2

중심선에 맞추어 안쪽으로 문 접기한다.

3 다리, 무릎, 발 부분을 각각 접어 완성한다.

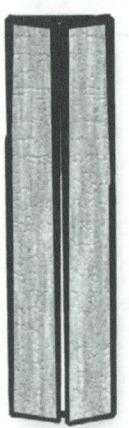

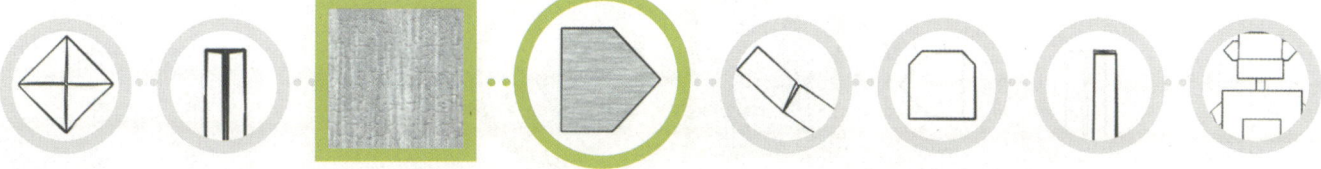

3 로봇 귀 접기

방석 접기를 이용하여 로봇의 귀 부분을 접어 보세요.

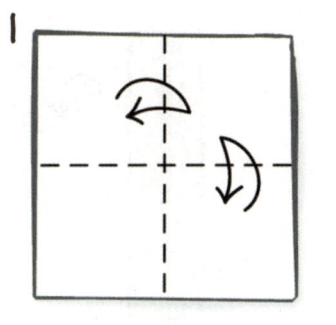

1. 색종이를 가로와 세로 방향으로 이등분이 되도록 안쪽으로 접었다 펴준다.

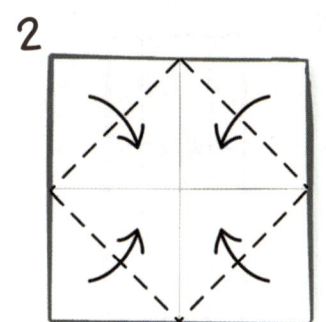

2. 중심선에 맞추어 안쪽으로 방석 접기한다.

3. 색종이 윗부분을 중심선에 맞추어 안쪽으로 접어 내린다.

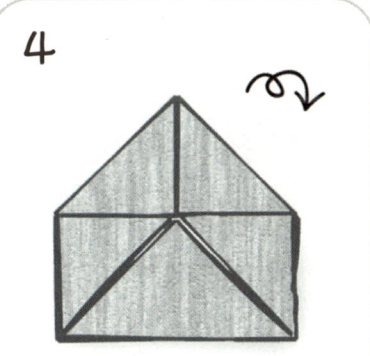

4. 같은 모양을 2개 접는다.

5. 색종이를 뒤집기하여 귀 부분을 완성한다.

로봇 몸통, | 로봇 다리, | 로봇 귀 접기 | 준비물 : 샘플 09 | 로봇 팔 접기 | 로봇 손 접기 | 로봇 목 접기 | 로봇 합체 접기
머리, 배 접기 | 무릎, 발 접기

4 로봇 팔 접기

문 접기를 이용하여 로봇의 팔 부분을 접어 보세요.

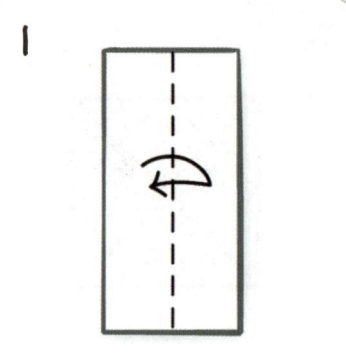

1. 색종이를 이등분이 되도록 안쪽으로 접었다 펴준다.

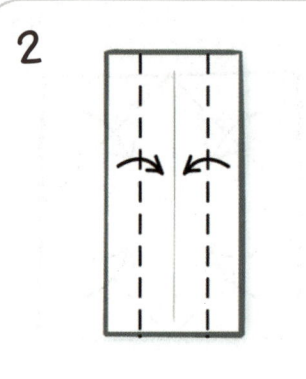

2. 중심선에 맞추어 안쪽으로 문 접기한다.

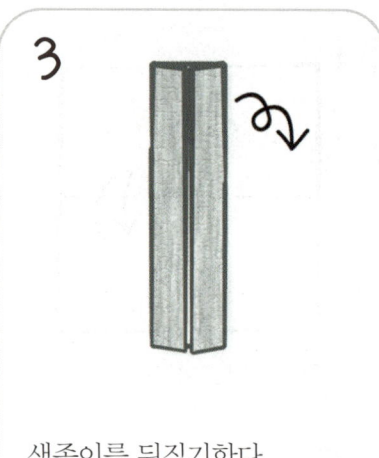

3. 색종이를 뒤집기한다.

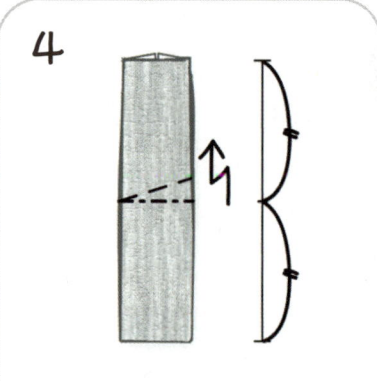

4. 색종이의 이등분되는 부분에서 사선으로 계단 접기한다.

5. 로봇의 팔 부분을 완성한다.

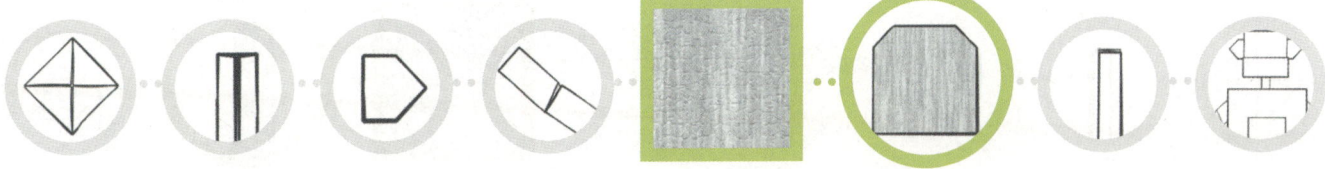

로봇 몸통, 머리, 배 접기 / 로봇 다리, 무릎, 발 접기 / 로봇 귀 접기 / 로봇 팔 접기 / 준비물 : 샘플 09 / 로봇 손 접기 / 로봇 목 접기 / 로봇 합체 접기

5 로봇 손 접기

방석 접기를 이용하여 로봇의 손 부분을 접어 보세요.

1
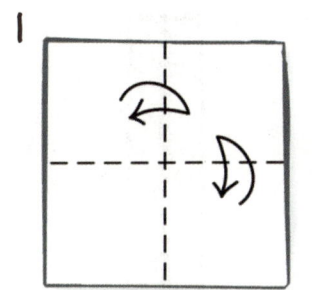
색종이를 가로와 세로 방향으로 이등분이 되도록 안쪽으로 접었다 펴준다.

2
중심선에 맞추어 안쪽으로 방석 접기한다.

3
양쪽 모서리 부분을 안쪽으로 살짝 접어주고, 색종이를 뒤집기한다.

4 같은 모양을 2개 접어 손 부분을 완성한다.

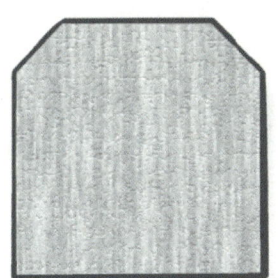

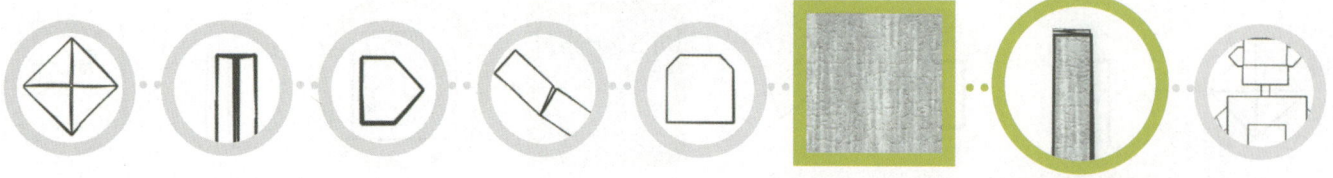

6 로봇 목 접기

문 접기를 이용하여 로봇의 목 부분을 만들고, 로봇 몸통 부분에 연결할 때 목 길이를 알맞게 조절하여 주세요.

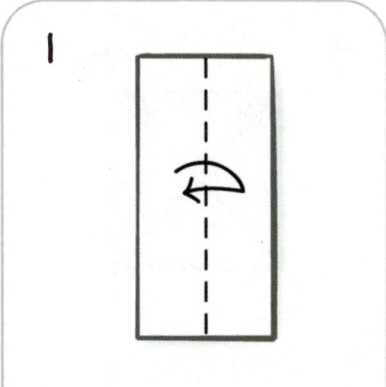

1. 색종이를 이등분이 되도록 안쪽으로 접었다 펴준다.

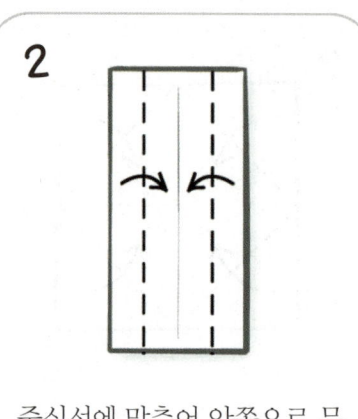

2. 중심선에 맞추어 안쪽으로 문 접기한다.

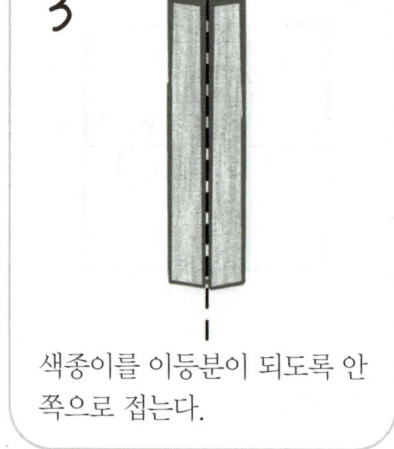

3. 색종이를 이등분이 되도록 안쪽으로 접는다.

4. 목 부분을 완성한다.

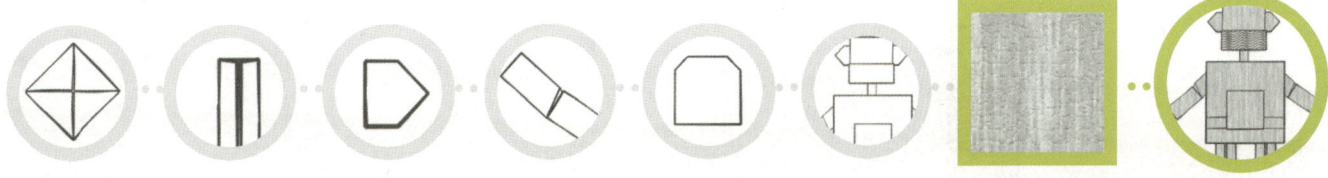

| 로봇 몸통, 머리, 배 접기 | 로봇 다리, 무릎, 발 접기 | 로봇 귀 접기 | 로봇 팔 접기 | 로봇 손 접기 | 로봇 목 접기 | 준비물 : 샘플 09 | 로봇 합체 접기 |

7 로봇 합체 접기

로봇의 팔과 다리, 목 부분의 길이는 자유로이 조절하여 연결해도 좋아요.

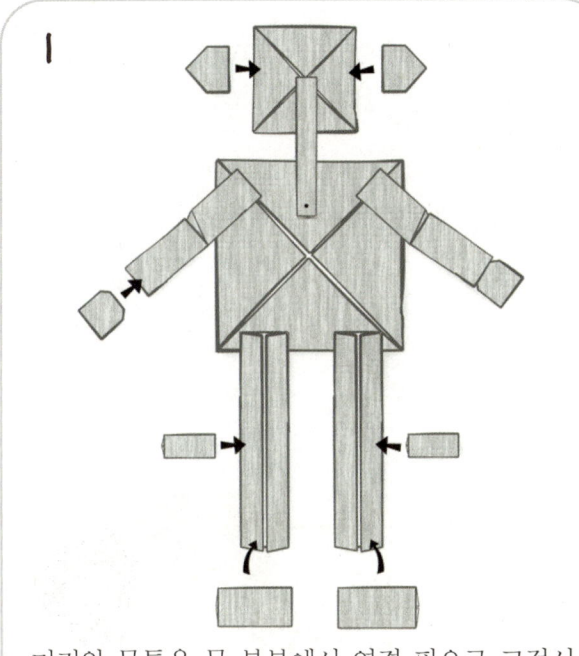

1. 머리와 몸통을 목 부분에서 연결 핀으로 고정시켜주고 귀와 팔을 붙인다. 팔의 끝부분에 손을 붙인다. 다리 부분도 연결 핀으로 고정시켜주고 무릎과 발을 붙인다.

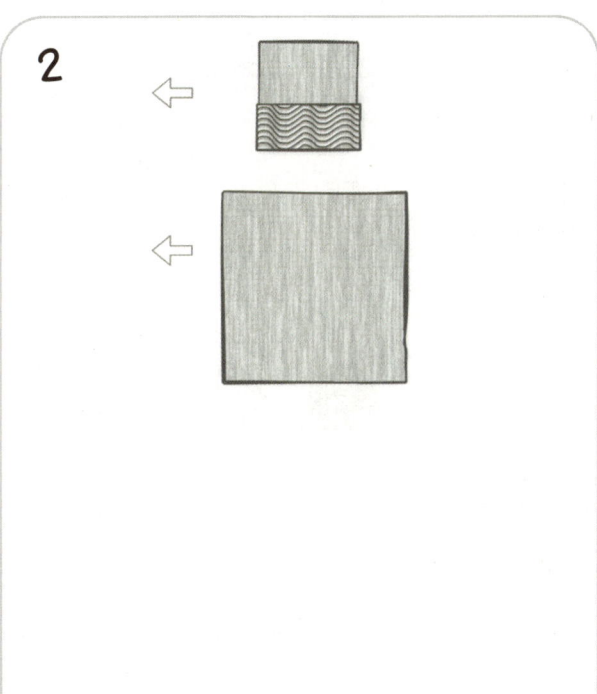

2. 머리 아랫부분에 입을 붙여주고, 몸통과 머리를 로봇 본체에 붙인다.

3 몸통 아랫부분에 벨트 끈을 둘러주고 뒷면에서 붙인다.

4 벨트 위에 배를 붙여 깡통 로봇을 완성한다.

5 로봇의 각 부분을 모두 합체하여 로봇을 완성한다.

하나 더

개성만점 로봇 꾸미기

로봇을 완성하고 로봇의 머리 부분에 로봇의 특징을 살려 재미있게 꾸며 보세요. 가는 철사에 별 모양 스티커나 반짝이 종이를 붙여 꾸며 주어도 좋아요. 로봇의 각 부분들을 다양하게 접어보고 여러 종류의 개성 있는 로봇들을 만들어 보세요.

쨍그랑 한푼,
금붕어 저금통 접기

07

종이접기

금붕어를 만들어 저금통으로 사용하려면, 금붕어 머리 부분을 붙여줄 때 입 부분을 붙이지 않도록 주의하세요.
조금 두꺼운 종이를 사용해서 금붕어를 만들면 책상 위에 잘 세워져 귀여운 금붕어 저금통이 된답니다. 크기와 색이 다른 금붕어를 만들어 모빌로도 활용할 수 있어요.

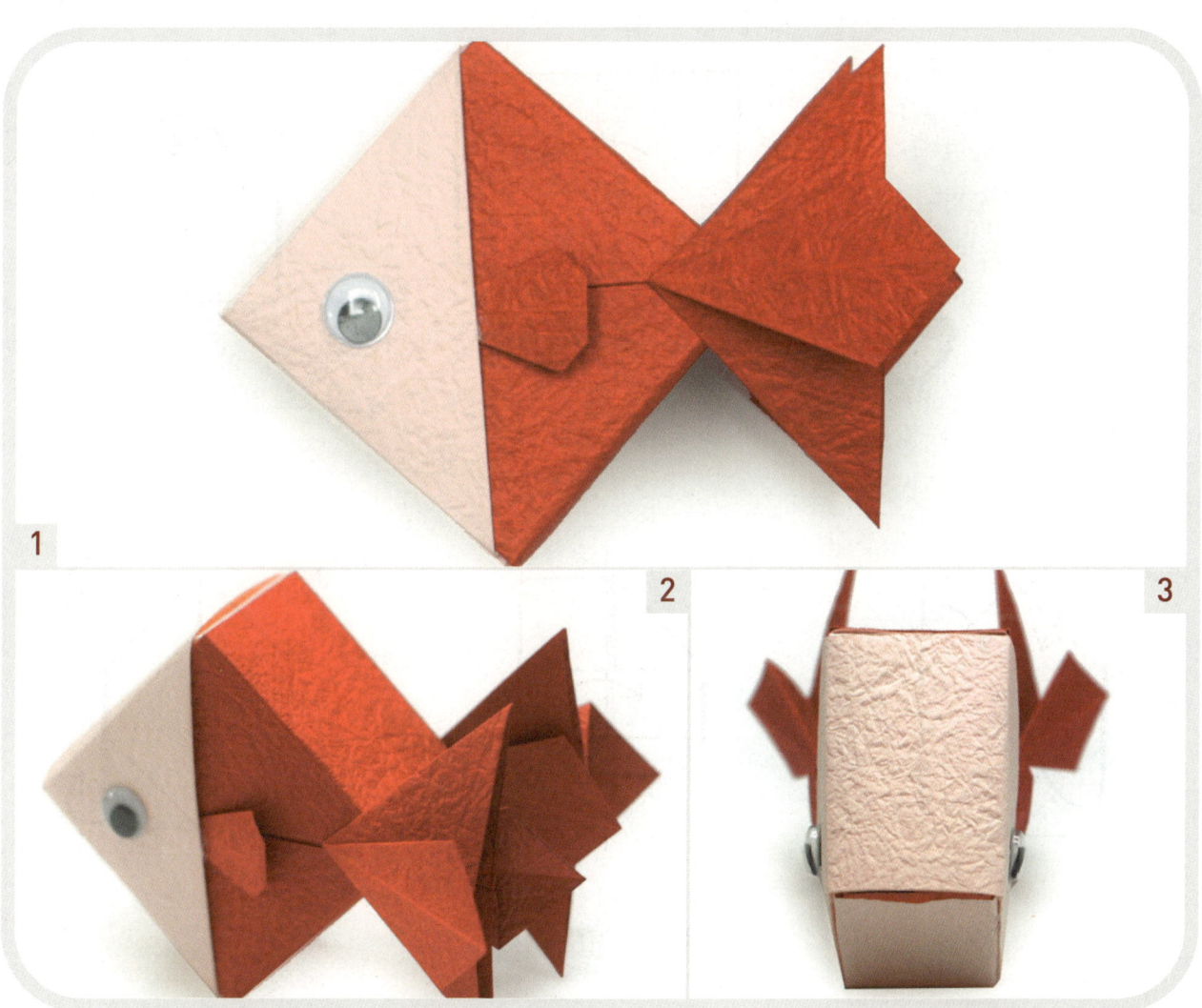

준비물 : 샘플 10
샘플 11

머리, 몸통 접기

머리 윗부분 접기

옆 지느러미 접기

꼬리 지느러미 접기

1 금붕어 머리, 몸통 접기

같은 모양을 2개 접어 가로와 세로 면을 연결하여 머리와 몸통 부분을 만들어 보세요.

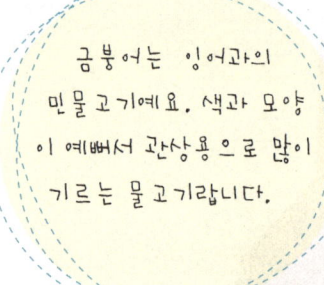

금붕어는 잉어과의 민물고기예요. 색과 모양이 예뻐서 관상용으로 많이 기르는 물고기랍니다.

1
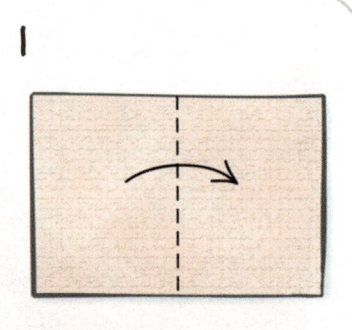

가로 30cm, 세로 20cm 색종이를 이등분이 되도록 안쪽으로 접는다.

2
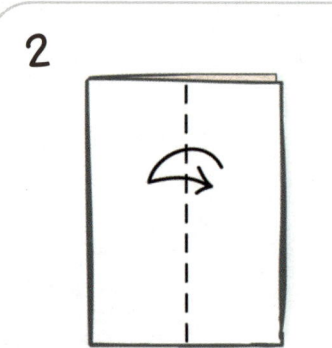

색종이를 이등분이 되도록 안쪽으로 접었다 펴준다.

3
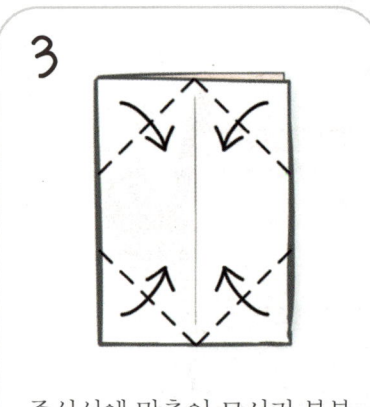

중심선에 맞추어 모서리 부분을 안쪽으로 접는다.

4
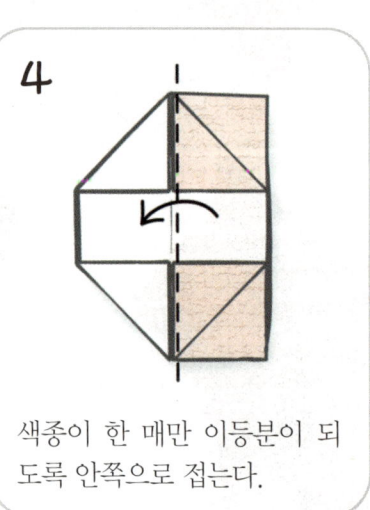

색종이 한 매만 이등분이 되도록 안쪽으로 접는다.

5
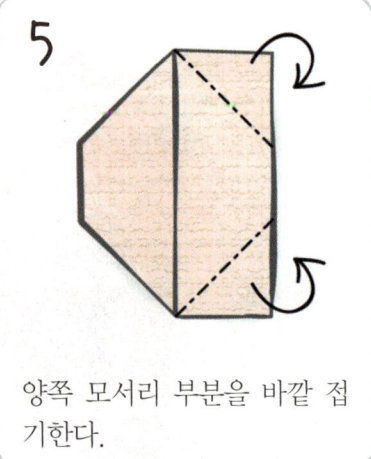

양쪽 모서리 부분을 바깥 접기한다.

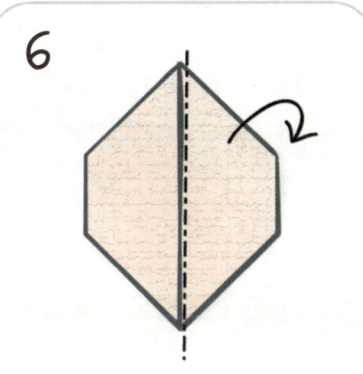

6

이등분이 되도록 바깥 접기 한다.

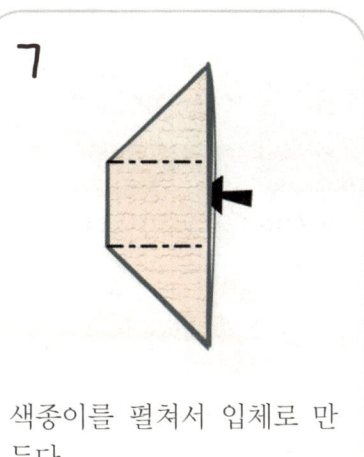

7

색종이를 펼쳐서 입체로 만든다.

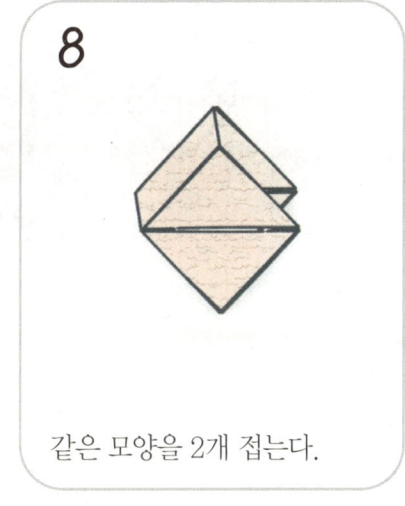

8

같은 모양을 2개 접는다.

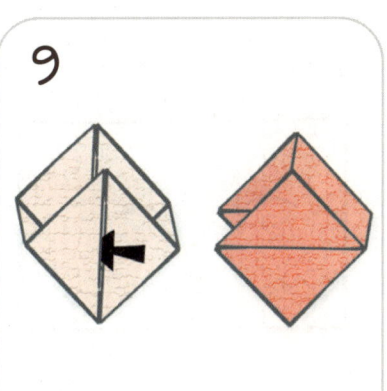

9

삼각 면 부분에 끼워 넣어 연결한다.

10 머리 부분과 몸통 부분을 연결하여 완성한다.

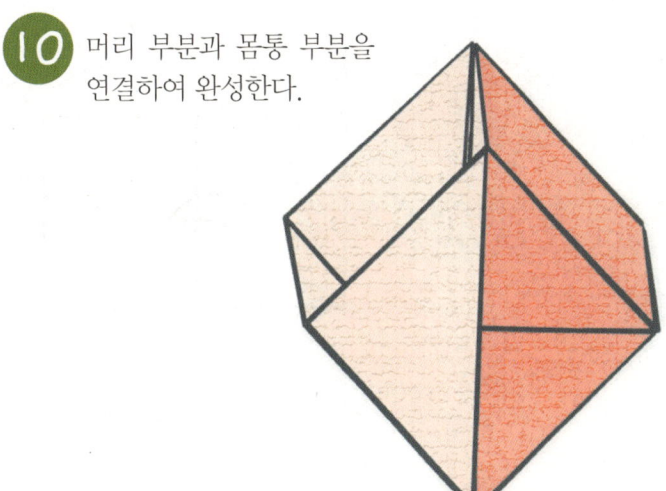

금붕어 모빌 만들기

금붕어 머리와 몸통 부분을 연결하고 머리 윗부분 안쪽에 리본 끈을 투명 테이프로 붙여준 다음, 머리 윗부분을 덮어주면 모빌을 만들 수 있어요.

    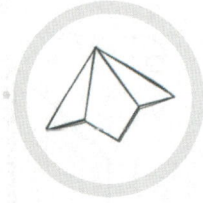

머리, 몸통 접기 　　준비물 : 샘플 10 　　머리 윗부분 접기 　　옆 지느러미 접기 　　꼬리 지느러미 접기

2 금붕어 머리 윗부분 접기

문 접기를 이용하여 금붕어 머리 윗부분을 입체로 만들어 보세요.

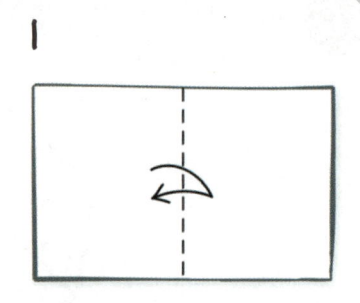

1. 가로 16cm, 세로 10cm 색종이를 이등분이 되도록 안쪽으로 접었다 펴준다.

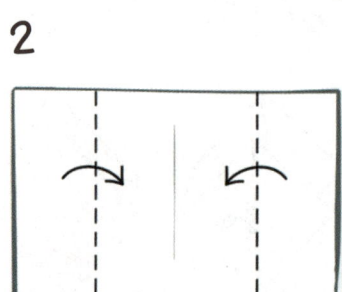

2. 중심선에 맞추어 안쪽으로 문 접기한다.

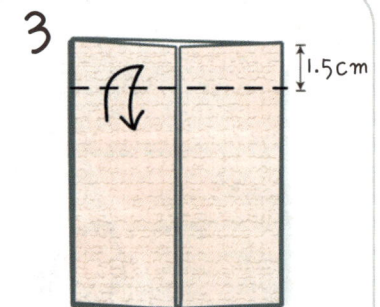

3. 색종이 윗부분을 1.5cm 여유분을 두고 안쪽으로 접었다 펴준다.

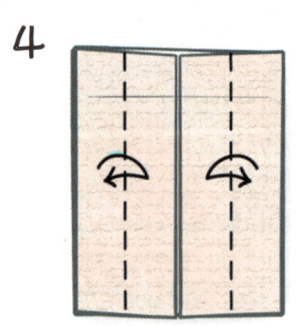

4. 중심선에 맞추어 이등분이 되도록 안쪽으로 접었다 펴준다.

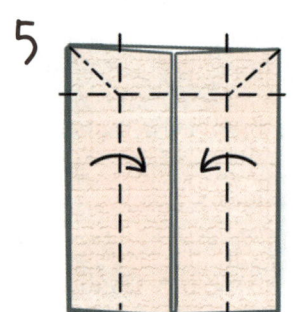

5. 점선대로 접어 입체를 만든다.

6
금붕어 머리 윗부분을 완성한다.

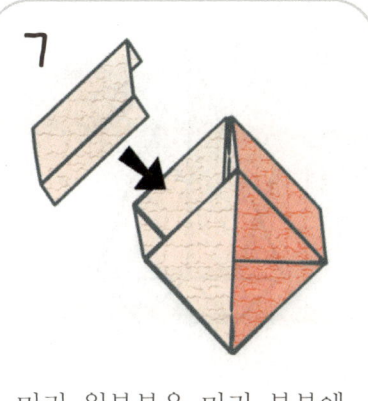
7
머리 윗부분을 머리 부분에 연결하여 풀칠하여 붙인다.

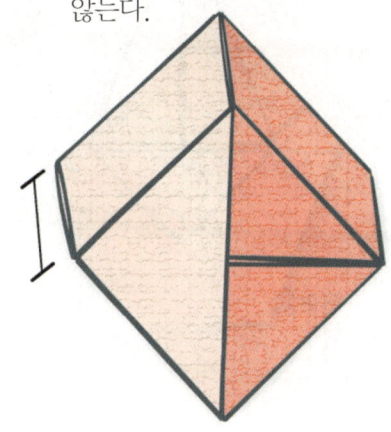
8 동전을 넣을 수 있도록 금붕어 입 부분은 풀칠하지 않는다.

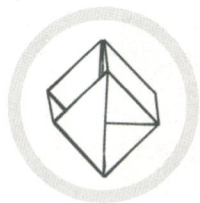
머리, 몸통 접기

머리 윗부분 접기

준비물 : 샘플 10

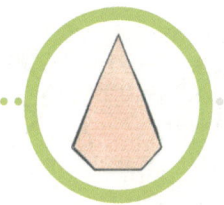
옆 지느러미 접기

꼬리 지느러미 접기

3 금붕어 옆 지느러미 접기

아이스크림 접기를 이용하여 금붕어의 지느러미를 만들어 보세요.

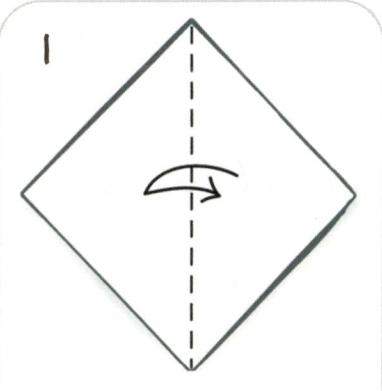
1
3cm 색종이를 이등분이 되도록 안쪽으로 접었다 펴준다.

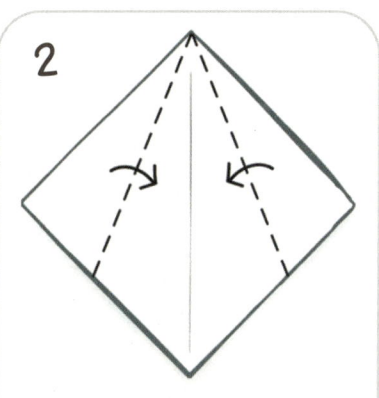
2
중심선에 맞추어 안쪽으로 아이스크림 접기한다.

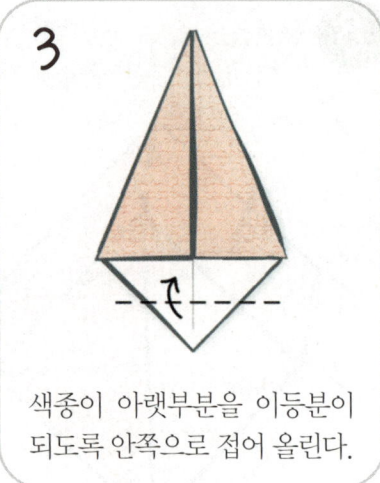

3

색종이 아랫부분을 이등분이 되도록 안쪽으로 접어 올린다.

4

색종이를 뒤집기한다.

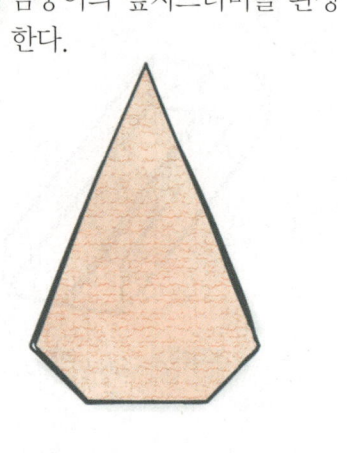

5 금붕어의 옆지느러미를 완성한다.

머리, 몸통 접기 → 머리 윗부분 접기 → 옆 지느러미 접기 → 준비물 : 샘플 11 → 꼬리 지느러미 접기

4 금붕어 꼬리 지느러미 접기

삼각 접기에서 시작하여 금붕어 꼬리지느러미를 만들어 양쪽에 붙여주면 금붕어를 세워 놓을 수 있어요.

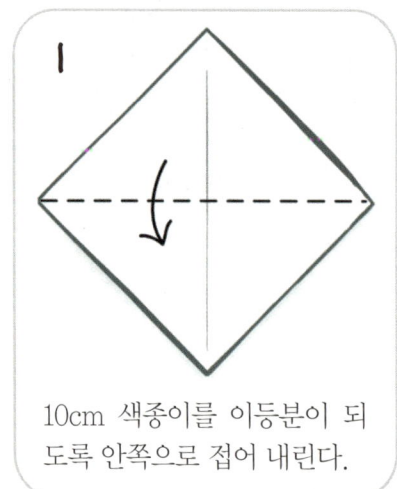

1

10cm 색종이를 이등분이 되도록 안쪽으로 접어 내린다.

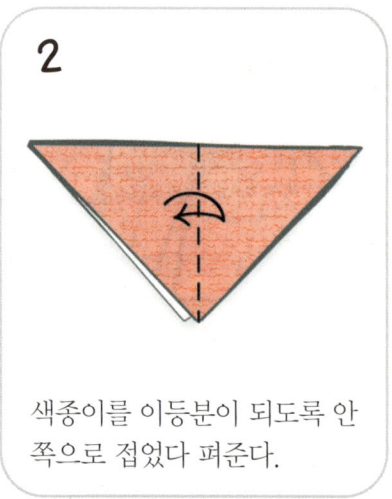

2

색종이를 이등분이 되도록 안쪽으로 접었다 펴준다.

52 • 특별한 우리 아이를 위한 입체 종이접기

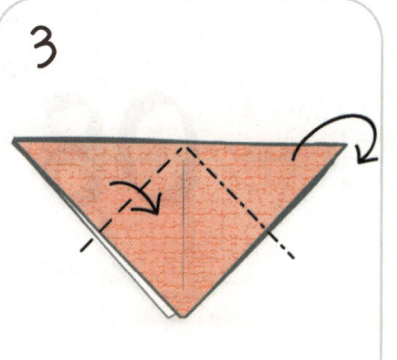

중심선에 맞추어 안쪽 접기와 바깥 접기를 한다.

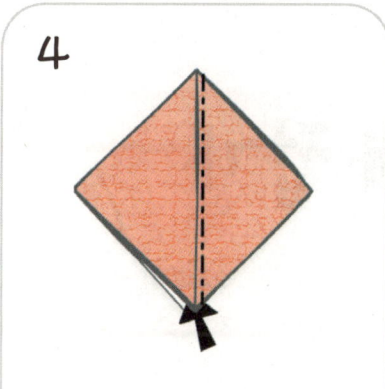

색종이를 펼쳐 눌러 접기하여 삼각 주머니를 만든다.

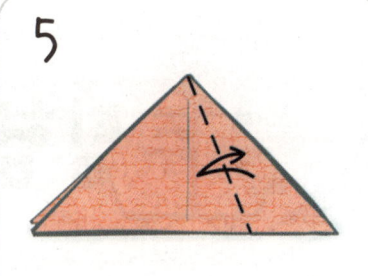

중심선에 맞추어 이등분이 되도록 안쪽으로 접었다 펴준다.

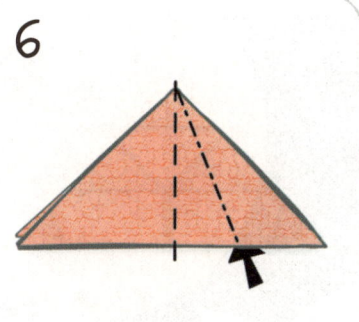

바깥쪽으로 펼쳐 눌러 접기 한다.

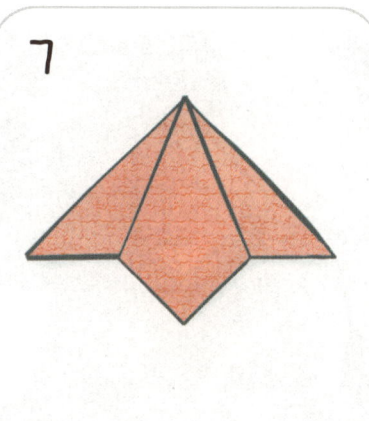

뒷면도 같은 방법으로 접는다.

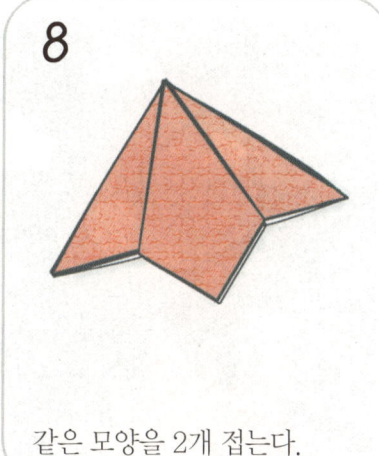

같은 모양을 2개 접는다.

9 금붕어 몸통 아랫부분에 양쪽으로 붙여 금붕어를 완성한다.

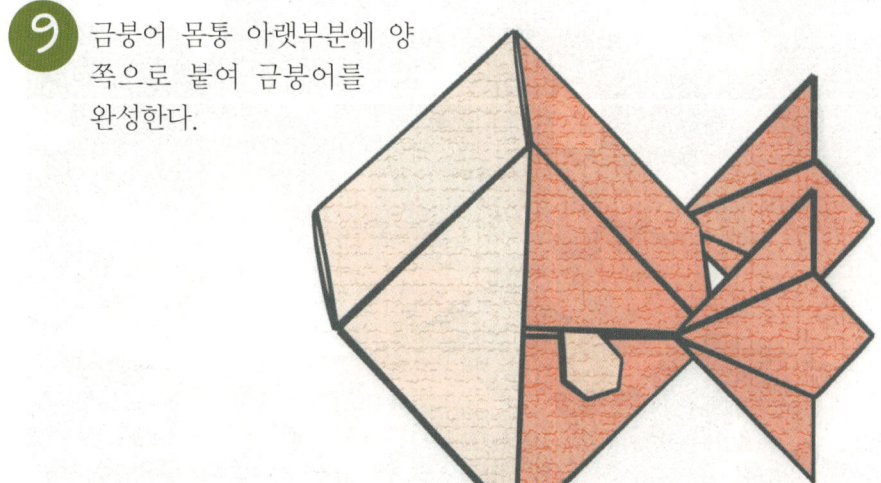

종이접기

우주를 항해하는 미래의
우주탐험대 접기

08

우주 탐사 대원들과 로켓을 접어 멋진 우주탐험대를 만들어 보세요. 빨간색 반짝이 종이로 태양을 접어주고, 알루미늄 호일을 둥글게 말아 우주의 작은 행성들을 표현할 수 있어요.
로켓을 접을 때 같은 모양을 여러 개 겹쳐주어 우주 공간에서 분리될 수 있는 로켓을 만들어 보세요.

준비물 : 샘플 12   로켓 접기   우주인 머리 접기   우주인 몸체 접기   태양 접기

1 로켓 접기

삼각 주머니 접기를 이용한 로켓 만들기예요. 같은 모양을 여러 개 접어 연결해 주세요.

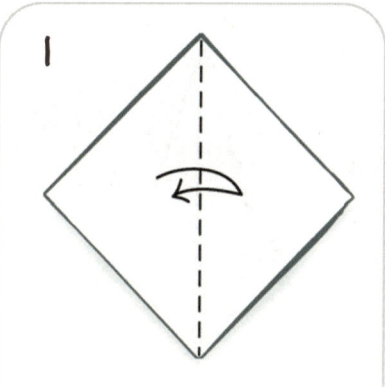

1

색종이를 이등분이 되도록 안쪽으로 접었다 펴준다.

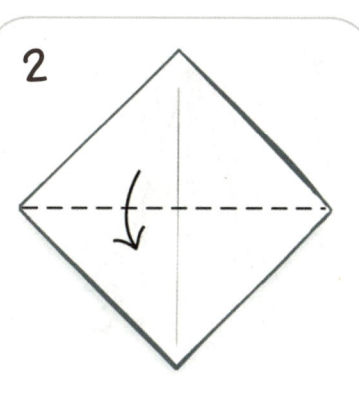

2

색종이를 이등분이 되도록 안쪽으로 접어 내린다.

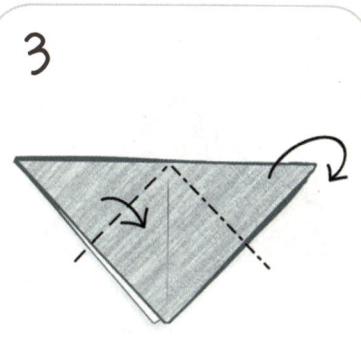

3

중심선에 맞추어 안쪽과 바깥쪽으로 접어준다.

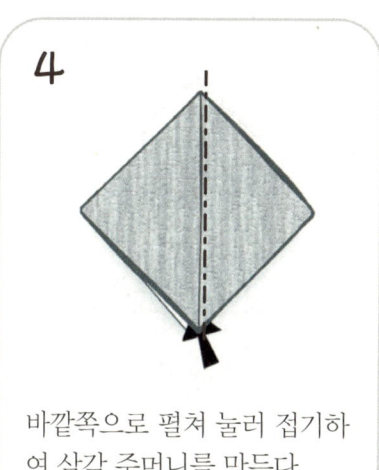

4

바깥쪽으로 펼쳐 눌러 접기하여 삼각 주머니를 만든다.

로켓은 뉴턴의 작용 반작용의 원리를 이용하여 만들었대요. 연료가 연소하면서 생긴 가스를 빠른 속도로 분출하면서 무거운 로켓이 반대방향으로 날아갈 수 있도록 만들었지요. 로켓의 속도를 빠르게 하기 위하여 연구된 것이 바로 다단식 로켓이랍니다.

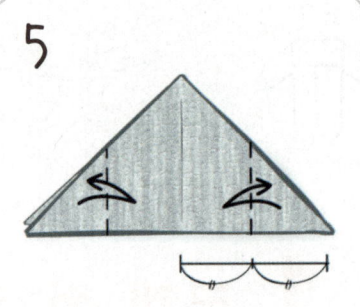

5

색종이 한 매만 중심선에 맞추어 이등분이 되도록 안쪽으로 접었다 펴준다.

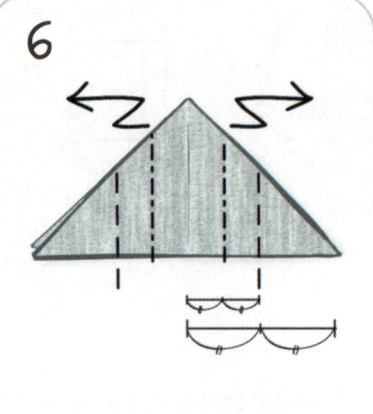

6

양쪽 모두 계단 접기한다.

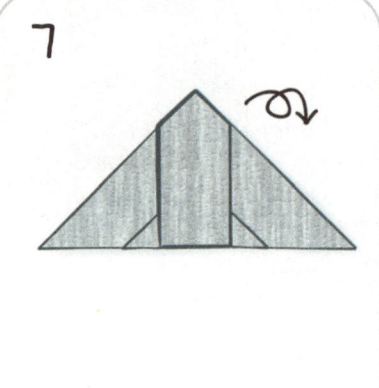

7

색종이를 뒤집기한다.

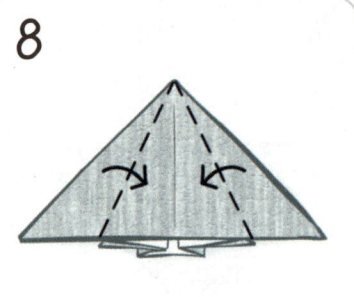

8

중심선에 맞추어 안쪽으로 접는다.

9

모서리 부분을 바깥 접기한다.

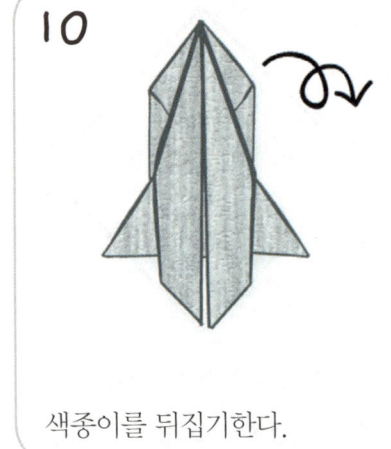

10

색종이를 뒤집기한다.

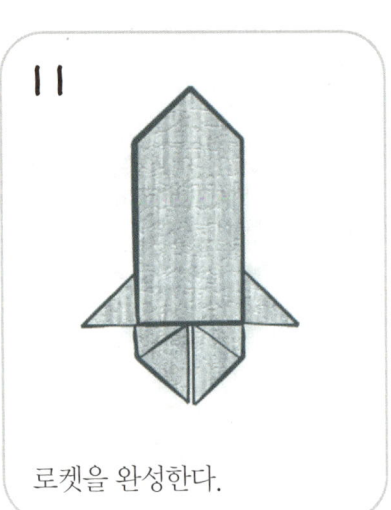

11

로켓을 완성한다.

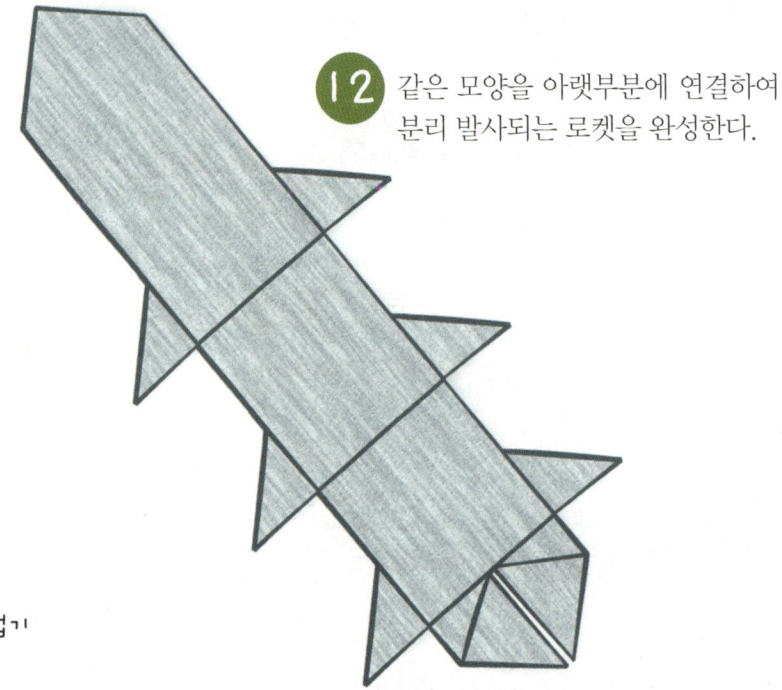

12 같은 모양을 아랫부분에 연결하여 분리 발사되는 로켓을 완성한다.

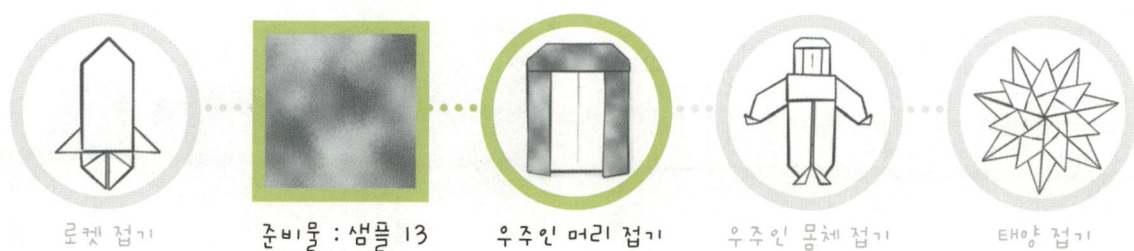

로켓 접기 　 준비물:샘플 13 　 우주인 머리 접기 　 우주인 몸체 접기 　 태양 접기

2 우주인 머리 접기

우주인의 머리를 접고 색 사인펜으로 우주인의 얼굴 표정을 그려주세요.

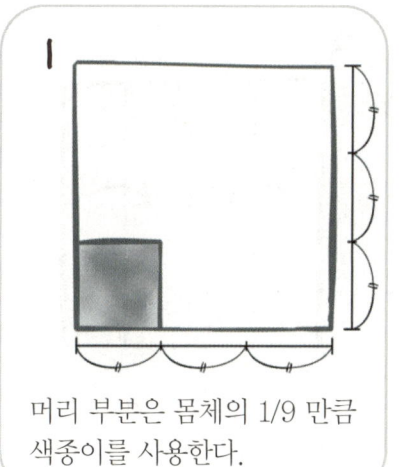

1 머리 부분은 몸체의 1/9 만큼 색종이를 사용한다.

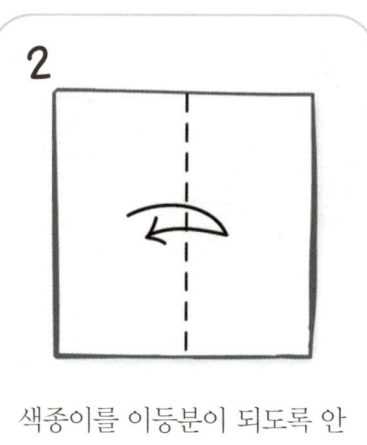

2 색종이를 이등분이 되도록 안쪽으로 접었다 펴준다.

3 중심선에서 1/3되는 부분에서 안쪽으로 접는다.

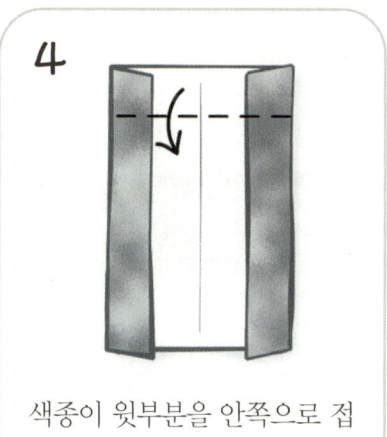

4 색종이 윗부분을 안쪽으로 접어 내린다.

5 모서리 부분을 바깥쪽으로 접는다.

6 머리 부분을 완성한다.

3 우주인 몸체 접기

쌍배 접기를 이용하여 우주인의 몸체 부분을 만들고, 우주인에게 필요한 도구들을 그리거나 오려내어 꾸며보세요.

1 색종이를 대각선 방향으로 안쪽으로 접었다 펴준다.

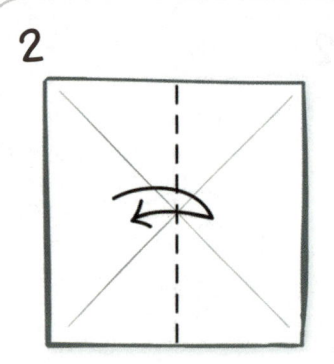

2 색종이를 이등분이 되도록 안쪽으로 접었다 펴준다.

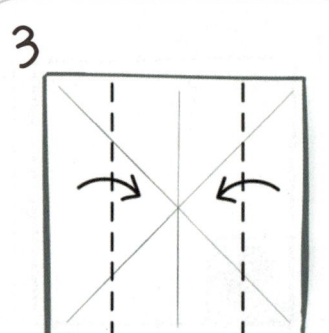

3 중심선에 맞추어 안쪽으로 문 접기한다.

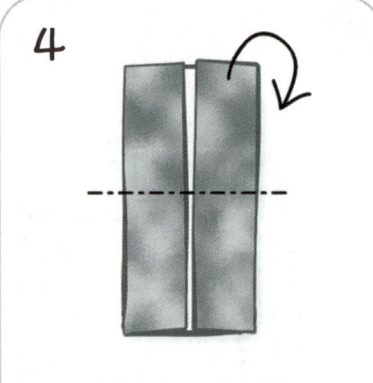

4 이등분이 되도록 바깥쪽으로 접는다.

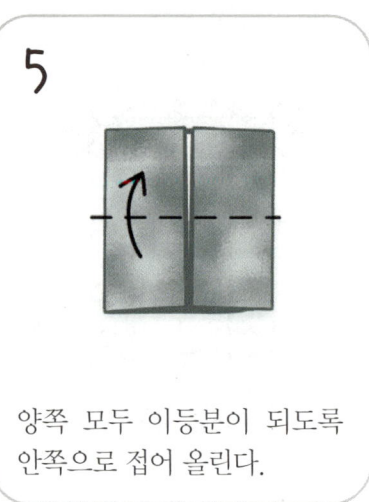

5 양쪽 모두 이등분이 되도록 안쪽으로 접어 올린다.

6 색종이를 바깥쪽으로 당겨준다.

7

4면 모두 같은 방법으로 당겨준다.

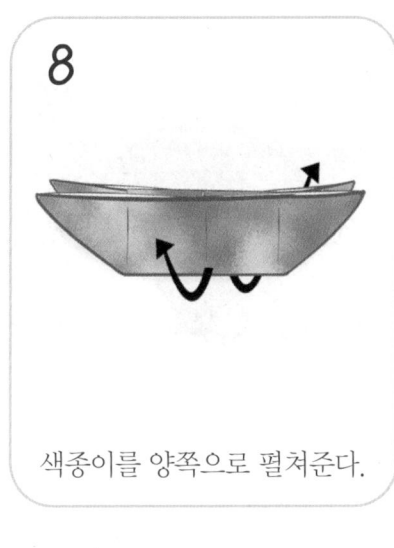

8

색종이를 양쪽으로 펼쳐준다.

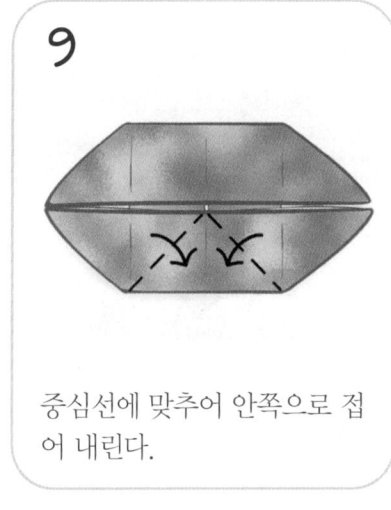

9

중심선에 맞추어 안쪽으로 접어 내린다.

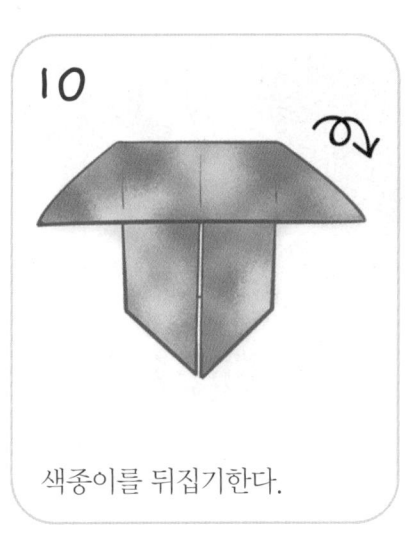

10

색종이를 뒤집기한다.

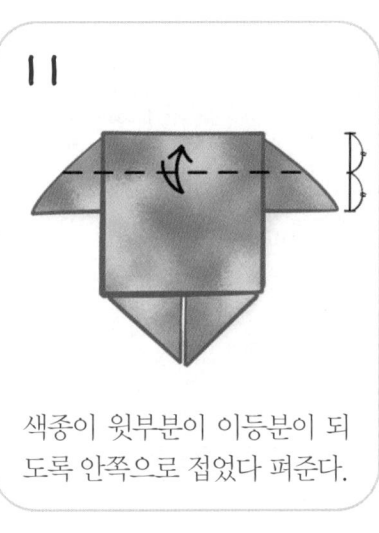

11

색종이 윗부분이 이등분이 되도록 안쪽으로 접었다 펴준다.

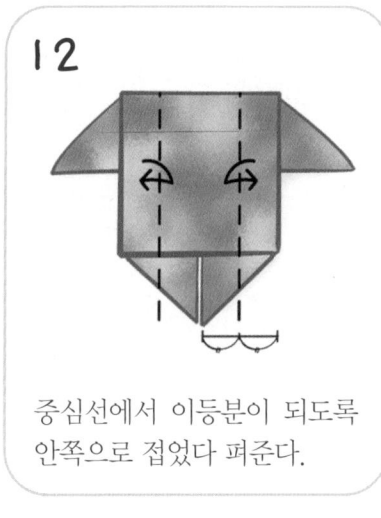

12

중심선에서 이등분이 되도록 안쪽으로 접었다 펴준다.

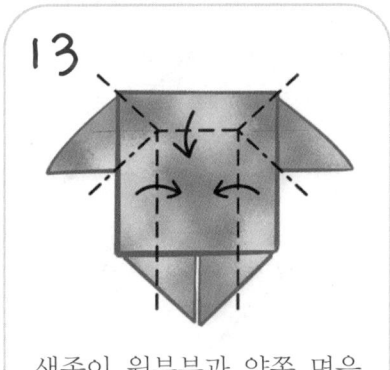
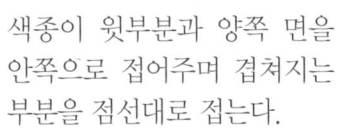

13

색종이 윗부분과 양쪽 면을 안쪽으로 접어주며 겹쳐지는 부분을 점선대로 접는다.

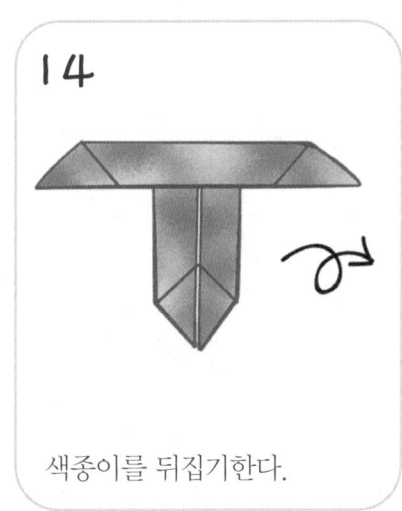

14

색종이를 뒤집기한다.

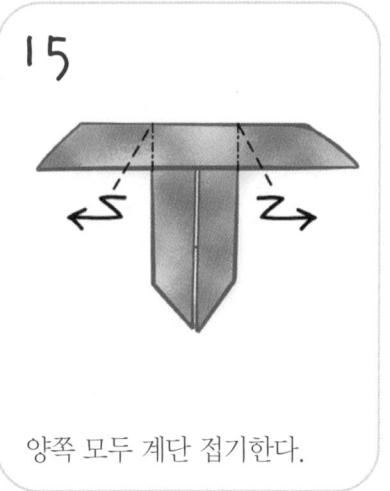

15

양쪽 모두 계단 접기한다.

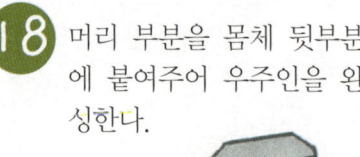

18 머리 부분을 몸체 뒷부분에 붙여주어 우주인을 완성한다.

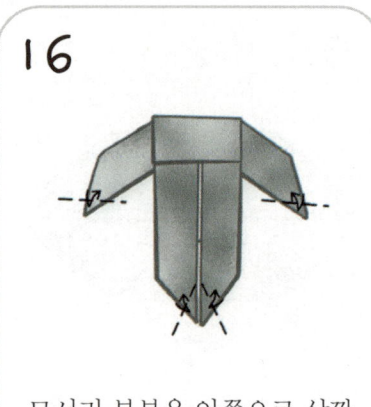

16 모서리 부분을 안쪽으로 살짝 접었다 펴준다.

17 모서리 부분을 밖으로 뒤집어 접는다.

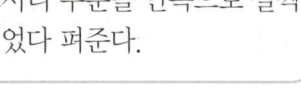

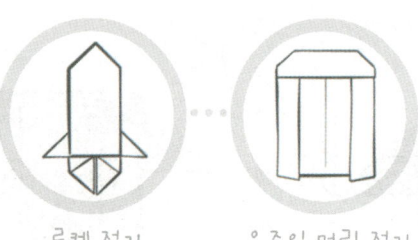

로켓 접기 · 우주인 머리 접기 · 우주인 몸체 접기 · 준비물 : 샘플 14 · 태양 접기

4 태양 접기

같은 모양을 8개 연결하여 태양을 만들어 보세요. 끝 부분을 둥글게 접어주어 꽃으로도 활용할 수 있어요.

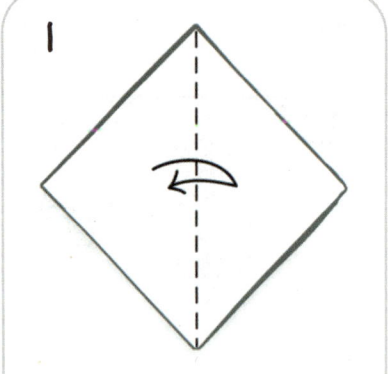

1 색종이를 이등분이 되도록 안쪽으로 접었다 펴준다.

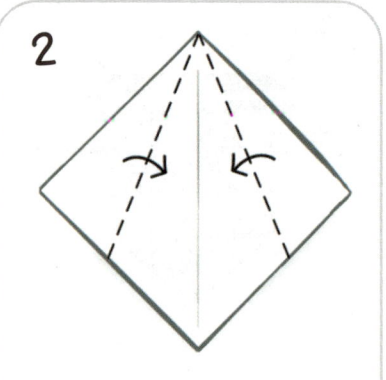

2 중심선에 맞추어 안쪽으로 아이스크림 접기한다.

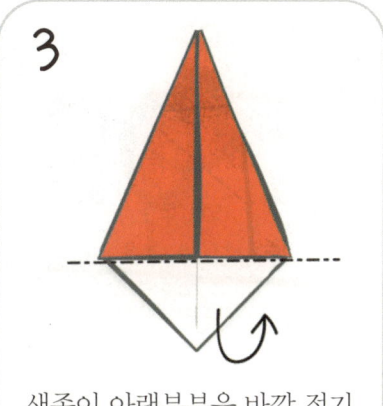

3

색종이 아랫부분을 바깥 접기 한다.

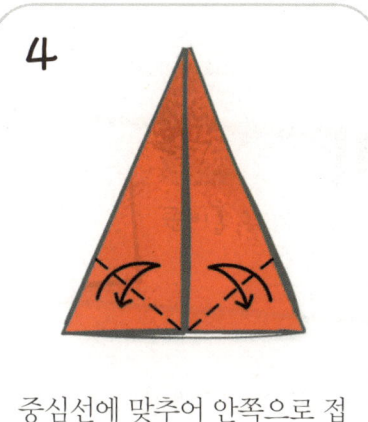

4

중심선에 맞추어 안쪽으로 접었다 펴준다.

5

바깥쪽으로 펼쳐 눌러 접기 한다.

6

색종이 한쪽 면만 안쪽으로 접어 내린다.

7

색종이를 뒤집기한다.

8

같은 모양을 8개 접는다.

9

색종이 한쪽 면에 풀칠을 하고 중심선에 맞추어 연결하여 붙인다.

⑩ 8개 모두 연결하여 태양을 완성한다.

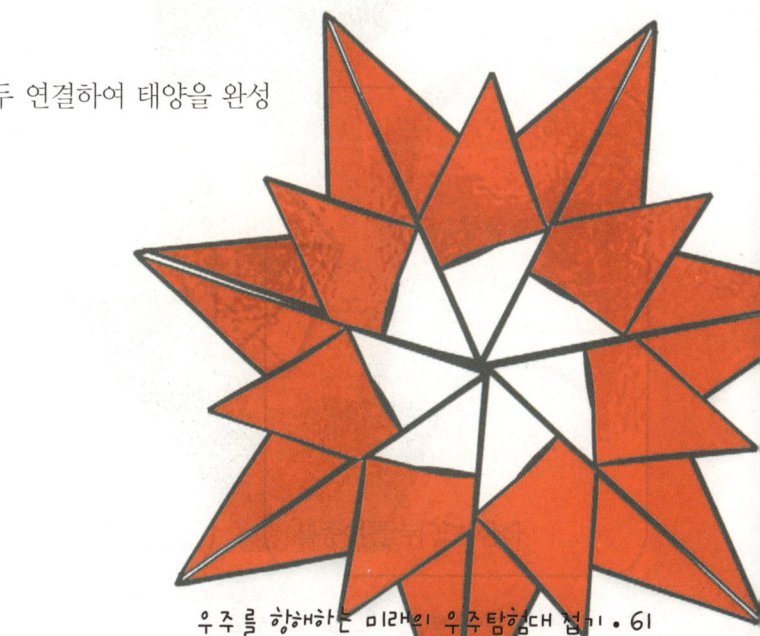

노랗게 옥수수가 익어요!
옥수수 접기

09

종이접기

노랗게 익어가는 옥수수를 만들어 보세요. 연두색 종이와 노란색 종이를 서로 겹쳐 붙여서 사용하면 좋아요. 이때 노란색 종이는 옥수수 알처럼 엠보싱이 있는 종이를 사용하거나 색연필로 예쁘게 옥수수 알들을 가지런히 그려주어도 좋아요. 휴지 심을 이용하여 기다란 옥수숫대를 만들고 노랗게 익어가는 옥수수를 붙여보세요.

준비물 : 샘플 15 옥수수 접기

옥수수 접기

방석 접기를 응용하여 옥수수를 접어 보세요. 크기가 각기 다른 종이로 접어 크고 작은 옥수수들을 만들어 보세요.

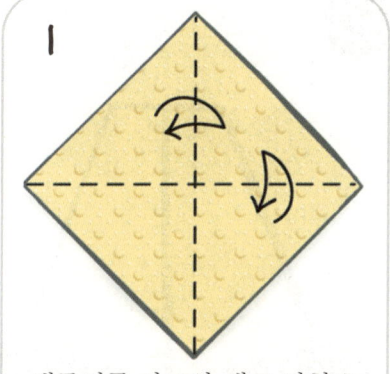

1 색종이를 가로와 세로 방향으로 이등분이 되도록 안쪽으로 접었다 펴준다.

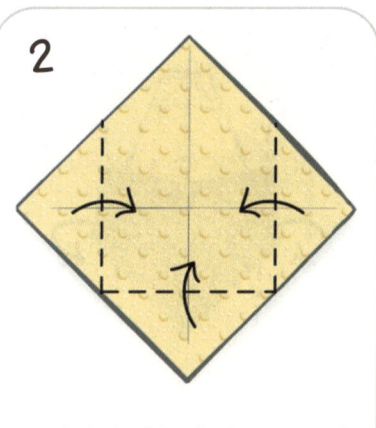

2 중심선에 맞추어 안쪽으로 접는다.

3 색종이를 뒤집기한다.

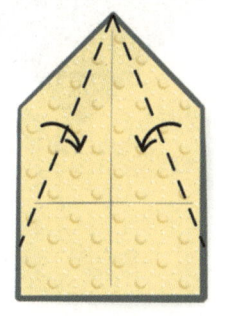

4 중심선에 맞추어 이등분이 되도록 안쪽으로 접는다.

옥수수는 단백질과 비타민, 무기질, 섬유소가 많이 들어있어 우리 몸의 저항력을 높여주고 잇몸도 튼튼하게 해준대요. 우리나라에 옥수수가 전래된 것은 16세기경 중국의 명나라를 거쳐 들어왔대요. 옥수수라는 이름도 중국어에서 유래되어서 구슬처럼 동그란 알맹이가 빛난다는 뜻이랍니다.

노랗게 옥수수가 익어요! 옥수수 접기 • 63

5
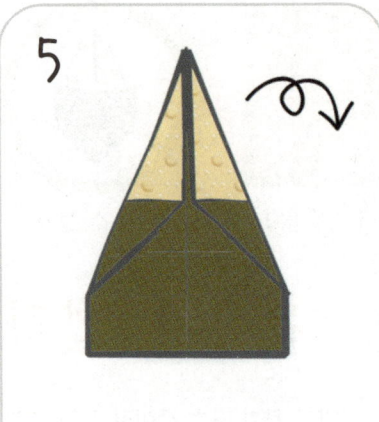
색종이를 뒤집기한다.

6
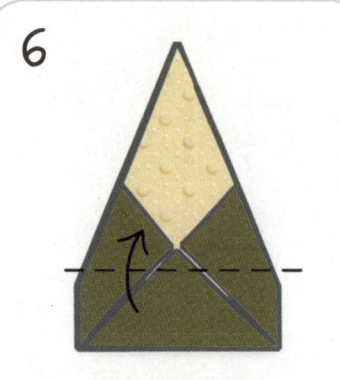
중심선 부분을 안쪽으로 접어 올린다.

7
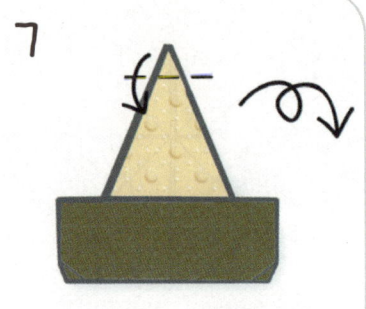
색종이 윗부분을 살짝 안쪽으로 접어 내리고, 색종이를 뒤집기한다.

8
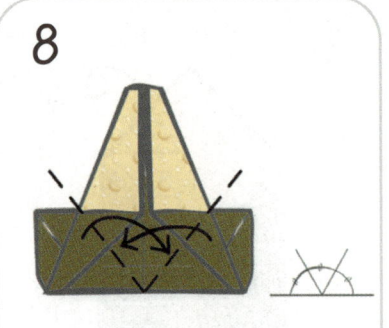
색종이 아랫부분을 삼등분하여 안쪽으로 겹쳐 접는다.

9
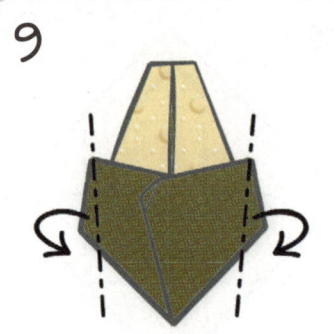
양쪽 모서리 부분을 바깥 접기한다.

10 옥수수를 완성한다.
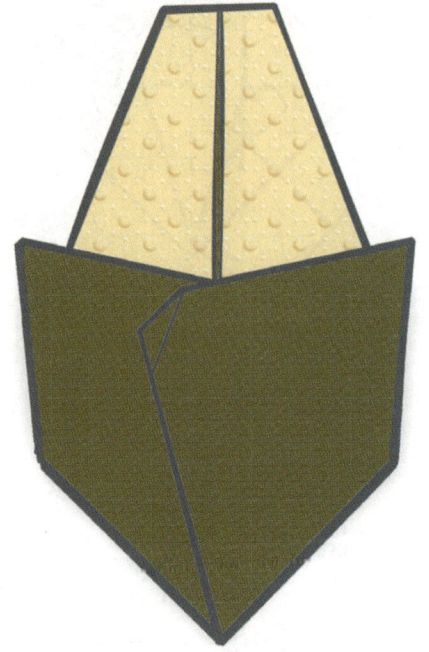

옥수수 줄기 만들기

옥수수 줄기를 만들 때 휴지 심을 길게 연결하여 투명 테이프로 붙여주고, 연두색지를 붙여 만들어 주세요. 휴지 심을 길게 가로로 잘라 안쪽으로 말아주어 옥수수 줄기의 굵기를 조절해주어도 좋아요. 줄기 위에 옥수수들을 어긋나게 붙여주고 잎사귀를 길게 접어 붙여 크고 작은 옥수숫대를 만들어 보세요.

종이접기

엄마, 아빠에게 선물할까?
지갑 접기

10

포장지나 커다란 무늬 색지를 이용하여 만드는 예쁜 지갑 만들기예요. 26cm보다 더 큰 종이를 이용하여 접어도 좋아요. 완성된 지갑 안쪽에 찍찍이 부직포를 붙여주어 열고 닫을 수 있도록 해 주면 편리하답니다.

준비물 : 샘플 16 　　남자 지갑 접기 　　여자 지갑 접기

1 남자 지갑 접기

문 접기에서 시작하여 멋진 지갑을 만들어 보세요.

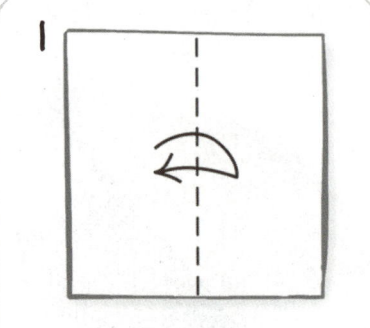

1. 26cm 색종이를 이등분이 되도록 안쪽으로 접었다 펴준다.

2. 색종이를 이등분이 되도록 안쪽으로 접어 올린다.

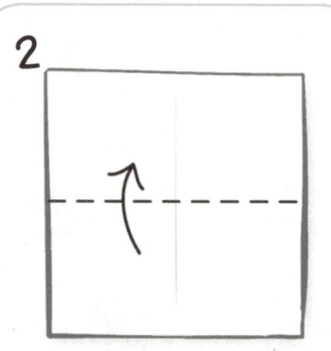

3. 중심선에 맞추어 안쪽으로 문 접기한다.

4. 색종이 아랫부분을 바깥쪽으로 펼쳐 눌러 접기한다.

옛날 우리 선조들은 돈을 보관하고 저장하는 용기로 금궤나 항아리를 사용하였고, 돈을 휴대하고 다닐 때 쓰는 오늘날의 지갑과 같은 것으로는 쌈지를 이용하였대요. 쌈지는 천이나 종이, 가죽 등으로 만들어졌고 남자, 여자, 어린이용이 있었대요.

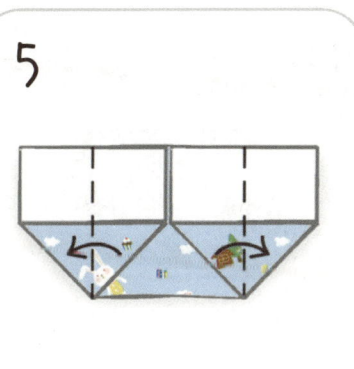

5

색종이를 점선대로 안쪽 접기 한다.

6

중심선에 맞추어 안쪽으로 접어 내린다.

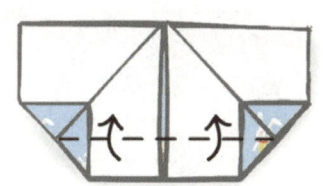

7

색종이 한 매만 안쪽으로 접어 올린다.

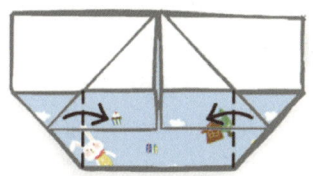

8

색종이 한 매만 안쪽으로 접는다.

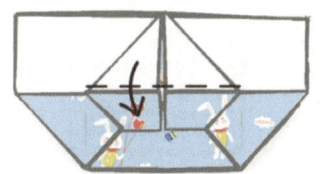

9

색종이를 안쪽으로 접어 내린다.

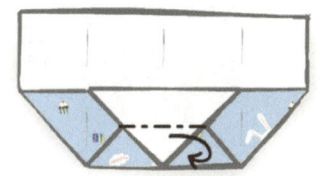

10

모서리 부분을 바깥 접기하여 안쪽으로 넣어준다.

11

색종이를 이등분선에 맞추어 안쪽으로 접었다 펴준다.

12

색종이 양쪽 면 모두 계단 접기하고, 색종이를 뒤집기한다.

13

색종이 아랫부분을 이등분선에 맞추어 안쪽으로 접는다.

14

색종이 아랫부분을 안쪽으로 접었다 펴준다.

15

돌돌 말아접듯이 점선대로 두 번 접어 올려 준다.

16

색종이 양쪽 면 모두 안쪽으로 접는다.

17

색종이를 뒤집기한다.

18

색종이 윗부분을 안쪽으로 접어 내린다.

19 지갑을 완성한다.

2 여자 지갑 접기

아이스크림 접기를 이용하여 예쁜 지갑을 만들어 보세요.

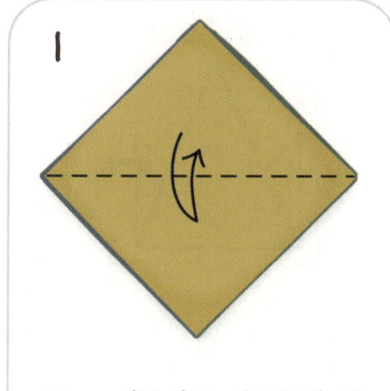

26cm 색종이를 이등분이 되도록 안쪽으로 접었다 펴준다.

중심선에 맞추어 아이스크림 접기한다.

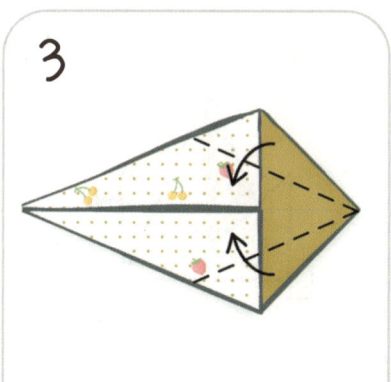

중심선에 맞추어 아이스크림 접기한다.

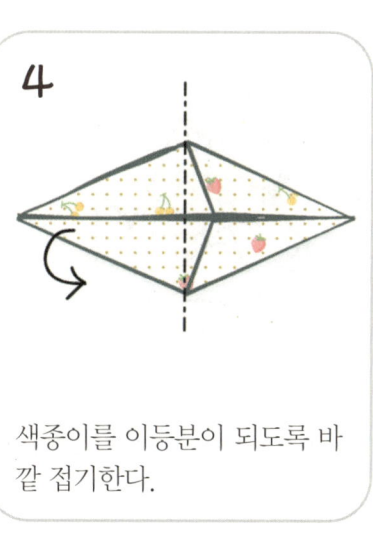

색종이를 이등분이 되도록 바깥 접기한다.

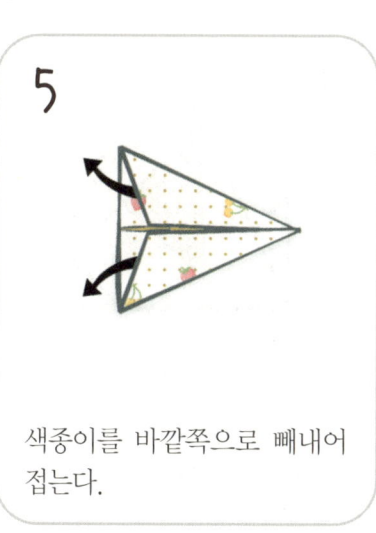

색종이를 바깥쪽으로 빼내어 접는다.

6
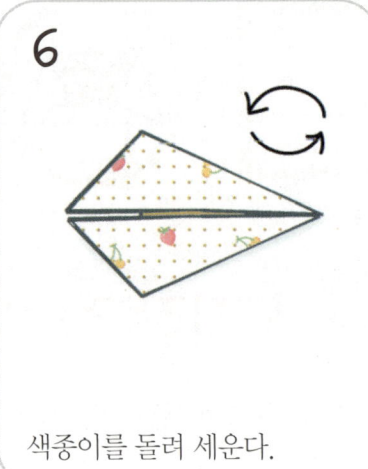
색종이를 돌려 세운다.

7
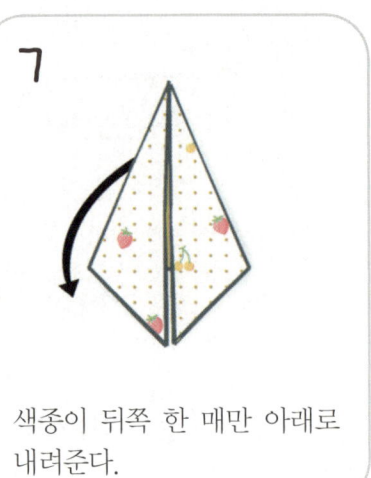
색종이 뒤쪽 한 매만 아래로 내려준다.

8
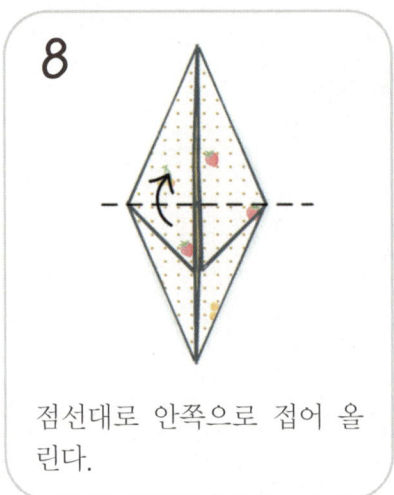
점선대로 안쪽으로 접어 올린다.

9

색종이 양쪽 면을 바깥쪽으로 당겨주며, 색종이 아랫부분을 안쪽으로 접어 올린다.

10
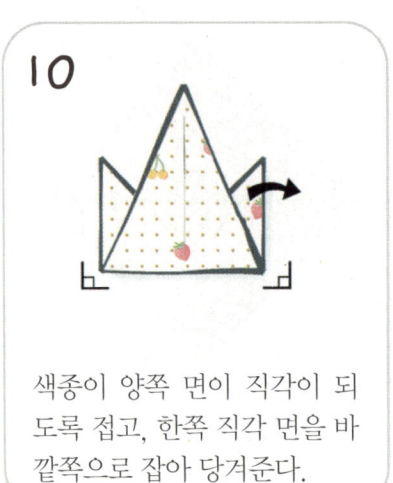
색종이 양쪽 면이 직각이 되도록 접고, 한쪽 직각 면을 바깥쪽으로 잡아 당겨준다.

11
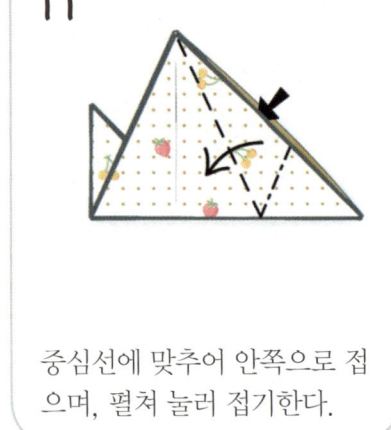
중심선에 맞추어 안쪽으로 접으며, 펼쳐 눌러 접기한다.

12
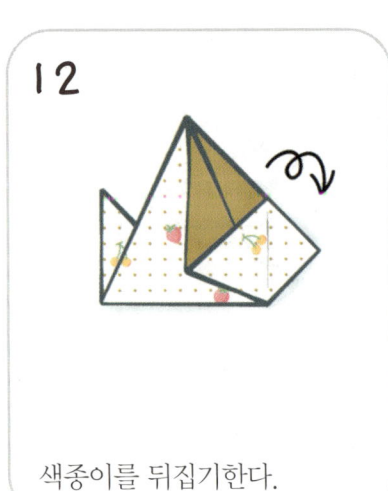
색종이를 뒤집기한다.

13
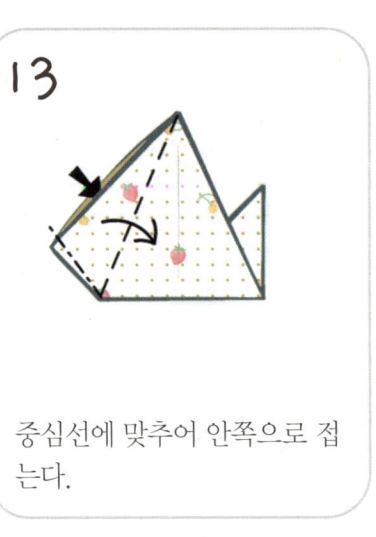
중심선에 맞추어 안쪽으로 접는다.

14
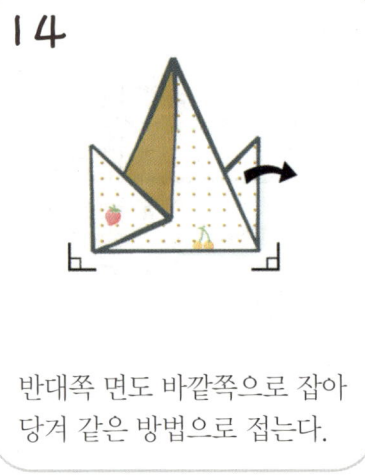
반대쪽 면도 바깥쪽으로 잡아 당겨 같은 방법으로 접는다.

15

양쪽 면 모두 색종이를 안쪽으로 접어 내린다.

16

양쪽 면 모두 색종이를 바깥 접기하여 안쪽으로 넣어준다.

17
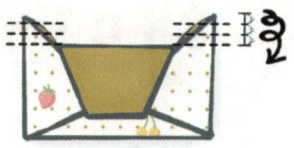
양쪽 모서리 부분을 삼등분하여 안쪽으로 돌돌 말듯이 접어준다.

18

색종이 양쪽 모서리 부분을 바깥 접기하여 안쪽으로 밀어 넣어준다.

19 지갑을 완성한다.

지갑 장식하기

예쁜 여자 지갑을 접어 양쪽 옆면에 리본 테이프나 구슬 끈을 길게 달아주면 귀여운 핸드백을 만들 수 있어요. 지갑 윗부분에 종이로 끈을 접어 붙여주면 손가방으로도 응용할 수 있답니다. 여자 지갑을 접을 때 중심선에서 정확하게 각을 세워 접어주어야 지갑의 옆면이 예쁘게 만들어져요. 지갑의 크기를 자유로이 조절하여 예쁜 손가방과 지갑을 만들어 보세요.

종이접기

외출을 해볼까?
핸드백 접기

11

예쁜 포장지나 색지를 이용하여 핸드백 만들기를 해보세요. 핸드백을 잘 열고 닫을 수 있도록 핸드백 안쪽과 뚜껑 부분에 둥근 자석을 붙여주세요. 완성된 핸드백에 구슬 끈이나 종이로 핸드백 끈을 만들어 알맞은 길이로 붙여 주세요. 핸드백 앞부분에 예쁜 리본이나 구슬을 붙여 장식해도 좋아요.

| 1 | 2 |
| 3 | 4 |

준비물 : 샘플 18   핸드백 접기   핸드백 끈 접기

1 핸드백 접기

커다란 종이에 같은 간격의 칸을 만들어 핸드백을 만들어 보세요.

오늘날 손에 드는 핸드백은 여자들의 전유물이지만, 원래 핸드백의 시초는 중세시대의 남자들이 가지고 다니던 작은 주머니에서 유래되었대요. 중세시대 때 병사들이 십자가나 귀중한 물건들을 넣어가지고 다니던 것이 귀족들이 부의 상징으로 애용하면서 허리에 달고 다녔었대요. 19세기부터 여자들이 허리에 달던 것을 손에 들고 다님으로써 오늘날의 핸드백이 되었답니다.

1

가로 50cm×세로 39cm 종이를 이등분이 되도록 안쪽으로 접는다.

2

색종이를 이등분이 되도록 안쪽으로 접었다 펴준다.

3

중심선에 맞추어 이등분이 되도록 안쪽으로 접었다 펴준다.

4

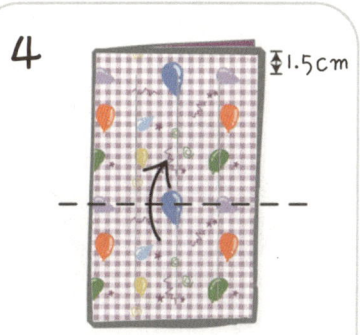

종이 윗부분에 1.5cm의 여유분을 두고 안쪽으로 접어 올린다.

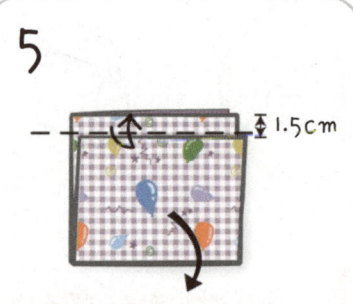
색종이 윗부분의 1.5cm 여유분을 안쪽으로 접었다 펴주고, 색종이를 펼친다.

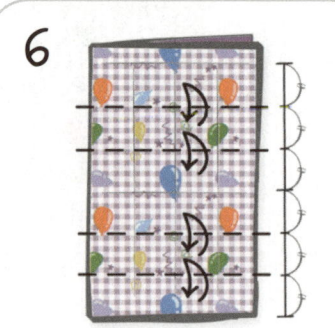
색종이 윗부분의 1.5cm 여유분을 제외한 부분을 육등분하여 안쪽으로 접었다 펴준다.

색종이 윗부분에서 핸드백의 뚜껑이 될 부분을 가위로 자른다.

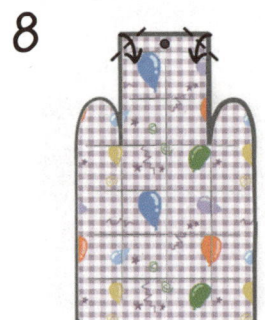
색종이 윗부분에 둥근 자석을 투명 테이프를 이용하여 붙여주고, 양쪽 모서리 부분을 살짝 안쪽으로 접는다.

색종이 윗부분의 1.5cm 여유분을 풀칠을 하여 안쪽으로 접어 내린다.

색종이를 점선대로 접어 입체로 만든다.

핸드백 안쪽 면에 둥근 자석을 투명 테이프로 붙여준다.

색종이를 바깥 접기하여 안쪽으로 넣어준다.

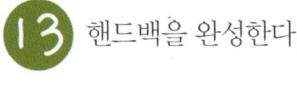
13 핸드백을 완성한다.

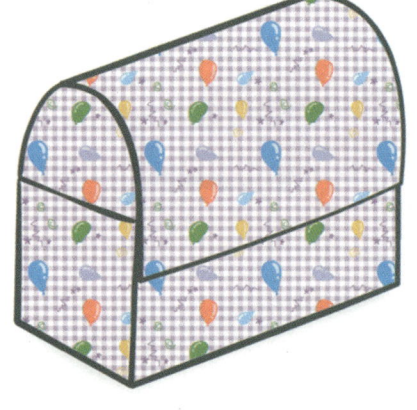

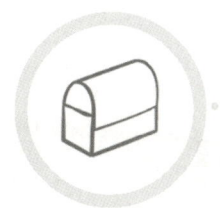

핸드백 접기　　준비물 : 샘플 18　　핸드백 끈 접기

2 핸드백 끈 접기

문 접기를 이용하여 핸드백의 끈 부분을 만들어 주세요. 끈의 길이는 자유롭게 조절하여 주세요.

1
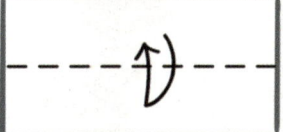

색종이를 이등분이 되도록 안쪽으로 접었다 펴준다.

2
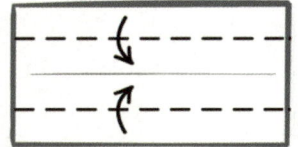

중심선에 맞추어 안쪽으로 문 접기한다.

3

핸드백 끈 부분을 완성한다.

4
핸드백 옆면에 끈을 붙여 핸드백을 완성한다.

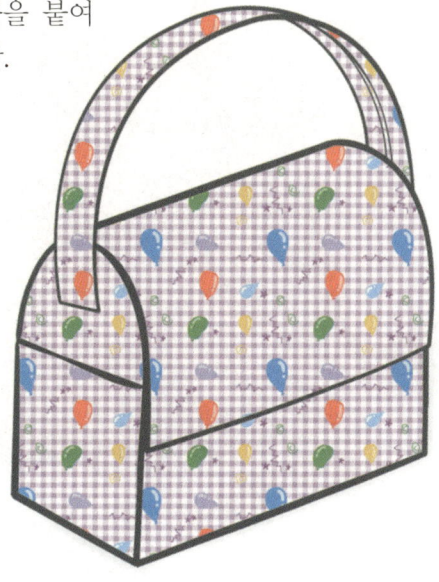

보물 상자 만들기

핸드백 접기로 해적들의 보물 상자를 만들 수 있어요. 핸드백 몸통 부분을 만들고, 핸드백 양쪽 옆면에 같은 길이의 끈을 2개 만들어 붙여 주세요. 보물 상자 뚜껑 부분에 해적 문양과 나만이 열 수 있는 주문도 같이 그려 보세요.

강아지 접기

강아지와 산책을 해봐요!

12

산책을 할 때 데리고 나갈 수 있는 장난감 강아지 만들기예요. 강아지 몸통 부분에 휴지 심을 끼워주고 투명 테이프로 붙여주세요. 강아지 목 부분에 예쁜 리본 끈을 달아 가만히 당겨주면 졸졸 뒤따라오는 귀여운 강아지를 볼 수 있어요.

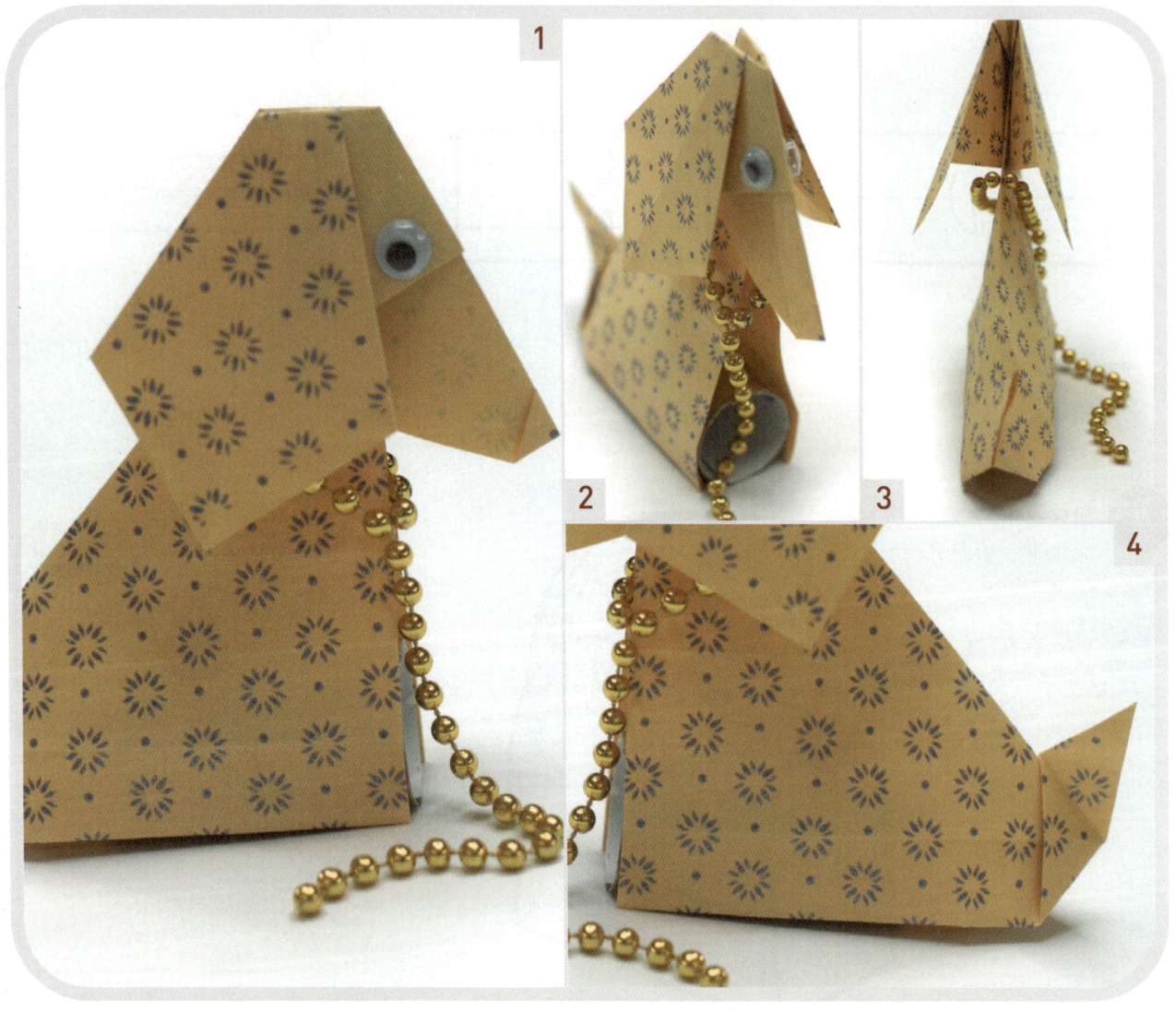

 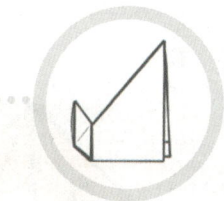

준비물 : 샘플 19   강아지 얼굴 접기   강아지 몸통 접기

1 강아지 얼굴 접기

삼각 접기에서 시작하여 강아지 얼굴 부분을 접어 보세요.

> 우리 민족과 더불어 살아온 우리의 소중한 토종개로는 예로부터 호랑이도 잡는다는 말이 있을 정도로 용맹하고 대범한 성품을 지닌 풍산개와 충성심이 강한 진도개, 삽살개 등이 있어요. 우리나라 토종개들은 모두 천연기념물로 지정되어 보호 관리 되고 있지요.

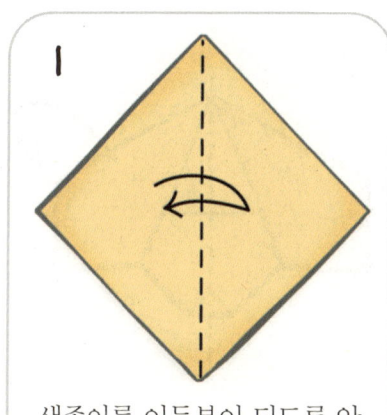

1 색종이를 이등분이 되도록 안쪽으로 접었다 펴준다.

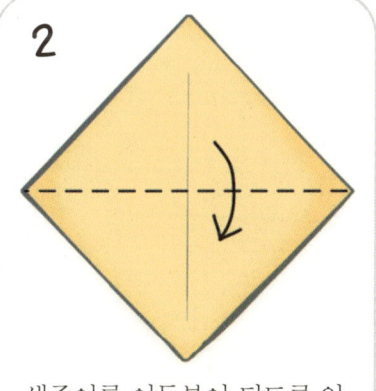

2 색종이를 이등분이 되도록 안쪽으로 접어 내린다.

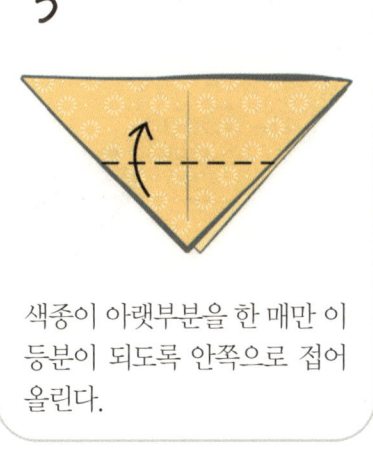

3 색종이 아랫부분을 한 매만 이등분이 되도록 안쪽으로 접어 올린다.

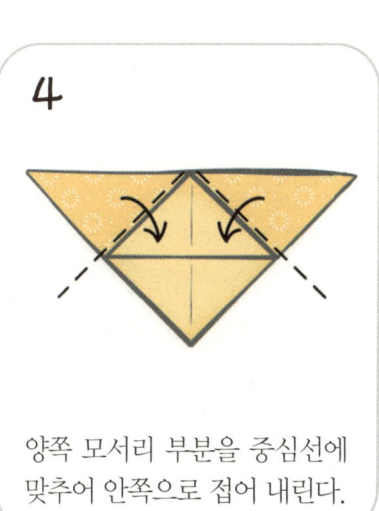

4 양쪽 모서리 부분을 중심선에 맞추어 안쪽으로 접어 내린다.

강아지와 산책을 해봐요! 강아지 접기 • 77

5
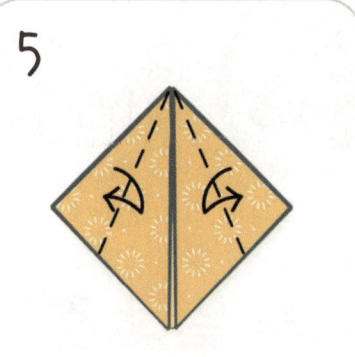
중심선에 맞추어 이등분이 되도록 안쪽으로 접었다 펴준다.

6
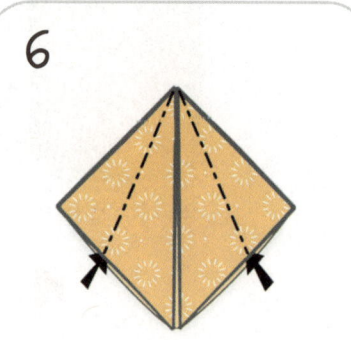
색종이 양쪽 면을 바깥쪽으로 펼쳐 눌러 접기한다.

7
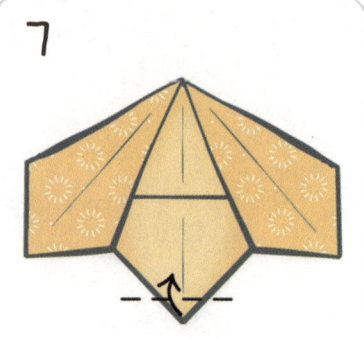
색종이 아랫부분을 살짝 안쪽으로 접어 올린다.

8
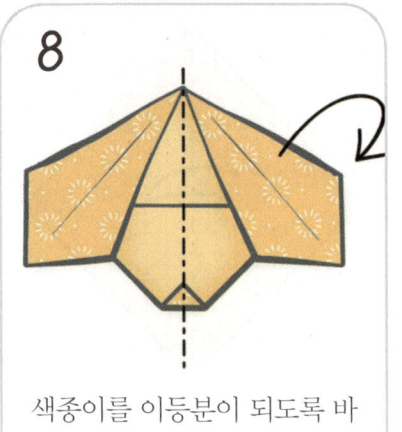
색종이를 이등분이 되도록 바깥 접기한다.

9
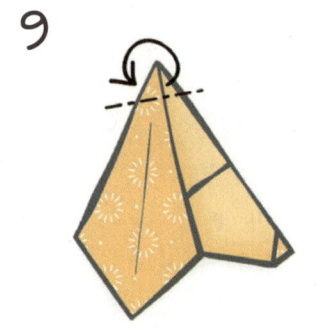
색종이 윗부분을 바깥 접기하여 안쪽으로 접어 넣어준다.

10
강아지 얼굴을 완성한다.

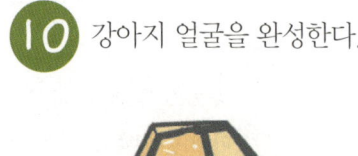

강아지가 잘 따라오게 하려면?

강아지 얼굴 부분과 몸통 부분을 연결할 때 약간 여유있게 벌려서 중심을 잘 잡아 붙여주세요. 몸통 부분에 휴지 심 옆면을 길게 넣은 다음 투명 테이프로 붙여 강아지를 산책시킬 때 잘 따라 올 수 있도록 해주세요.

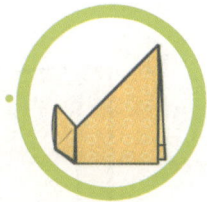

강아지 얼굴 접기   준비물 : 샘플 19   강아지 몸통 접기

2 강아지 몸통 접기

색종이의 가로와 세로를 같은 간격으로 접어 강아지의 몸통을 접어 보세요.

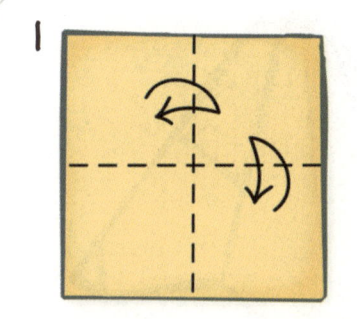

1. 색종이를 가로와 세로 방향으로 이등분이 되도록 안쪽으로 접었다 펴준다.

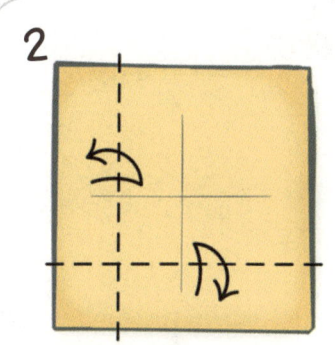

2. 중심선에 맞추어 이등분이 되도록 안쪽으로 접었다 펴준다.

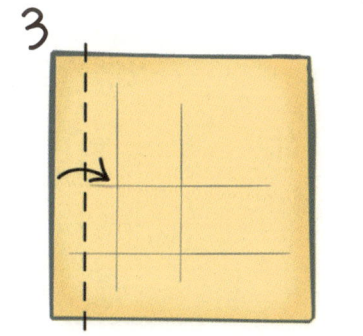

3. 색종이를 이등분선에 맞추어 안쪽으로 접는다.

4. 색종이 아랫부분을 이등분선에 맞추어 안쪽으로 접는다.

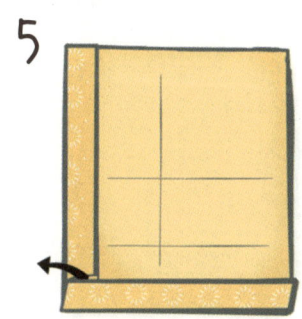

5. 모서리 부분을 바깥쪽으로 당겨 접는다.

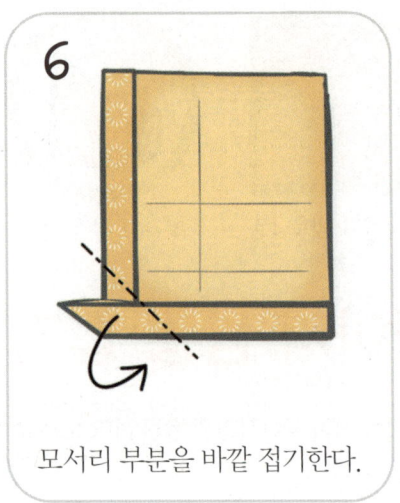

6

모서리 부분을 바깥 접기한다.

7

색종이를 이등분이 되도록 안쪽으로 접는다.

8

몸통 부분을 완성한다.

9 강아지 얼굴 부분을 몸통과 연결하여 완성한다.

아기 강아지 접기

아기 강아지가 태어났어요!

13

종이접기

귀여운 아기 강아지들이 포근한 엄마 품에 있어요. 아기 강아지들과 엄마 개를 접고, 뒷면에 휴지 심을 낮게 잘라 받침대를 만들어 붙여주면 입체로 세울 수 있답니다. 두꺼운 도화지를 받침대로 이용해도 좋아요.

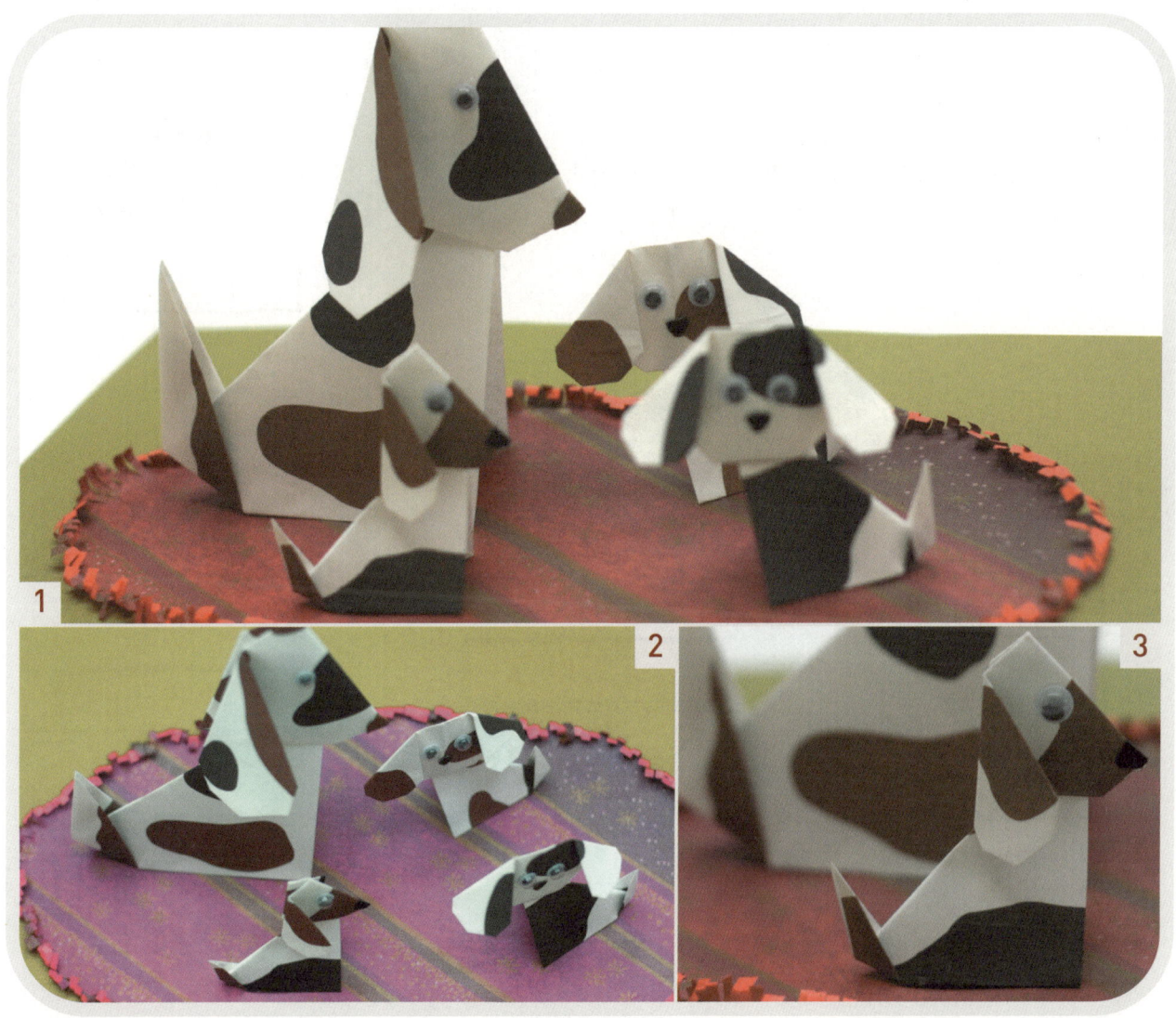

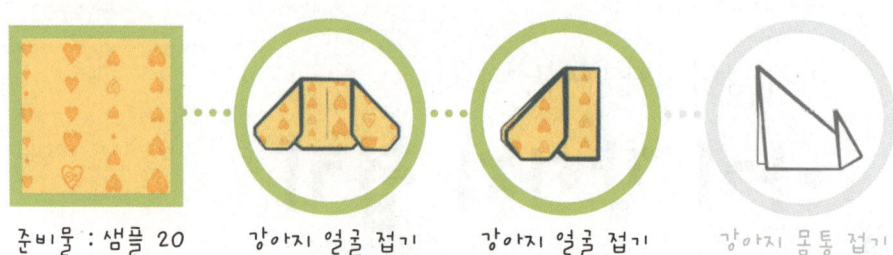

준비물 : 샘플 20 　　강아지 얼굴 접기　　강아지 얼굴 접기　　강아지 몸통 접기

1 강아지 얼굴 접기

색종이의 윗면과 아랫면을 분리하여 접어 강아지의 얼굴을 접어 보세요.

개의 시력은 발달이 덜 되어서 움직이는 형체는 쉽게 식별하지만 특이한 냄새가 없는 정지한 물체는 식별하지 못하며 색맹이랍니다. 그러나 후각은 청각과 더불어 가장 발달한 감각으로 인간보다 많은 양의 공기를 예민한 코로 흡입할 수 있어요. 개가 킁킁 거리는 것은 냄새를 분석하고 분류할 수 있는 후각 중추로 메시지를 빨리 전달하기 위한 것이예요.

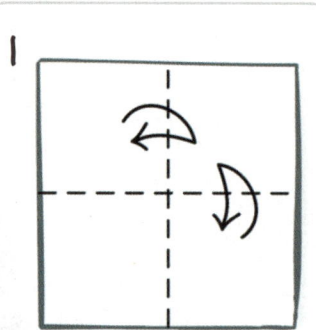

1

색종이를 가로와 세로 방향으로 이등분이 되도록 안쪽으로 접었다 펴준다.

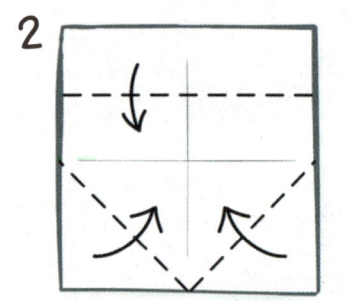

2

색종이 윗부분은 이등분이 되도록 안쪽으로 내려접고, 색종이 아랫부분은 중심선에 맞추어 안쪽으로 접는다.

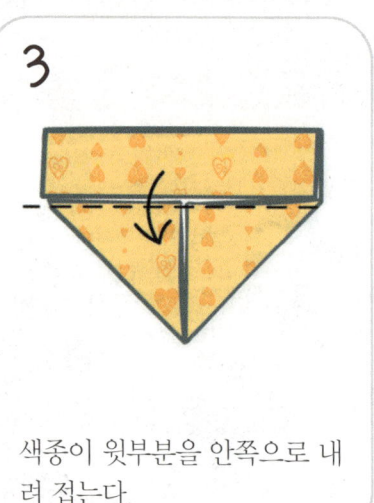

3

색종이 윗부분을 안쪽으로 내려 접는다.

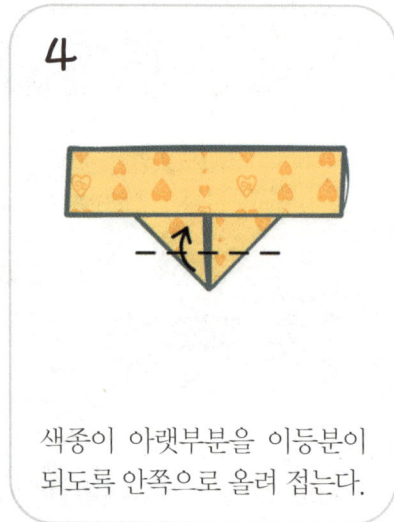

4

색종이 아랫부분을 이등분이 되도록 안쪽으로 올려 접는다.

5

색종이를 뒤집기한다.

6

모서리 부분을 표시점에 맞추어 안쪽으로 접는다.

7

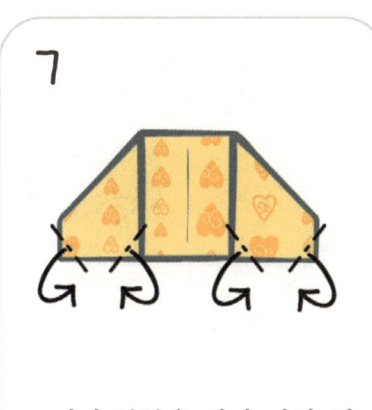

모서리 부분을 살짝 바깥 접기한다.

8 강아지 얼굴을 완성한다.

9

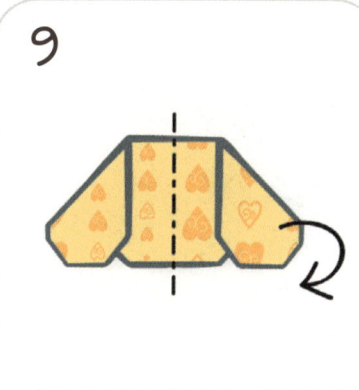

강아지 얼굴 부분을 이등분이 되도록 바깥 접기한다.

10 엄마 개의 얼굴을 완성한다.

다양한 강아지 얼굴

강아지의 얼굴 부분을 만들 때 크기를 다르게 하여 얼굴을 반으로 접어주면 강아지의 옆모습과 다른 표정의 강아지 얼굴을 만들 수 있어요.

2 강아지 몸통 접기

아이스크림 접기를 이용하여 강아지 몸통 부분을 접어 보세요.

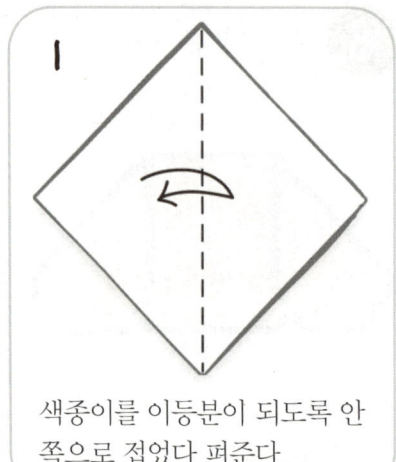

1. 색종이를 이등분이 되도록 안쪽으로 접었다 펴준다.

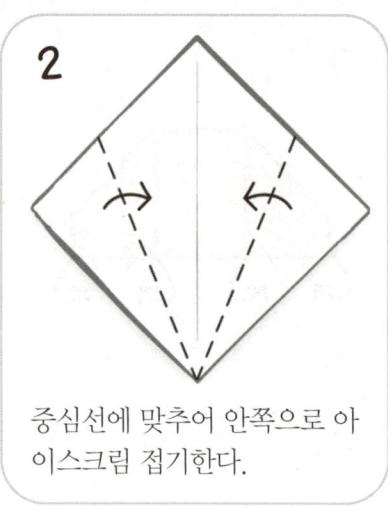

2. 중심선에 맞추어 안쪽으로 아이스크림 접기한다.

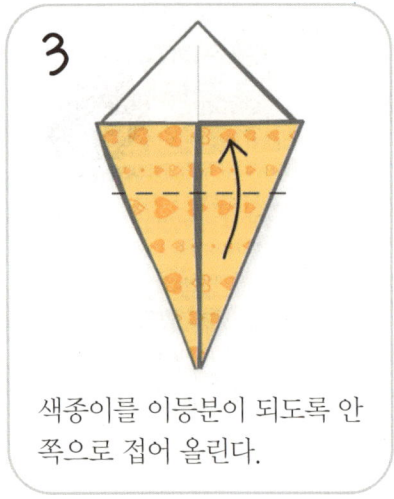

3. 색종이를 이등분이 되도록 안쪽으로 접어 올린다.

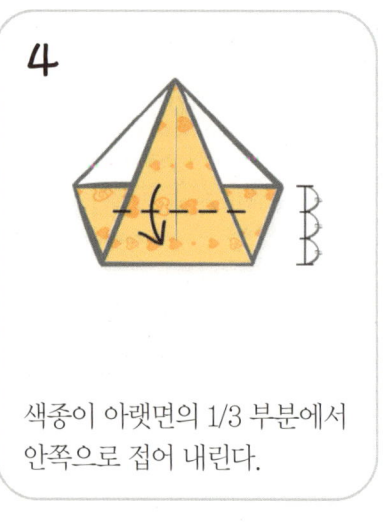

4. 색종이 아랫면의 1/3 부분에서 안쪽으로 접어 내린다.

5. 양쪽 모서리 부분을 사선 방향으로 안쪽 접기한다.

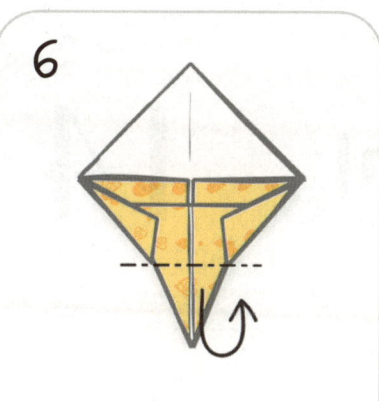

6 색종이 아랫부분을 바깥 접기 한다.

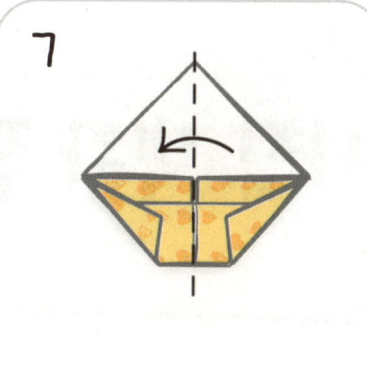

7 색종이를 이등분이 되도록 안쪽으로 접는다.

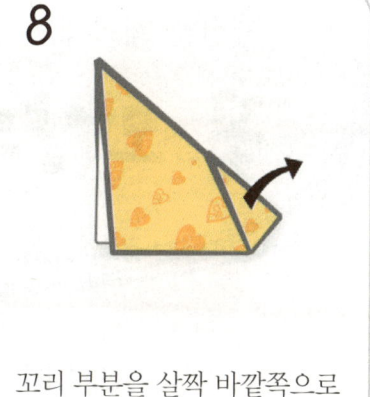

8 꼬리 부분을 살짝 바깥쪽으로 당겨준다.

9 몸통 부분을 완성한다.

10 얼굴 부분과 몸통 부분을 연결하여 강아지와 엄마 개를 완성한다.

사진을 예쁘게,
꽃 모양의 사진 액자 접기

14

꽃 모양의 사진 액자를 만들어 추억이 담긴 소중한 사진을 넣어보세요. 예쁜 포장지나 색도화지를 이용하여 꽃 모양 액자를 만들고 뒷면에 양면 테이프로 붙여 벽면을 꾸며보세요. 크고 작은 꽃 모양의 액자로 예쁜 꽃밭을 만들 수 있어요.

준비물 : 샘플 21 꽃 모양의 사진 액자 접기

꽃 모양의 사진 액자 접기

문양 접기를 응용하여 액자를 만들어 보세요. 다양한 방법으로 문양을 접어보고 여러 가지 꽃 모양의 사진 액자를 만들어 보세요.

1
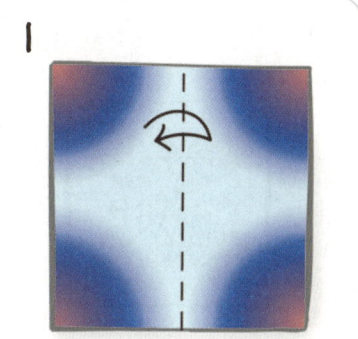
색종이를 이등분이 되도록 안쪽으로 접었다 펴준다.

2
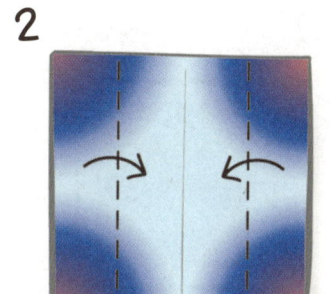
중심선에 맞추어 안쪽으로 문 접기한다.

3
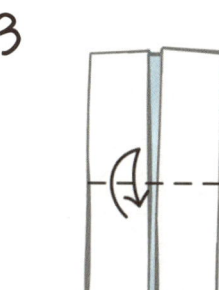
이등분이 되도록 안쪽으로 접었다 펴준다.

4
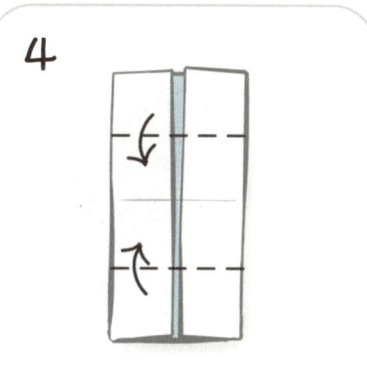
중심선에 맞추어 안쪽으로 문 접기한다.

5
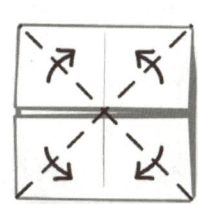
중심선에 맞추어 안쪽으로 삼각 모양이 되도록 접는다.

꽃 모양 액자를 접을 때 사용하는 종이는 20cm 정도의 넉넉한 종이를 사용하세요. 양면지나 종이 테두리 부분에 무늬가 있는 종이를 사용하면 더 예쁜 꽃 모양의 액자를 만들 수 있어요.

6
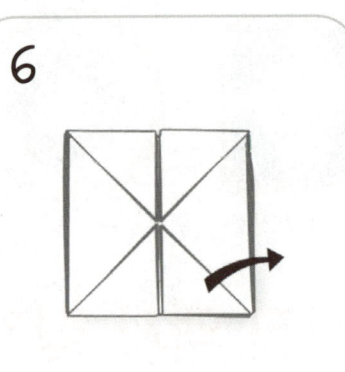
접어진 삼각 모양을 바깥쪽으로 당겨준다.

7
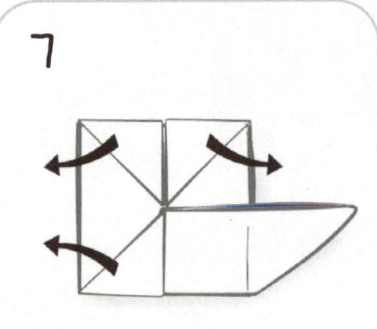
4면 모두 바깥쪽으로 당겨준다.

8
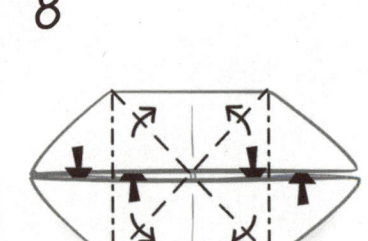
4면 모두 바깥쪽으로 펼쳐 눌러 접기한다.

9
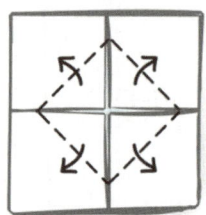
여유분을 두고 안쪽으로 접는다.

10
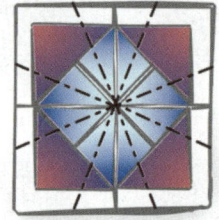
4면 모두 중심선에 맞추어 바깥쪽으로 아이스크림 접기한다.

11

4면 모두 안쪽으로 접는다.

12

사진 액자 틀을 완성한다.

13
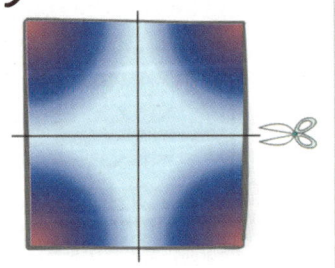
1번에서 사용한 색종이를 사등분하여 같은 크기 4장을 만든다.

14
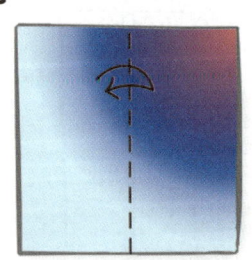
사등분된 색종이를 이등분이 되도록 안쪽으로 접었다 펴준다.

15

이등분이 되도록 안쪽으로 접어 내린다.

16
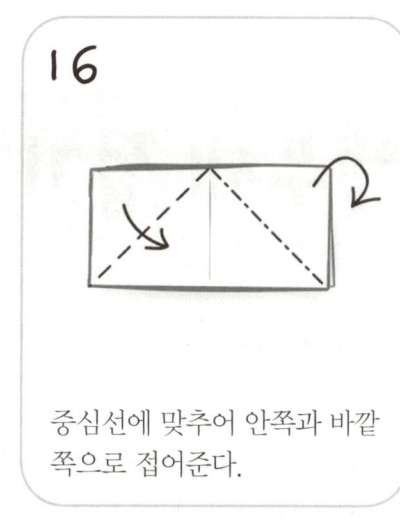
중심선에 맞추어 안쪽과 바깥쪽으로 접어준다.

17
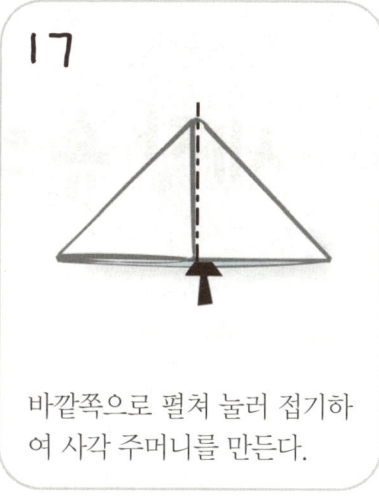
바깥쪽으로 펼쳐 눌러 접기하여 사각 주머니를 만든다.

18

여유분을 두고 안쪽으로 접어 올린다.

19

중심선에 맞추어 바깥쪽으로 아이스크림 접기한다.

20
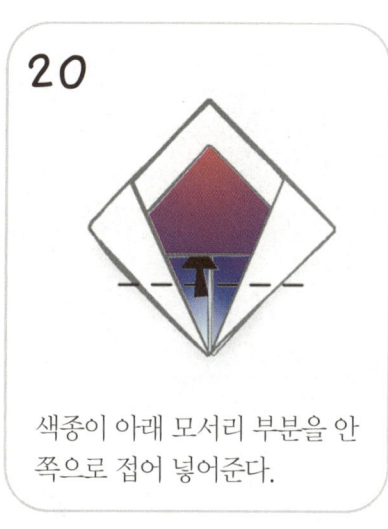
색종이 아래 모서리 부분을 안쪽으로 접어 넣어준다.

21

같은 모양을 4개 접는다.

22

사진 액자 틀 4면에 꽃 모양이 되도록 모서리 부분을 끼워준다.

23
꽃 모양 사진 액자를 완성한다.

알록 달록,
새장 속의 앵무새 접기

종이접기 15

색상이 화려한 색종이를 사용하여 한 쌍의 앵무새를 만들어보세요. 색종이를 같은 간격으로 말아 접어 새장을 만들고 앵무새를 붙여주어 멋진 새장을 창문가에 달아보세요.
앵무새의 날개와 꼬리 부분에 작은 가위집을 내면 더 실감나는 앵무새의 깃털을 표현할 수 있어요.

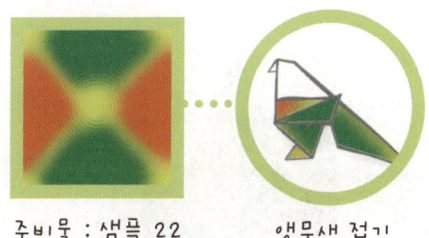

준비물 : 샘플 22   앵무새 접기

앵무새 접기

앵무새를 만들고 앵무새의 다리 부분을 살짝 벌려주면 입체적인 모양이 되어 앵무새를 세워 놓을 수 있어요.

1

색종이를 이등분이 되도록 안쪽으로 접었다 펴준다.

2

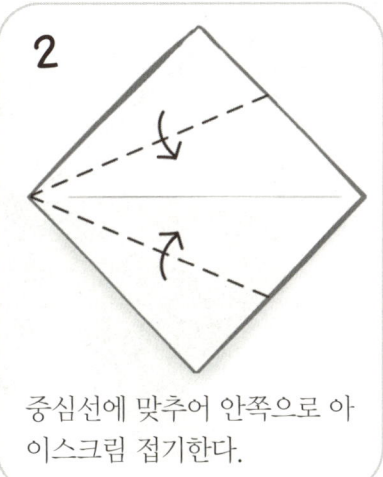

중심선에 맞추어 안쪽으로 아이스크림 접기한다.

3

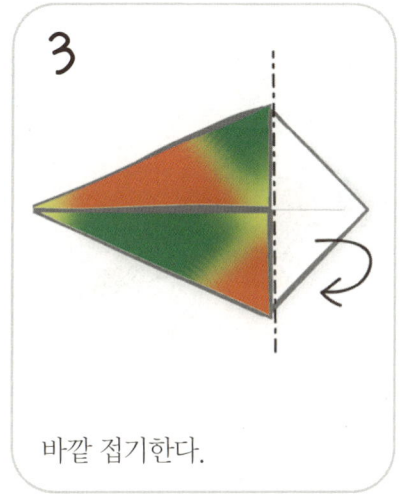

바깥 접기한다.

앵무새는 지능이 높아 사람이나 동물의 소리를 잘 흉내 내는 열대새로 그 색깔도 무척 다양한 종류를 가지고 있어요. 야채, 과일, 풀씨 등을 먹으며 애완조로 많이 기른답니다.

4

중심선에 맞추어 안쪽으로 접었다 펴준다.

5

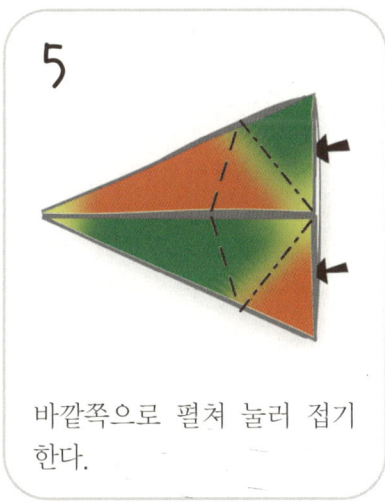

바깥쪽으로 펼쳐 눌러 접기한다.

알록달록, 새장 속의 앵무새 접기 • 91

6 1/3 부분에서 안쪽으로 접어 내린다.

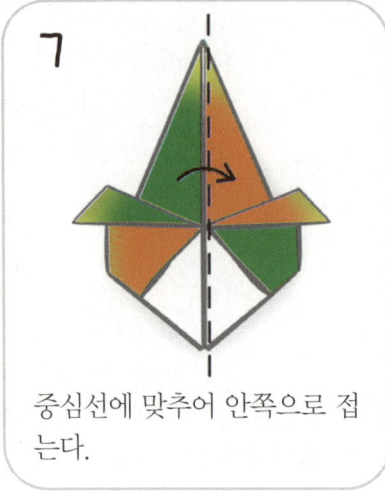

7 중심선에 맞추어 안쪽으로 접는다.

8 앵무새의 머리 부분을 바깥 접기하여 안쪽으로 접어 넣어준다.

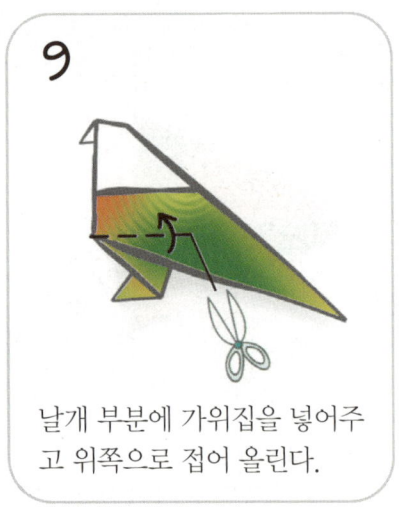

9 날개 부분에 가위집을 넣어주고 위쪽으로 접어 올린다.

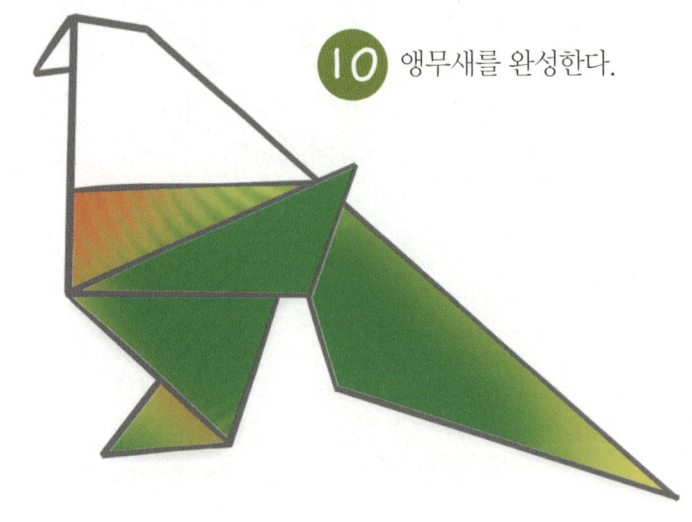

10 앵무새를 완성한다.

종이접기 16

주룩주룩 비가 내려요!
우산 접기

예쁜 포장지나 색종이로 멋쟁이 우산을 만들어 보세요. 7개의 같은 크기의 종이를 이용하여 만드는 우산 접기는 2~3가지 색이 다른 종이를 섞어 접으면 무지개 우산도 만들 수 있어요.
또 완성된 우산의 끝부분에 예쁜 레이스를 달아 장식 양산으로도 활용할 수 있어요. 우산대는 철사를 여러 겹으로 접어 플라워 테이프로 감아주거나, 빨대를 이용해도 좋아요.

준비물 : 샘플 23   우산 접기

우산 접기

컵 접기를 응용하여 우산을 접어 보세요. 같은 모양을 7개 접어 연결하여 붙여주면 입체감을 살릴 수 있어요.

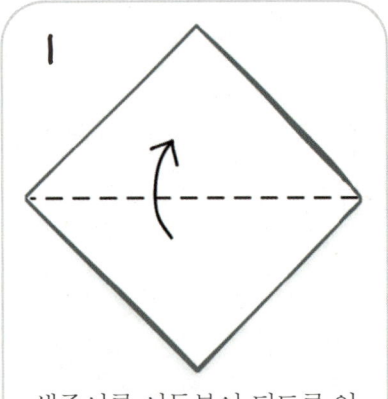

색종이를 이등분이 되도록 안쪽으로 접어 올린다.

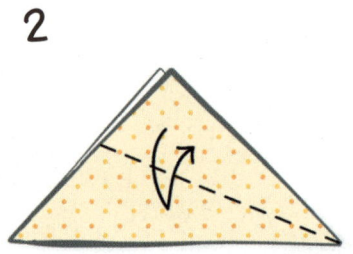

색종이 한 매만 이등분이 되도록 안쪽으로 접었다 펴준다.

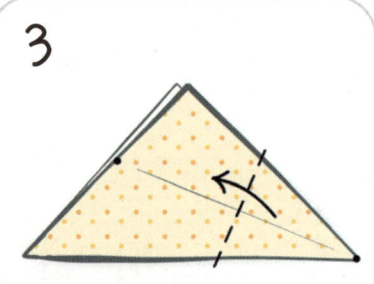

색종이 한쪽 모서리 부분을 안쪽 접기한다.

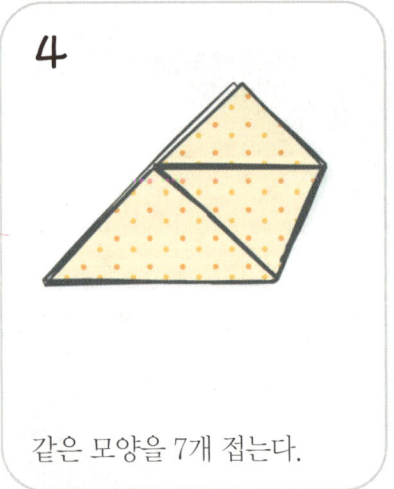

같은 모양을 7개 접는다.

일부 특권층이 햇볕을 가리기 위해서 사용한 양산은 고대부터 있었지만, 우산은 야외생활과 스포츠가 성행하던 19세기부터 있었대요. 오늘날과 같은 박쥐형태의 우산은 영국에서 발명되었고, 우리나라에는 조선시대 말기에 선교사들에 의해서 들어오게 되었대요.

5. 색종이 한쪽 면에 풀칠하여 7개 모두 연결한다.

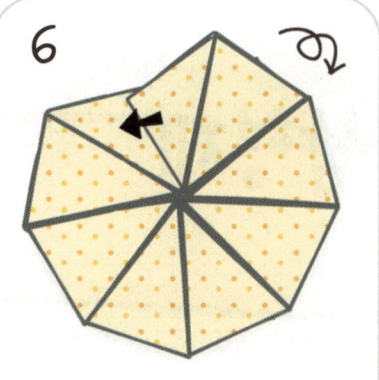

6. 입체감을 살려 7개를 연결하고, 색종이를 뒤집기한다.

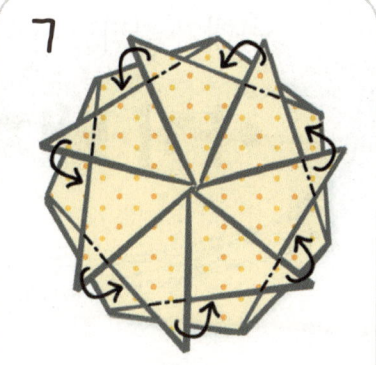

7. 색종이 모서리 부분을 바깥쪽으로 접어 넣어준다.

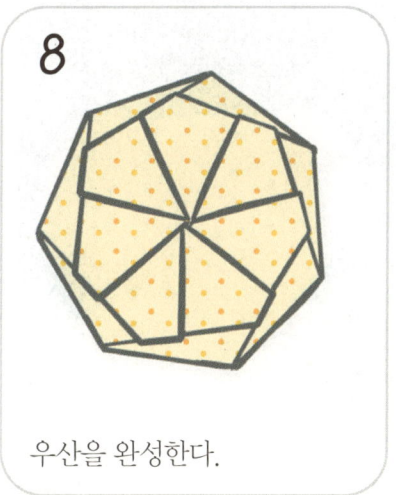

8. 우산을 완성한다.

9. 우산대를 중심부분에 넣어준다.

늑대가 나타났어요!
아기 돼지 삼형제

17

이솝 이야기에 나오는 귀여운 아기 돼지 삼형제를 접어보세요. 아기 돼지 뒷면에 휴지 심을 투명 테이프로 붙여주어 연극 놀이로도 활용할 수 있어요. 동화속의 한 장면을 재밌게 꾸며보세요.

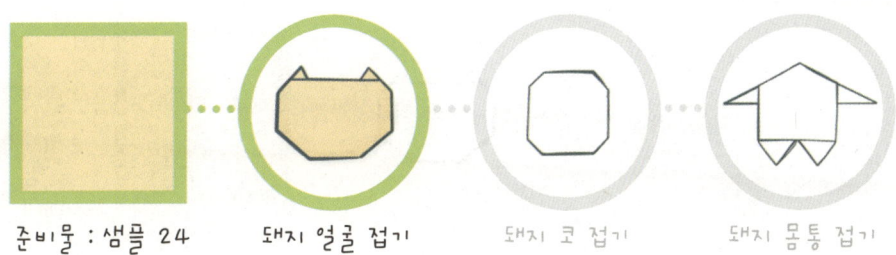

준비물 : 샘플 24   돼지 얼굴 접기   돼지 코 접기   돼지 몸통 접기

1 돼지 얼굴 접기

삼각 접기를 이용하여 돼지의 얼굴을 접어 보세요.

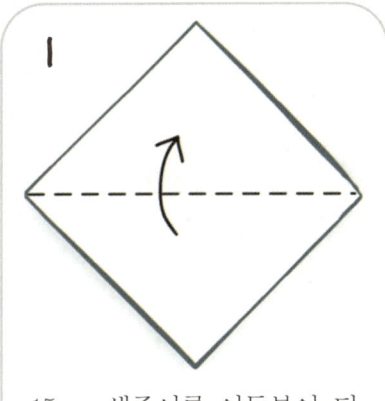

1

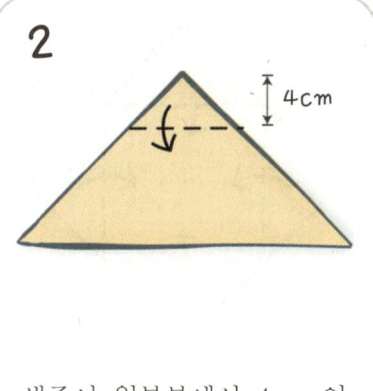

2

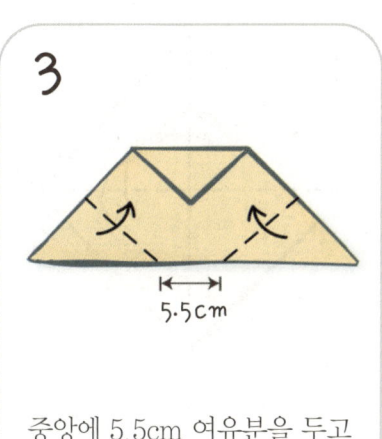

3

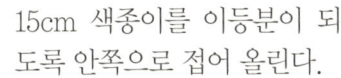

15cm 색종이를 이등분이 되도록 안쪽으로 접어 올린다.

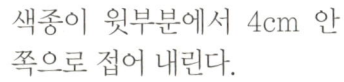

색종이 윗부분에서 4cm 안쪽으로 접어 내린다.

중앙에 5.5cm 여유분을 두고 안쪽으로 접어 올린다.

4

5

6 돼지 얼굴을 완성한다.

· 돼지의 귀 부분을 바깥 접기하여 안쪽으로 접어 넣어준다.

양쪽 모서리 부분을 안쪽으로 살짝 접고, 색종이를 뒤집기 한다.

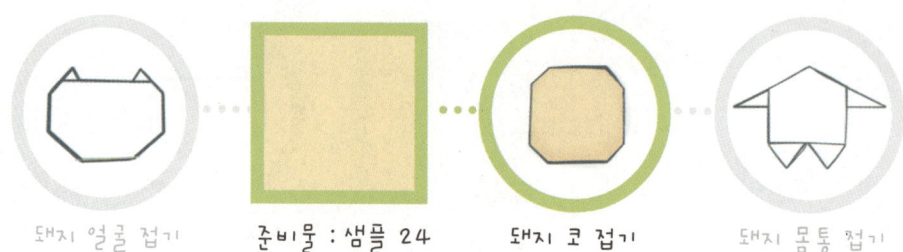

2 돼지 코 접기

방석 접기를 이용하여 돼지의 코 부분을 만들 수 있어요.

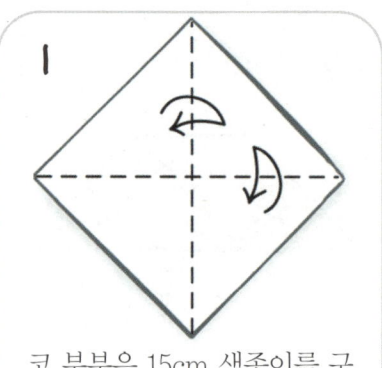

1. 코 부분은 15cm 색종이를 구 등분하여 사용한다. 색종이를 대각선 방향으로 안쪽으로 접었다 펴준다.

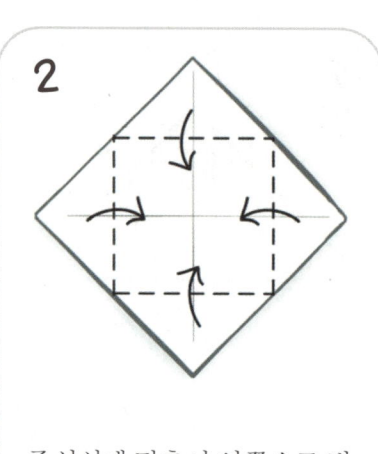

2. 중심선에 맞추어 안쪽으로 방석 접기한다.

3. 4면 모두 안쪽으로 살짝 접고, 색종이를 뒤집기한다.

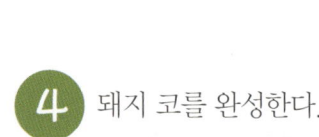

4. 돼지 코를 완성한다.

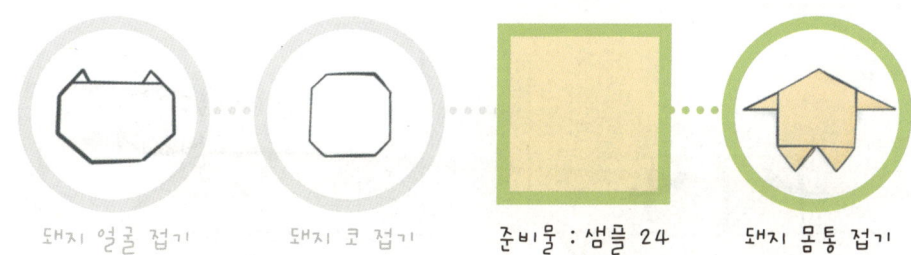

돼지 얼굴 접기 · 돼지 코 접기 · 준비물 : 샘플 24 · 돼지 몸통 접기

3 돼지 몸통 접기

쌍배 접기를 이용하여 돼지의 몸통 부분을 만들어 보세요.

1
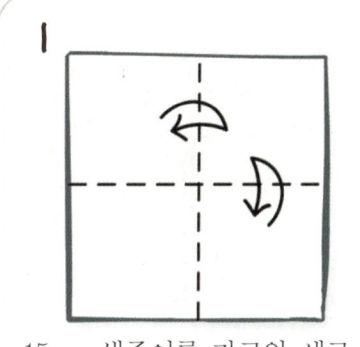

15cm 색종이를 가로와 세로 방향으로 이등분이 되도록 안쪽으로 접었다 펴준다.

2
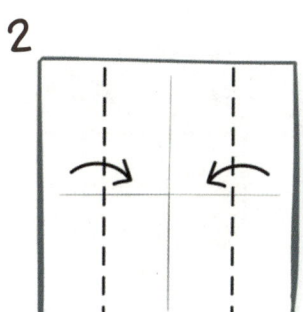

중심선에 맞추어 안쪽으로 문 접기한다.

3
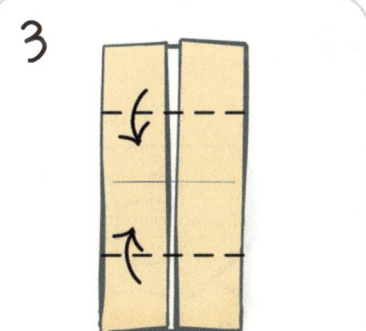

중심선에 맞추어 안쪽으로 문 접기한다.

4

중심선에 맞추어 안쪽으로 삼각 모양이 되도록 접는다.

5
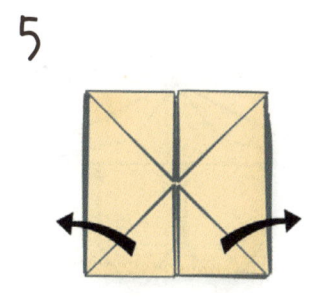

접어진 삼각 모양을 바깥쪽으로 당겨준다.

늑대가 나타났어요! 아기 돼지 삼형제 • 99

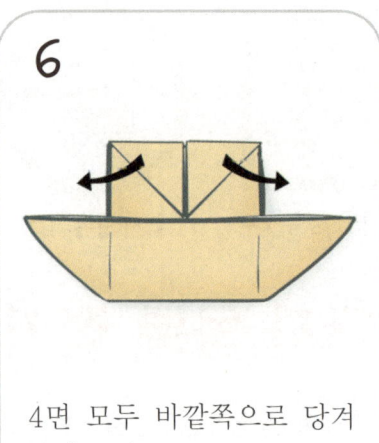

4면 모두 바깥쪽으로 당겨 준다.

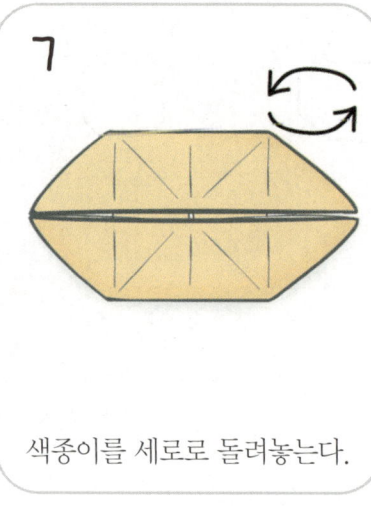

색종이를 세로로 돌려놓는다.

색종이 윗부분을 안쪽으로 접어 내린다.

색종이 윗부분을 안쪽으로 중심선에서 사선으로 접어 내린다.

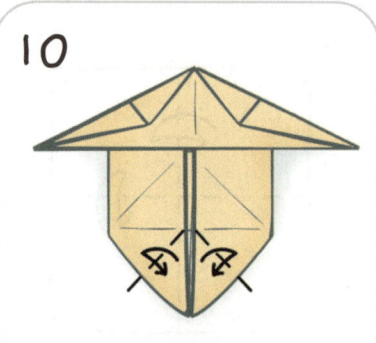

색종이 아랫부분을 이등분이 되도록 안쪽으로 접었다 펴 준다.

색종이 아랫부분을 바깥 접기 하여 안쪽으로 넣어준다.

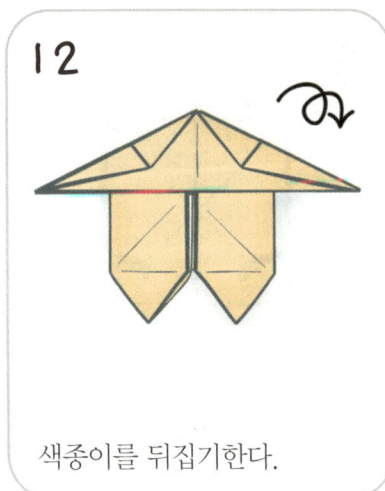

색종이를 뒤집기한다.

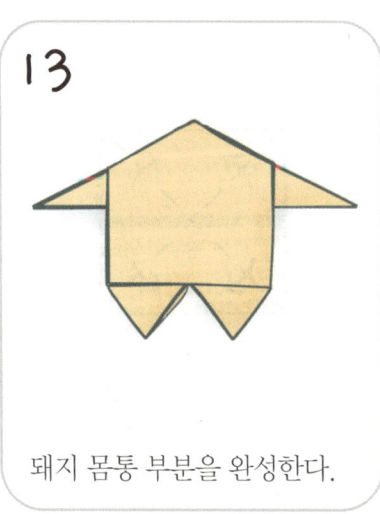

돼지 몸통 부분을 완성한다.

14 돼지 얼굴과 몸통 부분을 연결하여 돼지를 완성한다.

한가로이 풀을 먹는
아기 토끼 접기

18

하얗고 귀여운 토끼를 접어 농장을 꾸며 보세요. 토끼의 귀를 다양하게 접어 모양을 내어 보고,
풀밭에 앉아 한가로이 풀을 먹는 아기 토끼들도 만들어 보세요.

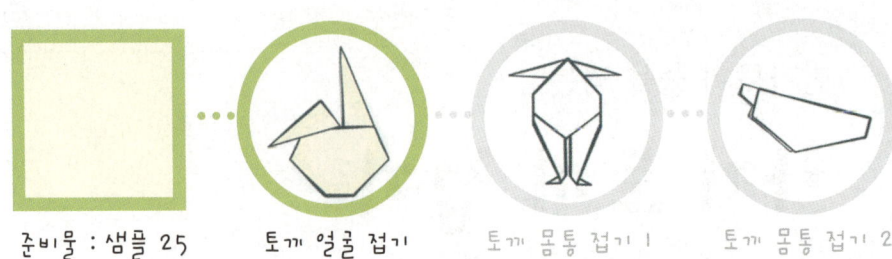

준비물 : 샘플 25   토끼 얼굴 접기   토끼 몸통 접기 1   토끼 몸통 접기 2

1 토끼 얼굴 접기

사각 주머니 접기를 이용하여 토끼의 얼굴을 만들어 보세요. 접어 내려진 토끼의 귀 부분을 살짝 벌려주면 입체적인 모양이 됩니다.

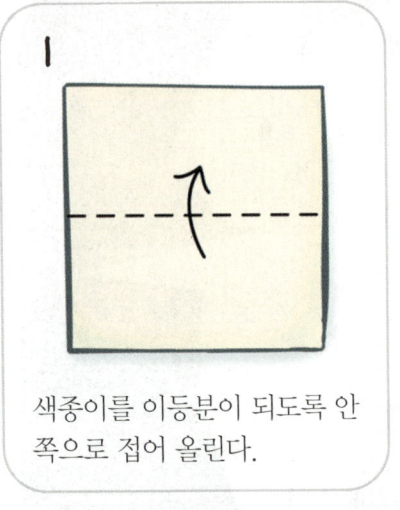

1

색종이를 이등분이 되도록 안쪽으로 접어 올린다.

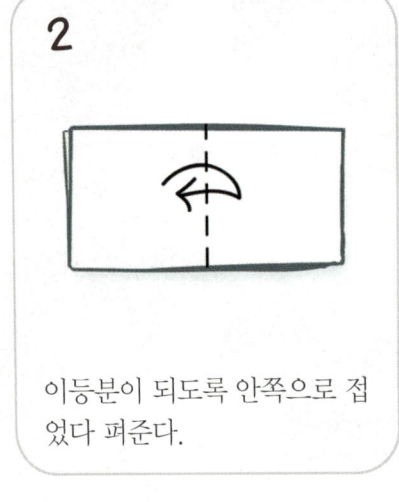

2

이등분이 되도록 안쪽으로 접었다 펴준다.

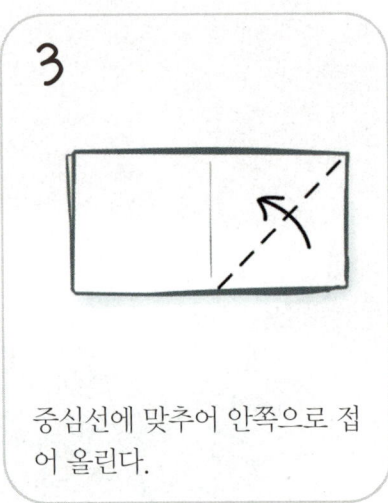

3

중심선에 맞추어 안쪽으로 접어 올린다.

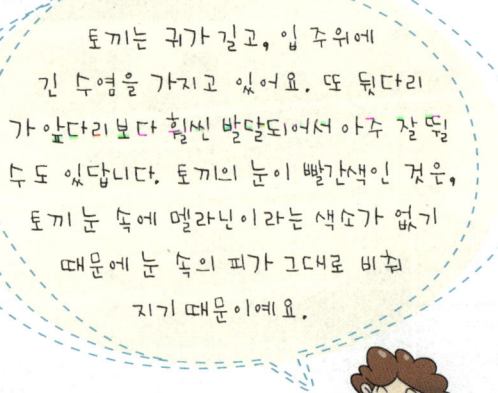

토끼는 귀가 길고, 입 주위에 긴 수염을 가지고 있어요. 또 뒷다리가 앞다리보다 훨씬 발달되어서 아주 잘 뛸 수도 있답니다. 토끼의 눈이 빨간색인 것은, 토끼 눈 속에 멜라닌이라는 색소가 없기 때문에 눈 속의 피가 그대로 비춰지기 때문이예요.

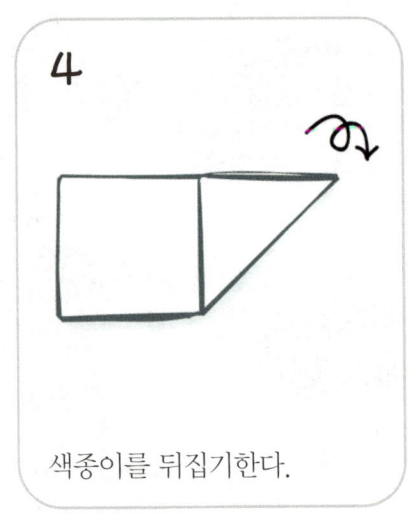

4

색종이를 뒤집기한다.

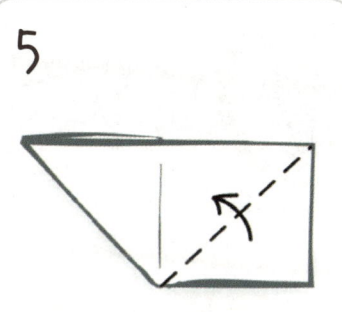

5

중심선에 맞추어 안쪽으로 접어 올린다.

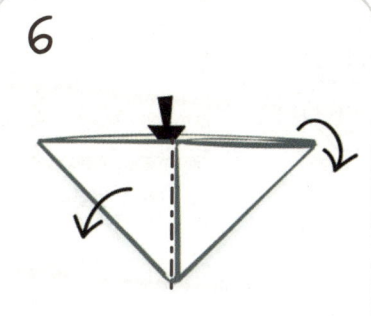

6

바깥쪽으로 펼쳐 눌러 접기하여 사각 주머니를 만든다.

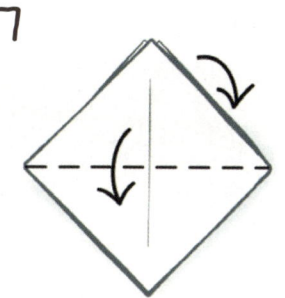

7

양쪽 모두 이등분이 되도록 안쪽으로 접어 내린다.

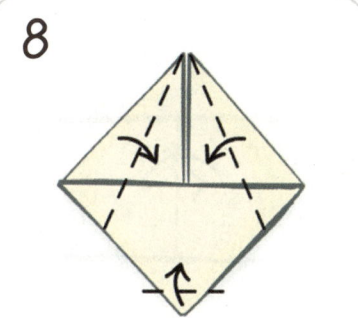

8

이등분이 되도록 안쪽으로 접고, 색종이 아랫부분을 안쪽으로 살짝 접어 올린다.

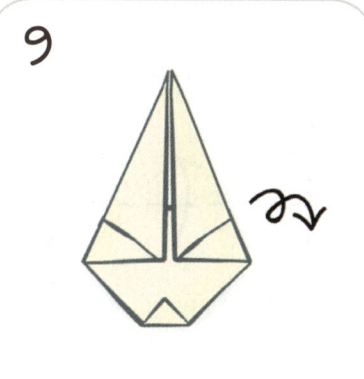

9

색종이를 뒤집기한다.

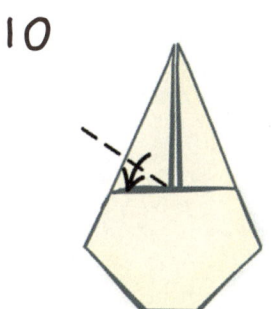

10

토끼의 한쪽 귀 부분을 살짝 접어 내린다.

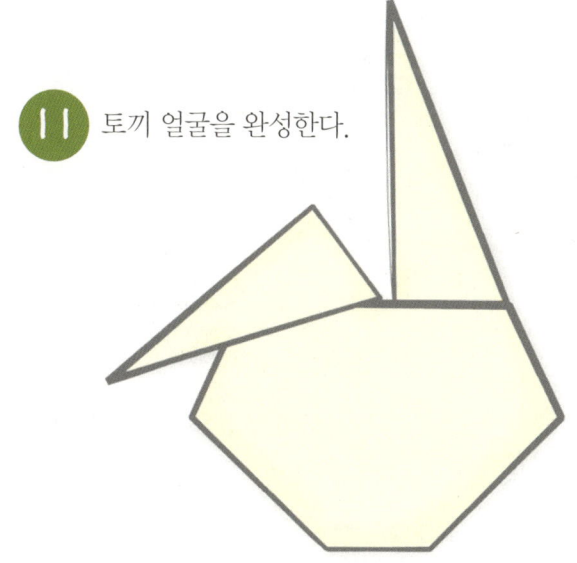

11 토끼 얼굴을 완성한다.

토끼 귀 접기

토끼의 귀 부분을 다양한 방법으로 접어보고 입체적으로 살짝 벌려 다양한 표정의 토끼 얼굴을 만들어 보세요.

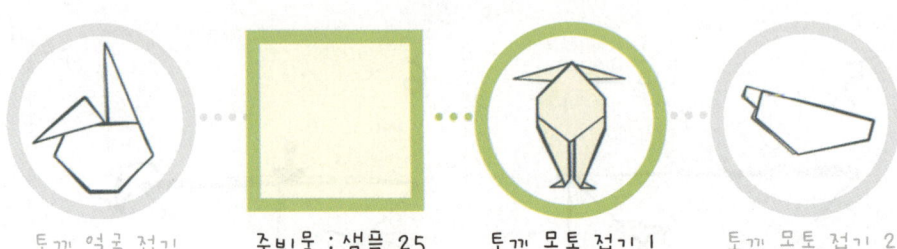

토끼 얼굴 접기　　준비물:샘플 25　　토끼 몸통 접기 1　　토끼 몸통 접기 2

2 토끼 몸통 접기 1

학 접기를 이용하여 토끼의 몸통을 만들어 보세요.

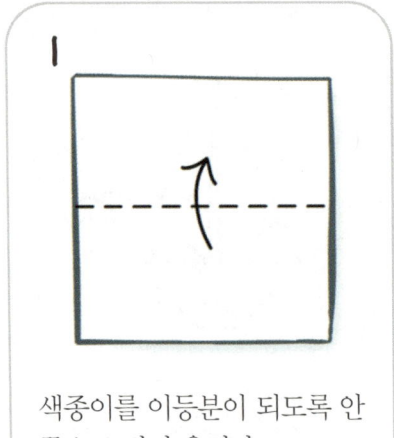

1. 색종이를 이등분이 되도록 안쪽으로 접어 올린다.

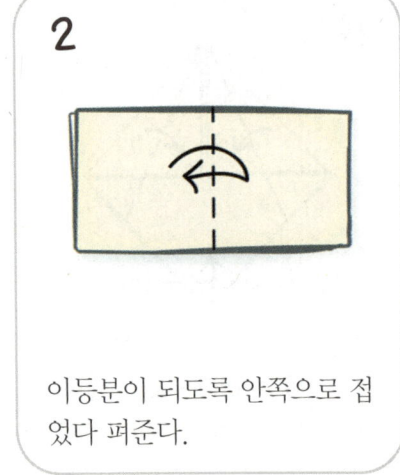

2. 이등분이 되도록 안쪽으로 접었다 펴준다.

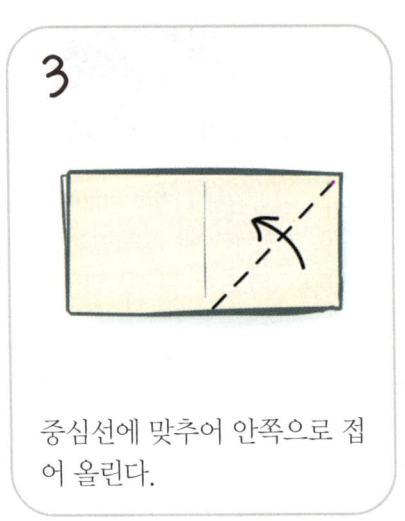

3. 중심선에 맞추어 안쪽으로 접어 올린다.

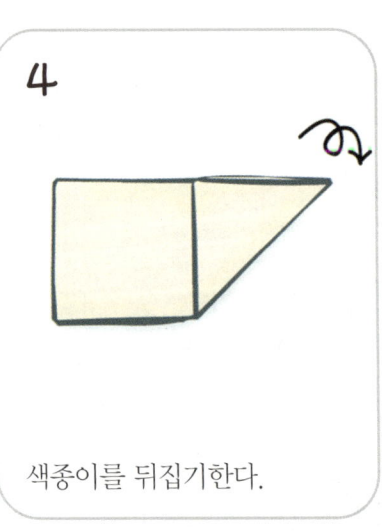

4. 색종이를 뒤집기한다.

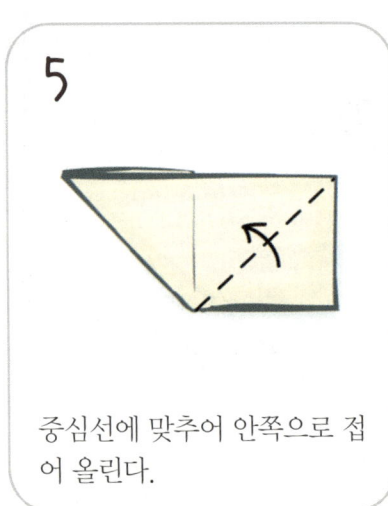

5. 중심선에 맞추어 안쪽으로 접어 올린다.

6
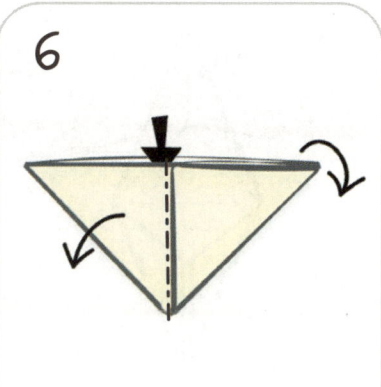
바깥쪽으로 펼쳐 눌러 접기 하여 사각 주머니를 만든다.

7
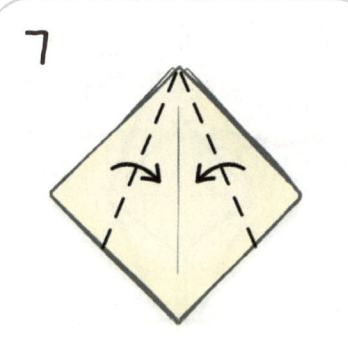
중심선에 맞추어 안쪽으로 아이스크림 접기한다.

8
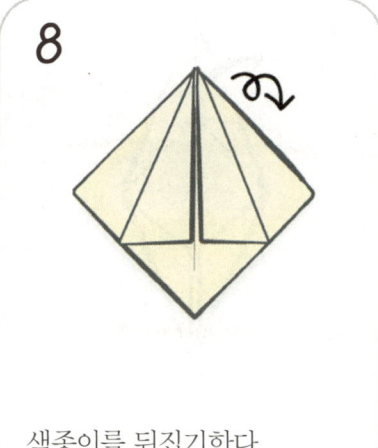
색종이를 뒤집기한다.

9
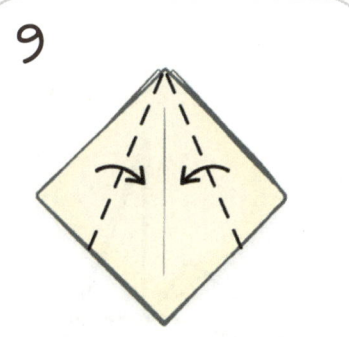
중심선에 맞추어 안쪽으로 아이스크림 접기한다.

10
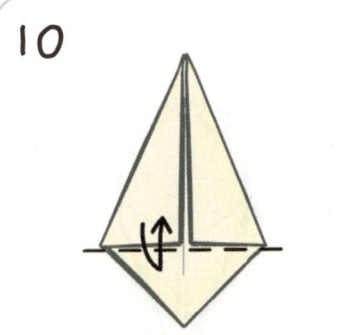
색종이 아랫부분을 안쪽으로 접었다 펴준다.

11
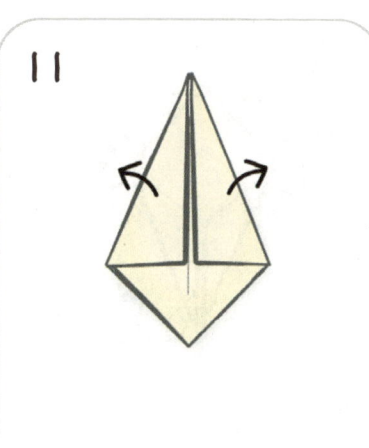
색종이를 펴준다.

12
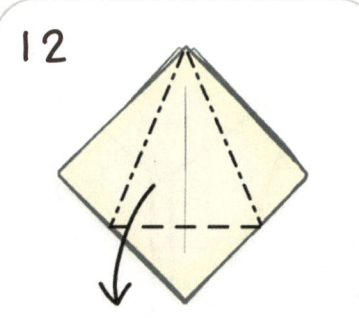
색종이를 점선대로 아래로 내려 접는다. 뒷면도 같은 방법으로 접는다.

13
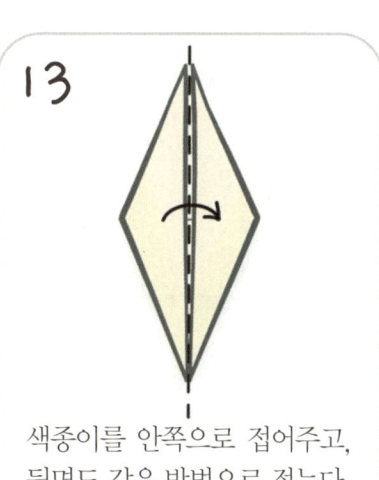
색종이를 안쪽으로 접어주고, 뒷면도 같은 방법으로 접는다.

14
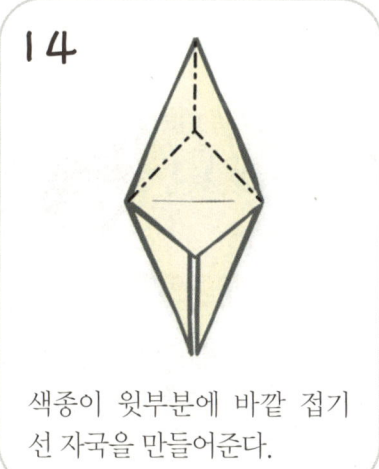
색종이 윗부분에 바깥 접기 선 자국을 만들어준다.

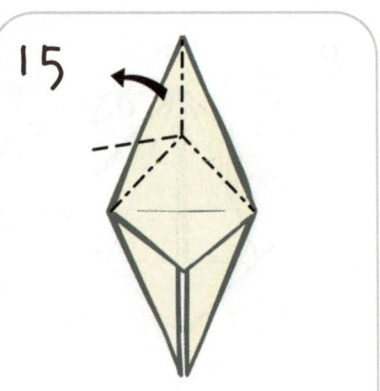

15 바깥쪽으로 접혀진 색종이 윗부분을 왼쪽으로 틀어 접는다.

16 색종이를 뒤집기한다.

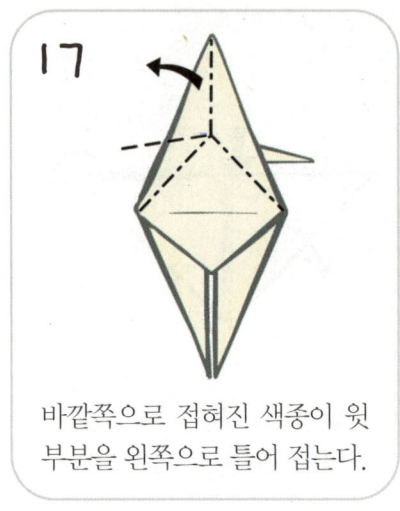

17 바깥쪽으로 접혀진 색종이 윗부분을 왼쪽으로 틀어 접는다.

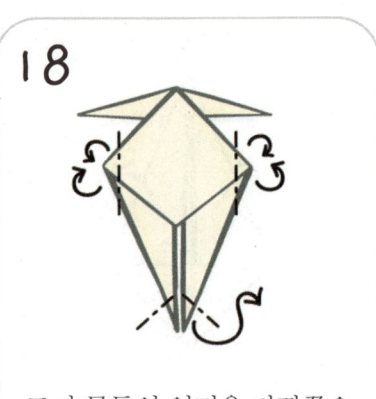

18 토끼 몸통의 옆면을 바깥쪽으로 살짝 접어주고, 토끼의 발 부분을 바깥 접기하여 안쪽으로 넣어준다.

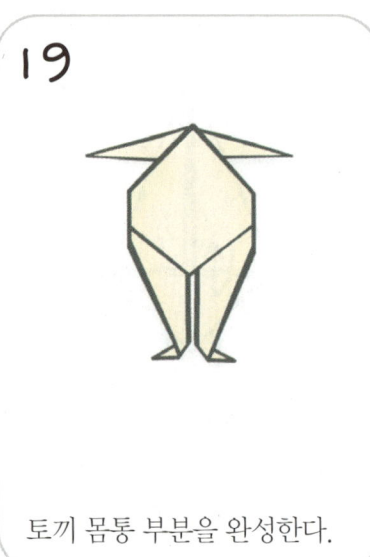

19 토끼 몸통 부분을 완성한다.

20 토끼 얼굴부분과 몸통을 연결하여 토끼를 완성한다.

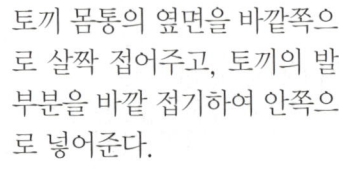

여러 가지 팔 동작 연출하기

토끼의 팔 부분을 접을 때 각도를 각기 다르게 접어 여러 가지 모습의 동작들을 연출해보세요.

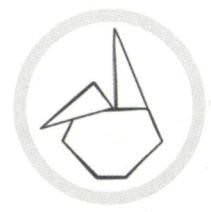 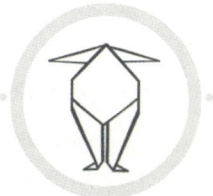  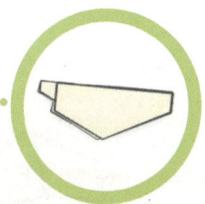

토끼 얼굴 접기   토끼 몸통 접기 1   준비물 : 샘플 25   토끼 몸통 접기 2

3 토끼 몸통 접기 2

아이스크림 접기를 이용하여 토끼의 몸통을 만들어 보세요.

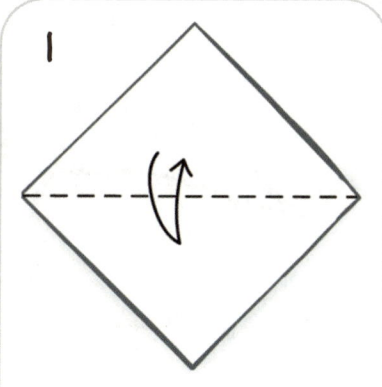

1. 색종이를 이등분이 되도록 안쪽으로 접었다 펴준다.

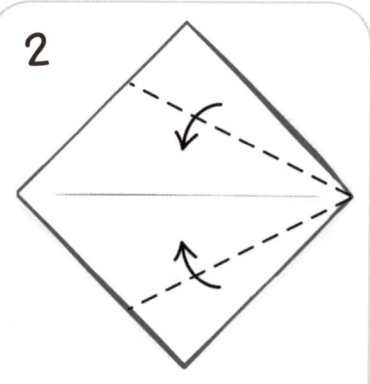

2. 중심선에 맞추어 안쪽으로 아이스크림 접기한다.

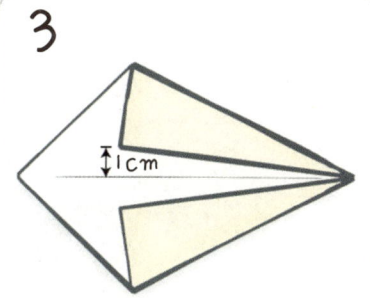

3. 아이스크림 접기를 할 때, 중심선에서 각각 1cm의 여유분을 두고 접는다.

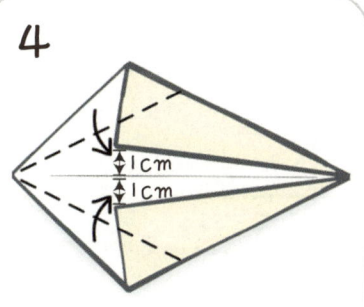

4. 색종이 앞부분도 중심선에서 각각 1cm의 여유분을 두고 아이스크림 접기한다.

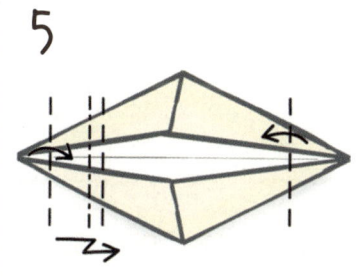

5. 색종이 앞부분을 살짝 안쪽 접기하고 계단 접기한다. 색종이 뒷부분은 여유분 있게 안쪽 접기한다.

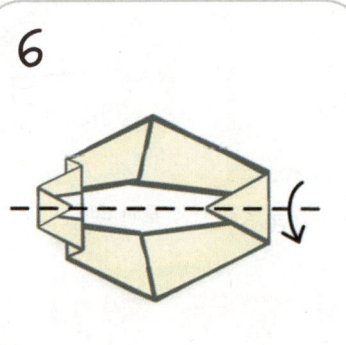

6 색종이를 안쪽으로 접어 내린다.

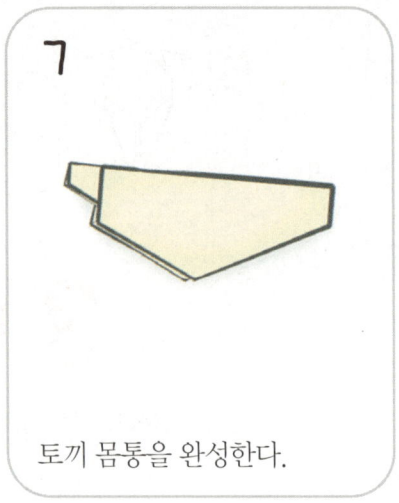

7 토끼 몸통을 완성한다.

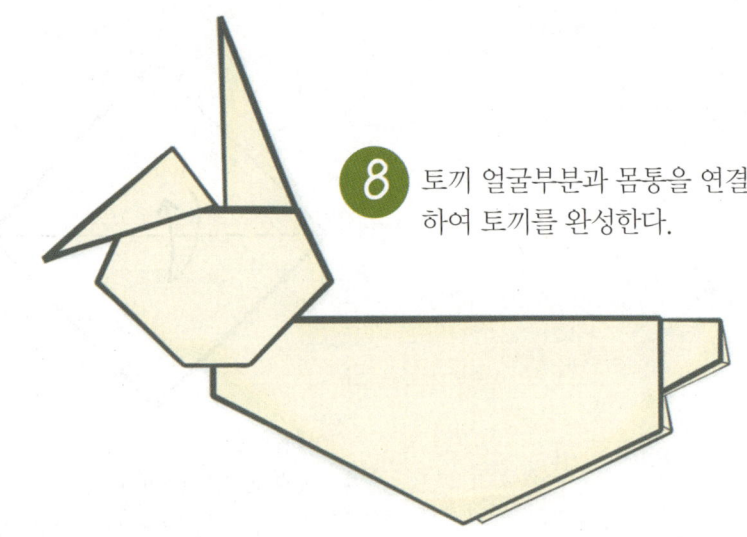

8 토끼 얼굴부분과 몸통을 연결하여 토끼를 완성한다.

귀엽게 앉아 있는 토끼 만들기

앉아 있는 모습의 토끼 몸통 부분을 만들 때 중심부분에서 여유분을 충분히 두면 귀여운 토끼 모습을 만들 수 있어요.

초가집 속의
할아버지와 할머니 접기

19

하얀 눈이 내리는 겨울 산골 초가집 속의 할아버지와 할머니를 만들어 보세요.
검정 도화지에 털실이나 신문지를 돌돌 말아주어 초가집 지붕을 만들고 색지를 이용하여 겨울 나무들도 만들어 보세요. 눈 모양 펀치로 눈송이 모양을 만들어 붙여주거나, 흰색 물감으로 펄펄 내리는 눈송이들을 표현해주세요. 흰색 솜을 붙여주어도 좋아요.

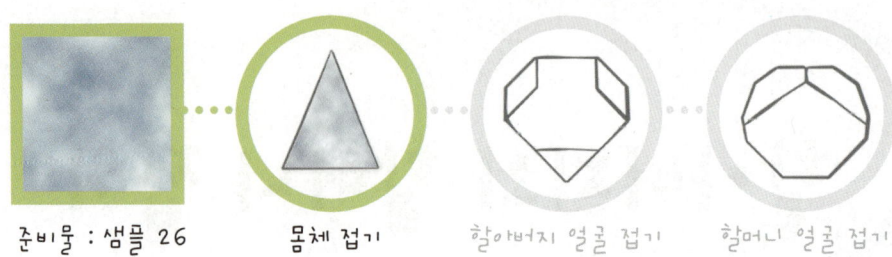

준비물 : 샘플 26 몸체 접기 할아버지 얼굴 접기 할머니 얼굴 접기

1 몸체 접기

아이스크림 접기를 이용하여 할아버지와 할머니 몸체 부분을 만들고 색 사인펜으로 예쁘게 꾸며 보세요.

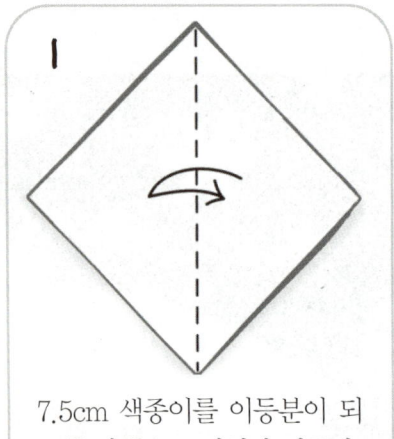

1 7.5cm 색종이를 이등분이 되도록 안쪽으로 접었다 펴준다.

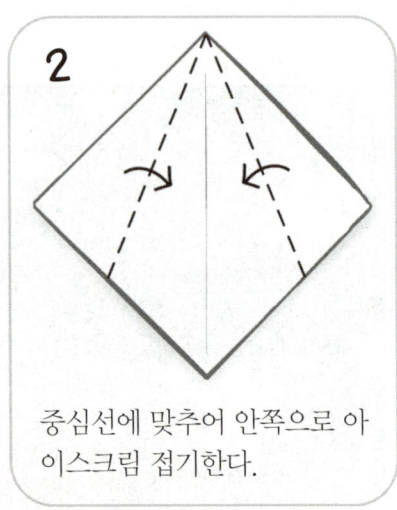

2 중심선에 맞추어 안쪽으로 아이스크림 접기한다.

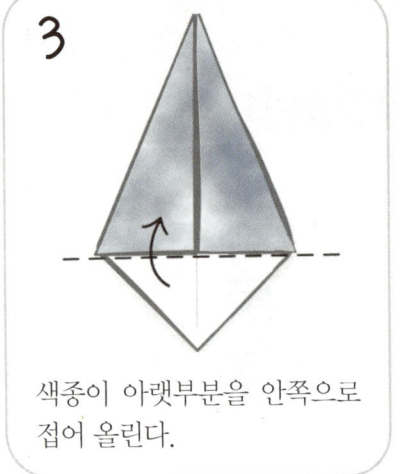

3 색종이 아랫부분을 안쪽으로 접어 올린다.

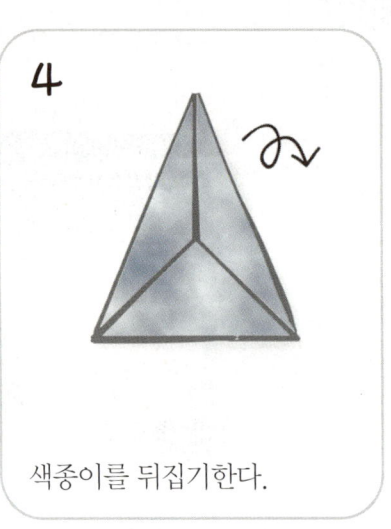

4 색종이를 뒤집기한다.

5 몸체 부분을 완성한다.

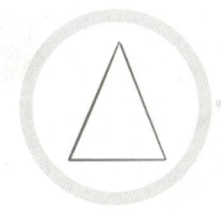  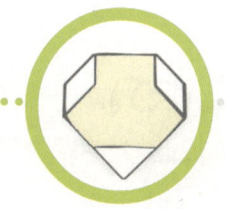 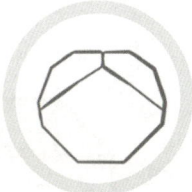

몸체 접기 　 준비물 : 샘플 2개 　 할아버지 얼굴 접기 　 할머니 얼굴 접기

2 할아버지 얼굴 접기

할아버지 얼굴을 만들고 네임 펜을 이용하여 얼굴 표정을 그려주세요.

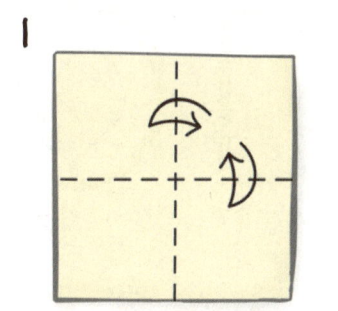

1. 7.5cm 색종이를 가로와 세로 방향으로 안쪽으로 접었다 펴준다.

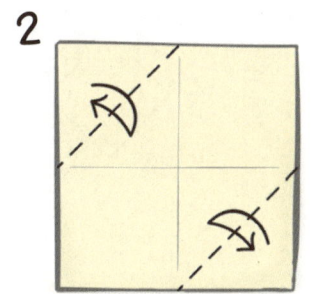

2. 2개의 모서리 부분을 이등분이 되도록 안쪽으로 접었다 펴준다.

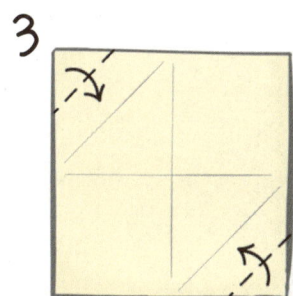

3. 이등분이 되도록 안쪽으로 접는다.

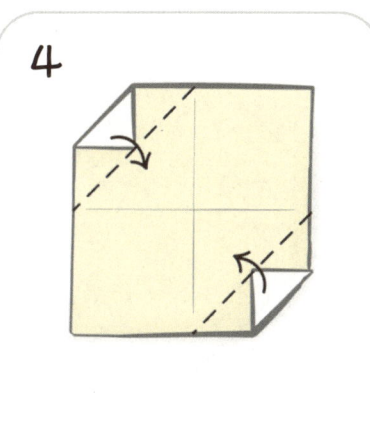

4. 이등분선을 안쪽으로 접는다.

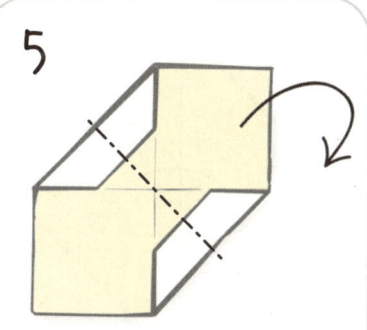

5. 색종이를 이등분이 되도록 바깥쪽으로 접는다.

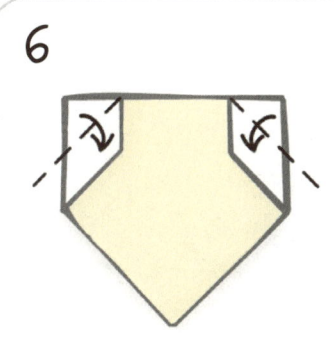

6. 모서리 부분을 이등분이 되도록 안쪽으로 접어 내린다.

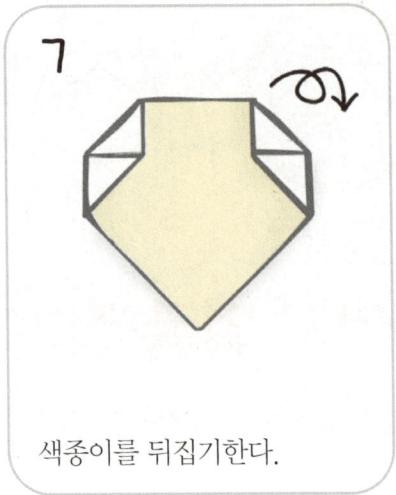

7
색종이를 뒤집기한다.

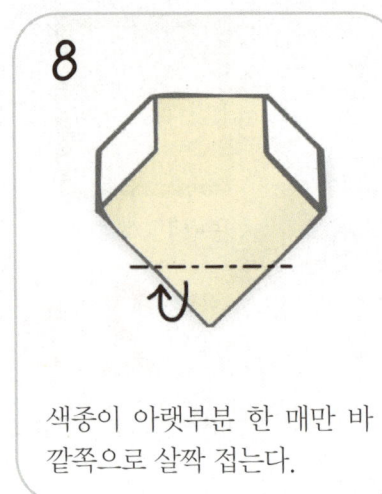

8
색종이 아랫부분 한 매만 바깥쪽으로 살짝 접는다.

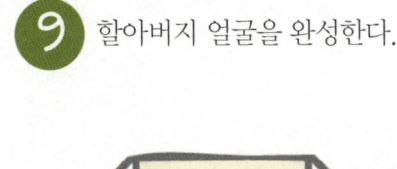

9 할아버지 얼굴을 완성한다.

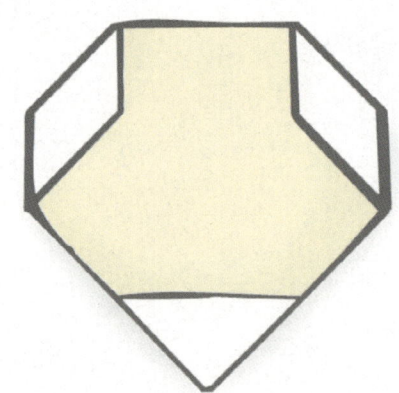

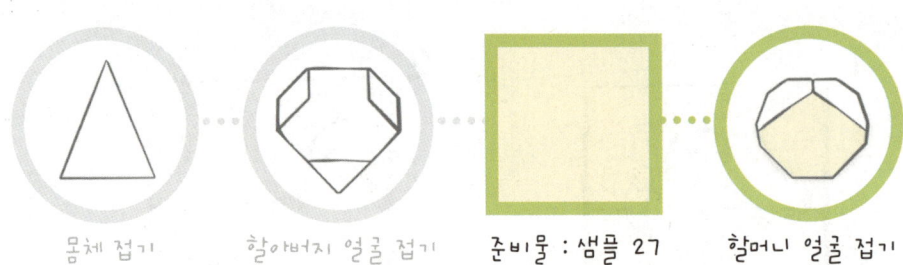

3 할머니 얼굴 접기

아이스크림 접기를 이용하여 할머니 얼굴을 만들어 보세요.

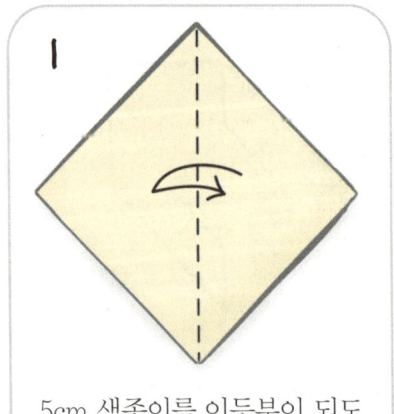

1
5cm 색종이를 이등분이 되도록 안쪽으로 접었다 펴준다.

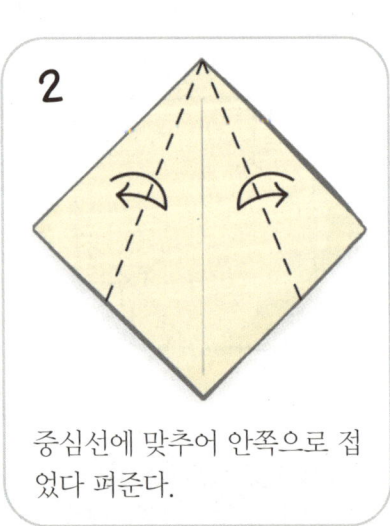

2
중심선에 맞추어 안쪽으로 접었다 펴준다.

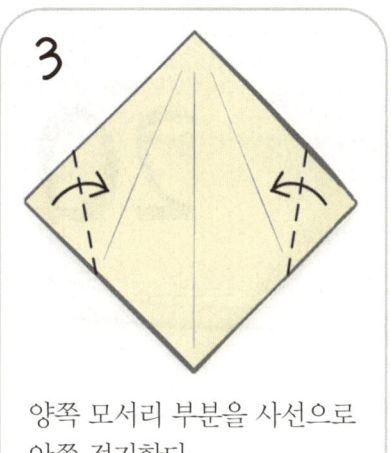

3

양쪽 모서리 부분을 사선으로 안쪽 접기한다.

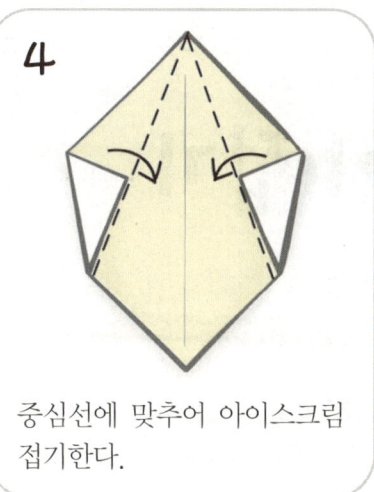

4

중심선에 맞추어 아이스크림 접기한다.

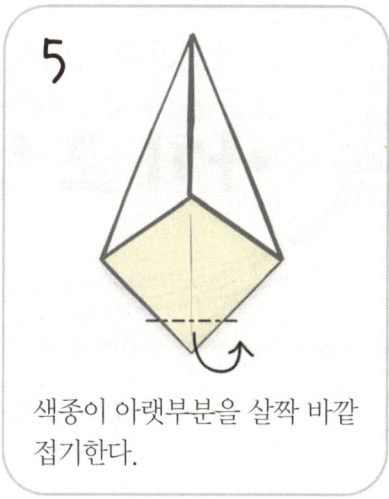

5

색종이 아랫부분을 살짝 바깥 접기한다.

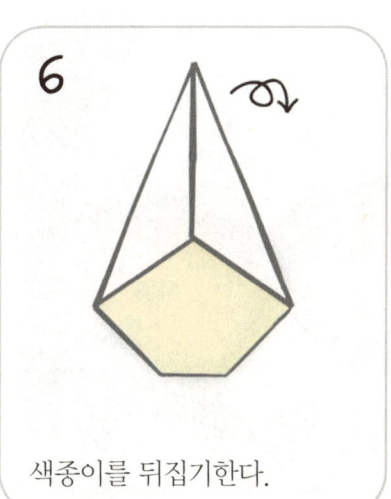

6

색종이를 뒤집기한다.

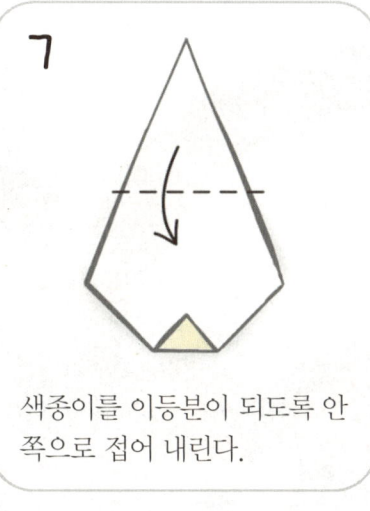

7

색종이를 이등분이 되도록 안쪽으로 접어 내린다.

8

모서리 부분을 안쪽으로 살짝 접고, 색종이를 뒤집기한다.

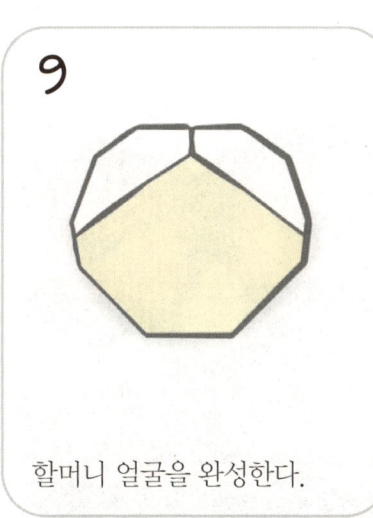

9

할머니 얼굴을 완성한다.

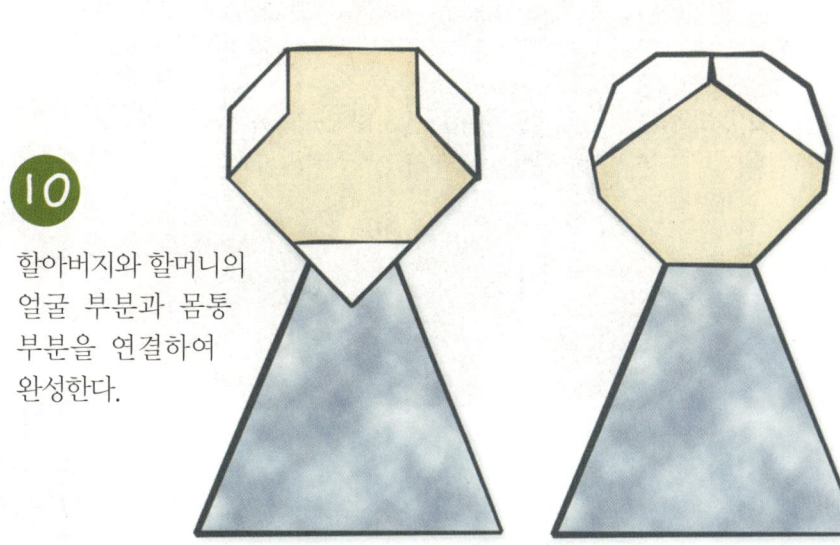

10

할아버지와 할머니의 얼굴 부분과 몸통 부분을 연결하여 완성한다.

아기 고양이 접기

요리조리 움직여요!

20

여러 가지 모양의 귀여운 아기 고양이들을 만들어 바구니에 담아 보세요. 따뜻한 바구니 속에서 잠들어 있는 사랑스러운 고양이 얼굴들을 유성 네임펜으로 예쁘게 그려 주세요.

1 고양이 머리 접기

색종이 윗부분을 쌍배 접기하여 고양이 머리 부분을 만들어 보세요.

1
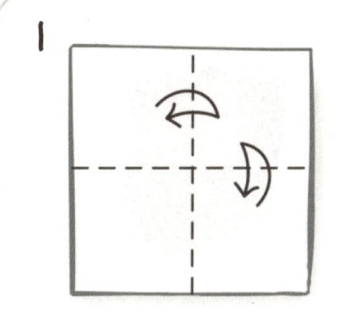
색종이를 가로와 세로 방향으로 안쪽으로 접었다 펴준다.

2
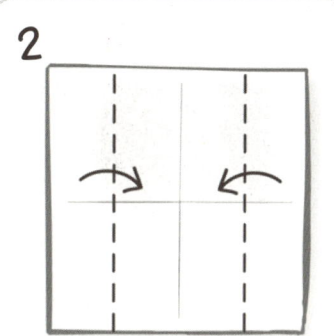
중심선에 맞추어 안쪽으로 문 접기한다.

3
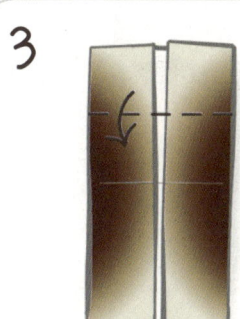
중심선에 맞추어 안쪽으로 접어 내린다.

4

중심선에 맞추어 안쪽으로 접어 올린다.

5
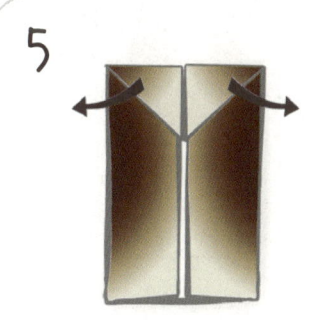
접어진 삼각 모양을 바깥쪽으로 당겨준다.

6

색종이를 안쪽으로 접어 올린다.

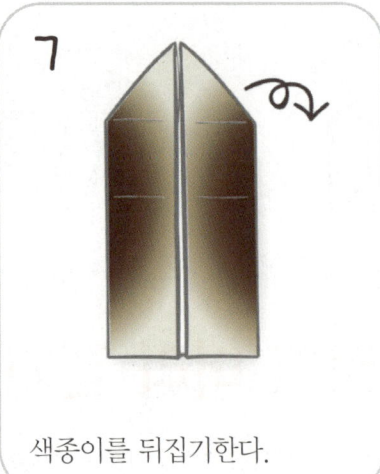

7 색종이를 뒤집기한다.

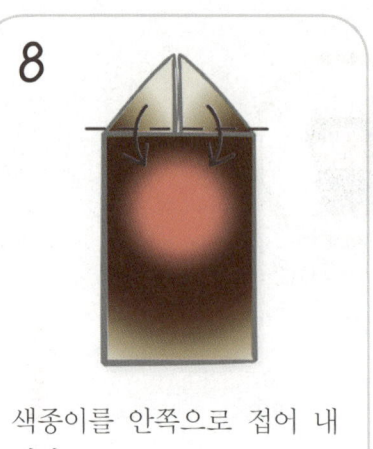

8 색종이를 안쪽으로 접어 내린다.

9 색종이를 안쪽으로 살짝 접어 올린다.

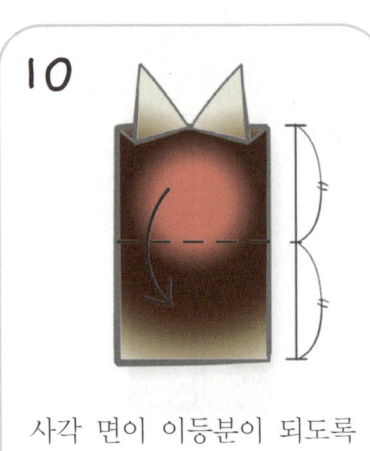

10 사각 면이 이등분이 되도록 안쪽으로 접어 내린다.

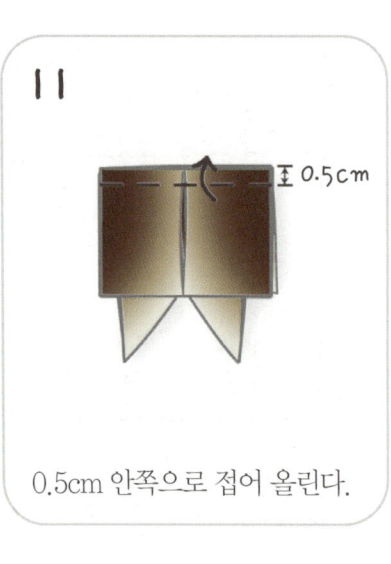

11 0.5cm 안쪽으로 접어 올린다.

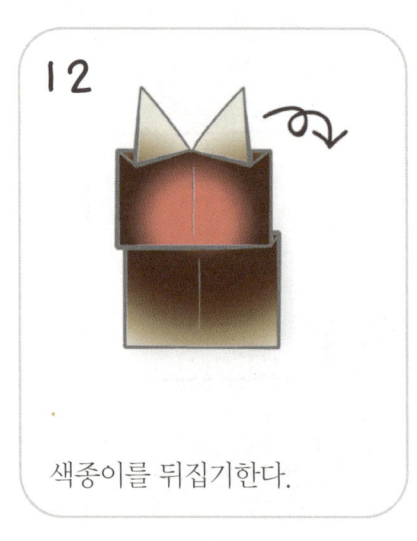

12 색종이를 뒤집기한다.

13 중심선에서 1/3되는 부분에서 안쪽으로 접고, 펼쳐 눌러 접기한다.

14 모서리 부분을 안쪽으로 살짝 접고, 색종이를 뒤집기한다.

15 고양이 머리 부분을 완성한다.

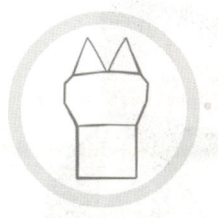
고양이 머리 접기

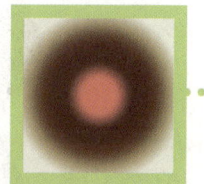
준비물 : 샘플 28

고양이 몸통 접기

고양이 몸통 접기

고양이 몸통 접기

2 고양이 몸통 접기

쌍배 접기를 응용하여 다양한 모습의 고양이 몸통을 만들어 보세요.

1
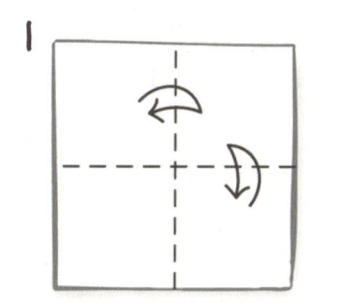
색종이를 가로와 세로 방향으로 안쪽으로 접었다 펴준다.

2
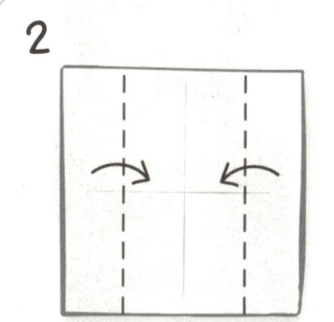
중심선에 맞추어 안쪽으로 문 접기한다.

3
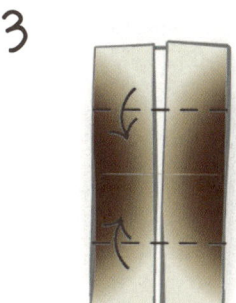
중심선에 맞추어 안쪽으로 문 접기한다.

4

중심선에 맞추어 안쪽으로 삼각 모양이 되도록 접는다.

5
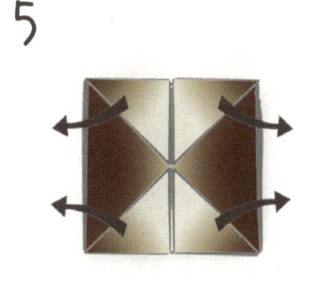
접어진 삼각 모양을 바깥쪽으로 당겨준다.

6
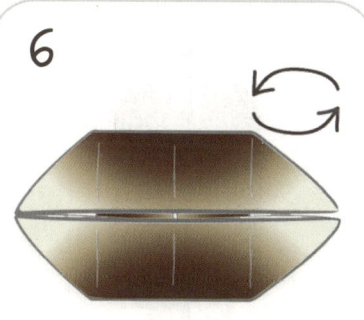
색종이를 세로로 돌려놓는다.

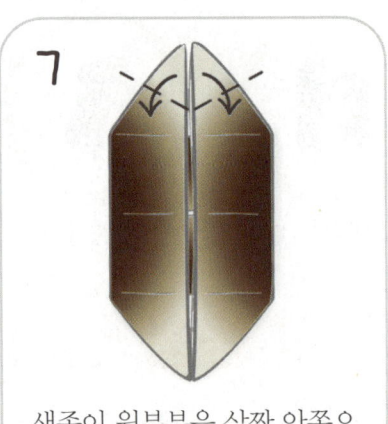

7
색종이 윗부분을 살짝 안쪽으로 접어 내린다.

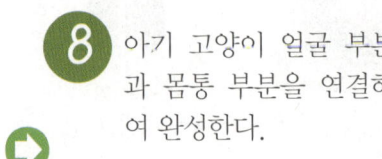

8 아기 고양이 얼굴 부분과 몸통 부분을 연결하여 완성한다.

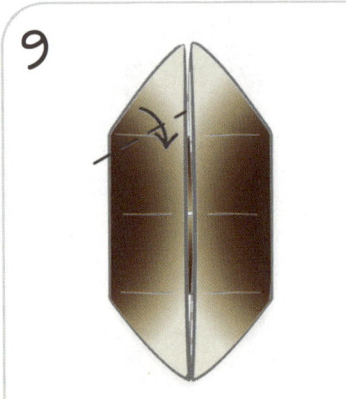

9
사선으로 안쪽 접기한다.

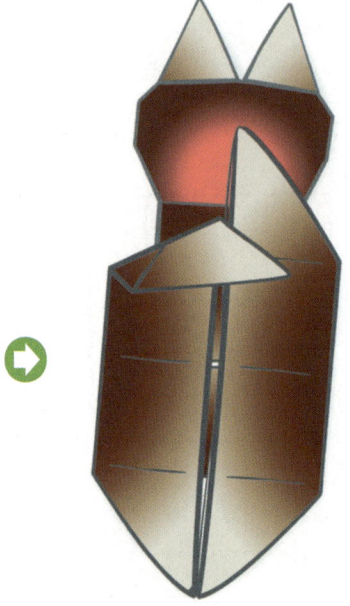

10 아기 고양이 얼굴 부분과 몸통 부분을 연결하여 완성한다.

11
이등분이 되도록 바깥 접기한다.

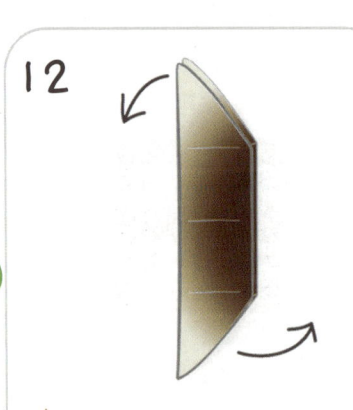

12
좌우로 살짝 틀어 고양이 몸통 부분을 완성한다.

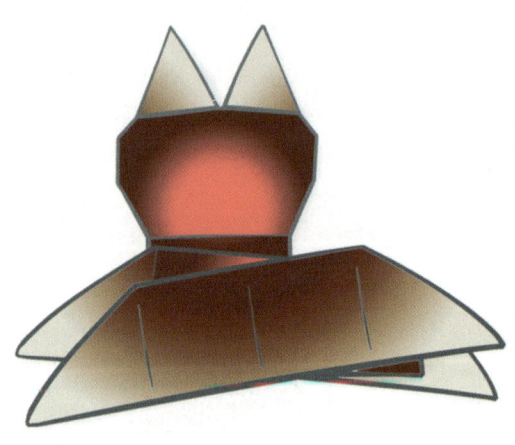

13 아기 고양이 얼굴 부분과 몸통 부분을 연결하여 완성한다.

딱지보다 멋진
문양 만들기

21

종이접기

같은 모양의 문양을 여러 가지 색종이로 접어보세요. 서로 대비가 되는 색을 이용하여 접거나, 양면 무늬 색지를 이용하면 재미있는 문양을 구성해 볼 수 있어요.
같은 문양을 다른 방향으로 조합하면 색다른 문양의 구성을 볼 수 있답니다. 조합된 문양 위에 반짝이는 큐빅이나 색 구슬을 붙여 장식해 보세요.

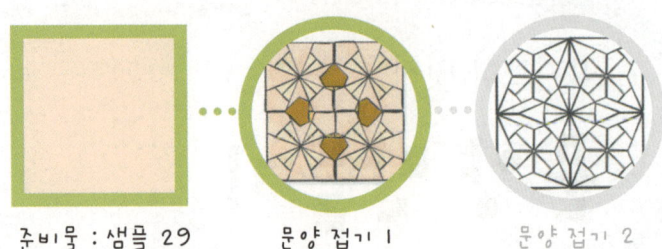

준비물 : 샘플 29   문양 접기 1   문양 접기 2

1 문양 접기 1

쌍배 접기를 이용하여 문양을 만들어 보세요. 대비되는 색상의 문양을 중앙 부분에 끼워 다양한 모양의 무늬를 구성하여 보세요.

> 여러 가지 방법으로 문양을 변형시켜 접어보고, 조합해 보면서 구성력과 반복적인 형태가 주는 아름다움을 찾아보세요. 또 서로 보색이 되는 색에 대해서도 알 수 있답니다.

1
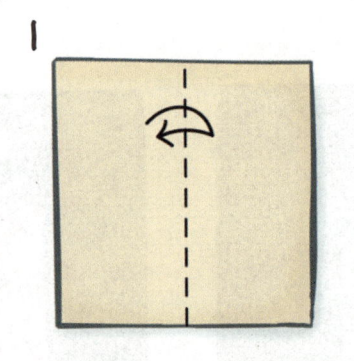

색종이를 이등분이 되도록 안쪽으로 접었다 펴준다.

2
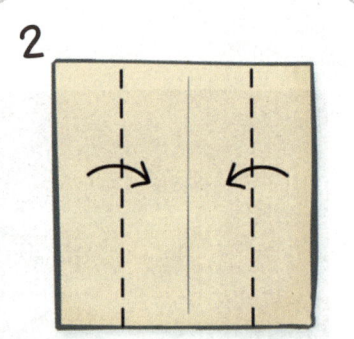

중심선에 맞추어 안쪽으로 문 접기한다.

3
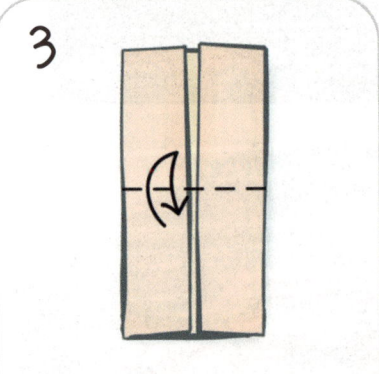

이등분이 되도록 안쪽으로 접었다 펴준다.

4
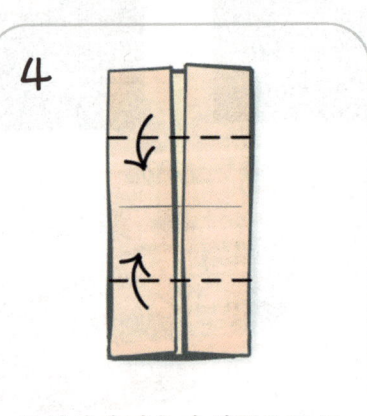

중심선에 맞추어 안쪽으로 문 접기한다.

5
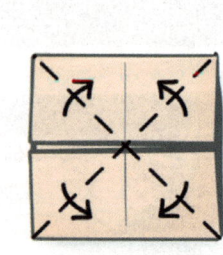

중심선에 맞추어 안쪽으로 삼각 모양이 되도록 접는다.

6
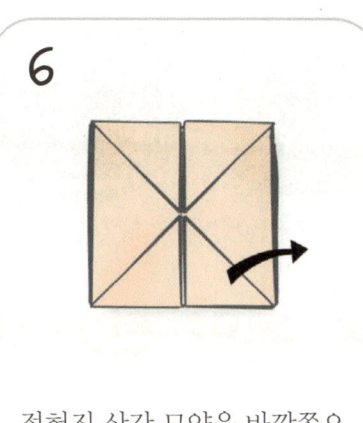
접혀진 삼각 모양을 바깥쪽으로 당겨준다.

7
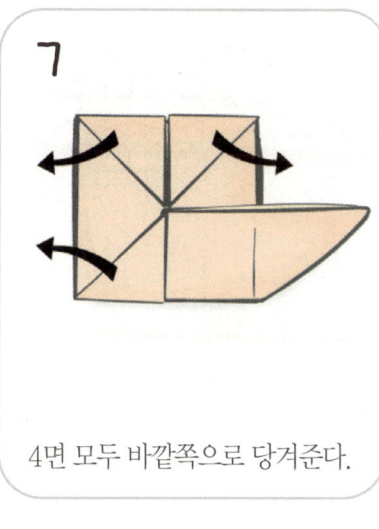
4면 모두 바깥쪽으로 당겨준다.

8
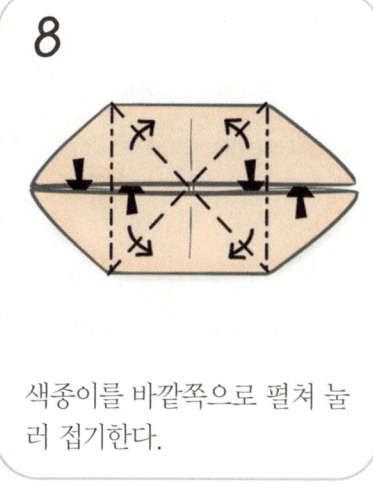
색종이를 바깥쪽으로 펼쳐 눌러 접기한다.

9
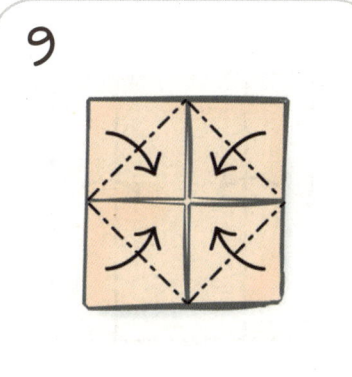
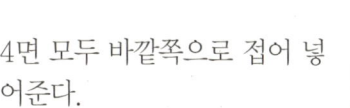
4면 모두 바깥쪽으로 접어 넣어준다.

10
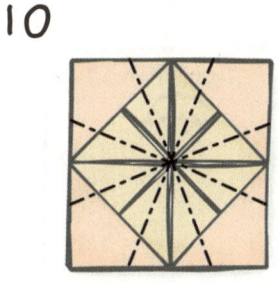
4면 모두 중심선에 맞추어 바깥쪽으로 아이스크림 접기한다.

11 문양을 완성한다.

12

같은 모양의 문양을 여러 개 만들고, 문양 가운데 부분에 다른 색상의 문양을 끼워 완성한다.

13

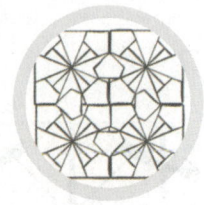  

문양접기1 준비물: 샘플 30 문양접기2

2 문양 접기 2

쌍배 접기를 이용하여 기본 문양을 만들고 여러 가지 방법으로 변형하여 문양을 만들어보세요. 반복적인 형태가 주는 아름다움과 나만의 디자인으로 문양들을 구성해 보세요.

1
색종이를 이등분이 되도록 안쪽으로 접었다 펴준다.

2
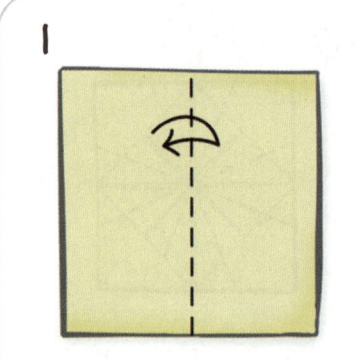
중심선에 맞추어 안쪽으로 문 접기한다.

3
이등분이 되도록 안쪽으로 접었다 펴준다.

4
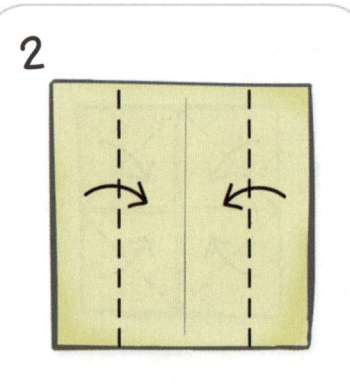
중심선에 맞추어 안쪽으로 문 접기한다.

5
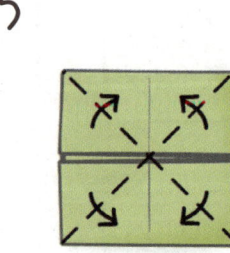
중심선에 맞추어 안쪽으로 삼각 모양이 되도록 접는다.

6

접혀진 삼각 모양을 바깥쪽으로 당겨준다.

7
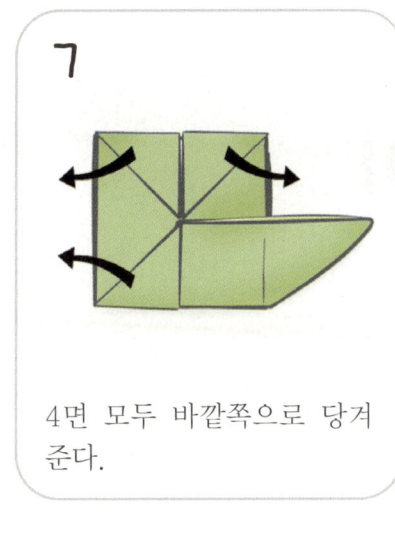
4면 모두 바깥쪽으로 당겨준다.

8
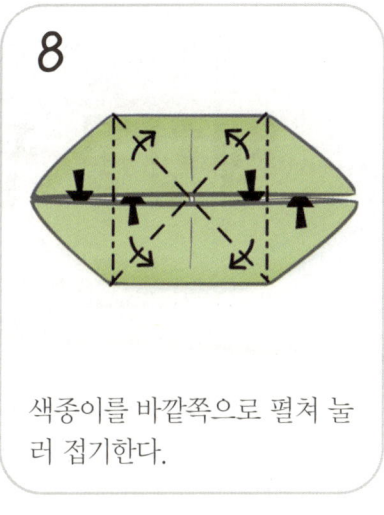
색종이를 바깥쪽으로 펼쳐 눌러 접기한다.

9

4면 모두 바깥쪽으로 접어 넣어준다.

10
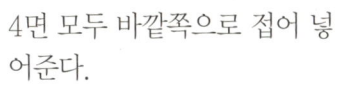
4면 모두 중심선에 맞추어 바깥쪽으로 아이스크림 접기한다.

11
문양을 완성한다.

12

같은 모양의 문양을 여러 개 만들고, 문양 가운데 부분에 다른 색상의 문양을 끼워 완성한다.

13

눈처럼 희고 깨끗한
백합꽃 접기

종이접기

22

백합의 꽃말은 순결이예요. 꽃말처럼 아름다운 백합을 예쁘게 접고, 초록색 철사 윗부분에 백합 꽃술을 초록색 플라워 테이프로 감아 고정시켜 꽃의 중앙 부분에 넣어주세요. 초록색 주름지로 백합 잎사귀를 만들고 줄기에 초록색 플라워 테이프로 감아주세요. 입체감 있는 예쁜 백합꽃을 만들 수 있어요.

준비물 : 샘플 31　　백합꽃 접기

백합꽃 접기

아이스크림 접기를 이용하여 백합꽃을 만들고 꽃잎 끝부분을 둥글게 굴려 활짝 피어난 백합꽃을 표현해 보세요.

흰 백합은 순결과 정절을 뜻하는 꽃으로 르네상스의 많은 화가들이 성모 그림과 천사 그림에 사용한 아름다운 꽃이랍니다.

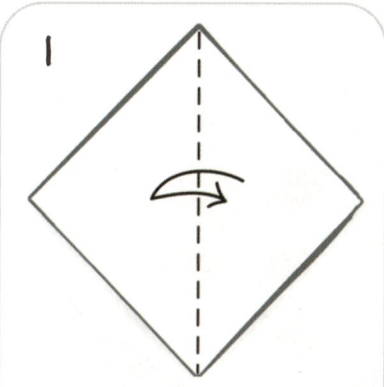

1. 색종이를 이등분이 되도록 안쪽으로 접었다 펴준다.

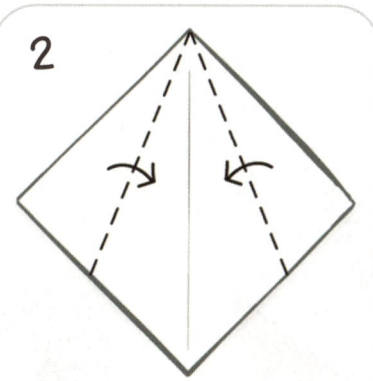

2. 중심선에 맞추어 안쪽으로 아이스크림 접기한다.

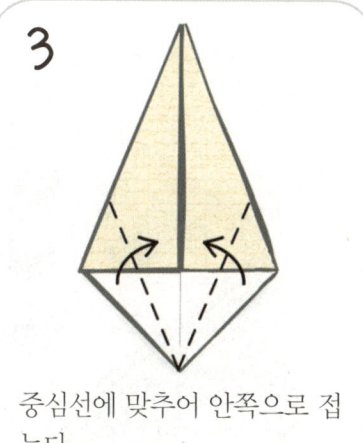

3. 중심선에 맞추어 안쪽으로 접는다.

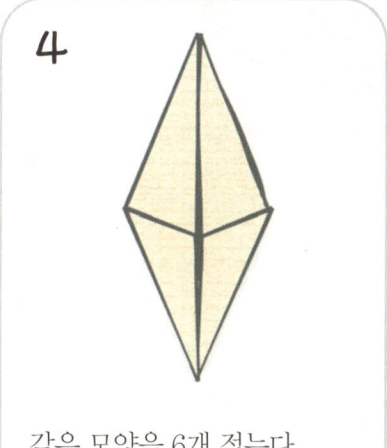

4. 같은 모양을 6개 접는다.

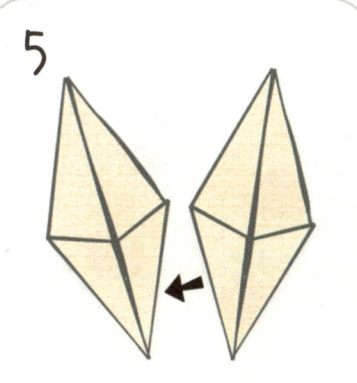

5. 색종이 한쪽 면에 풀칠을 하여 연결한다.

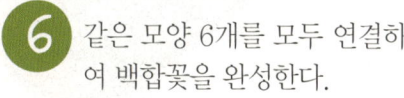

6. 같은 모양 6개를 모두 연결하여 백합꽃을 완성한다.

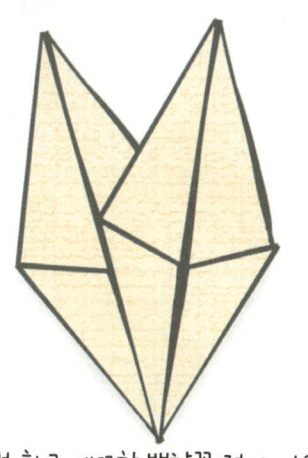

굴러라!
주사위 접기

23

주사위를 만들어 주사위 게임 놀이를 해보세요. 각기 색이 다른 색종이 6장과 동그란 모양의 작은 스티커로 주사위를 만들어 보세요. 동그란 모양의 스티커 대신에 유성 네임펜으로 주사위 수를 그려주어도 좋아요.

주사위를 접을 때 각각의 면을 반듯하게 접어야 정사각형 모양의 멋진 주사위를 만들 수 있어요.

준비물 : 샘플 32   주사위 접기

주사위 접기

방석 접기를 이용하여 주사위를 만들어 보세요. 방석 접기할 때 중앙 부분에 정사각형 모양으로 두꺼운 도화지를 오려 넣어 접어주면 조금 더 단단한 주사위를 만들 수 있어요.

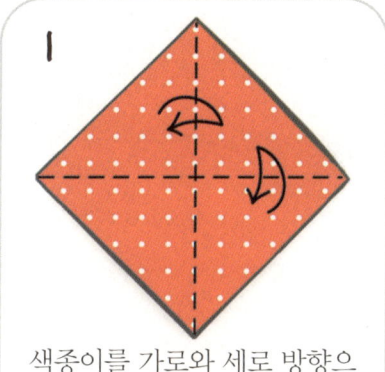

1. 색종이를 가로와 세로 방향으로 이등분이 되도록 안쪽으로 접었다 펴준다.

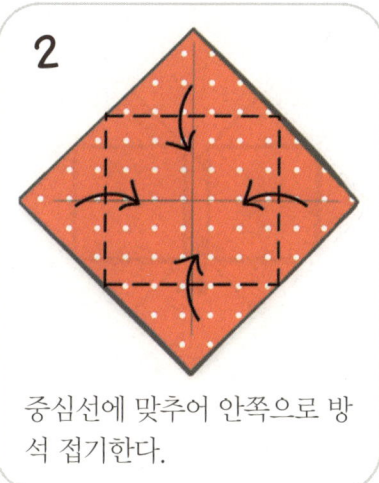

2. 중심선에 맞추어 안쪽으로 방석 접기한다.

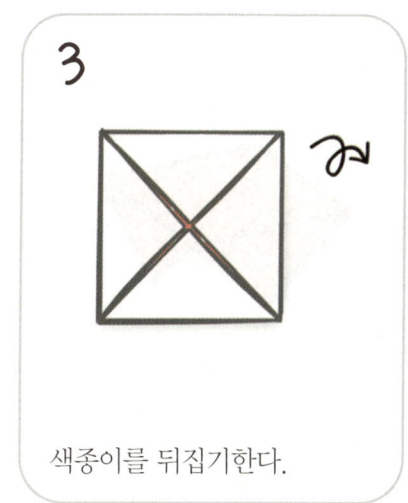

3. 색종이를 뒤집기한다.

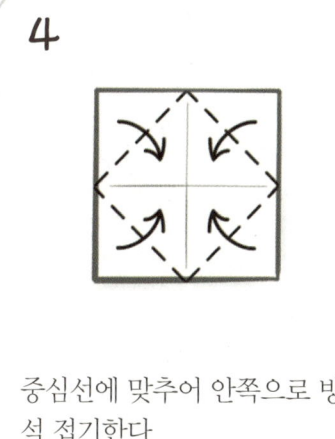

4. 중심선에 맞추어 안쪽으로 방석 접기한다.

> 주사위는 사교 게임으로 놀이를 할때 도구로 사용하는 작은 입방체를 말한답니다. 우리나라에도 신라시대에 나무 주사위가 있었답니다. 경주 안압지에서 참나무로 만든 주사위가 발견되었으며, 주사위 면에는 여러 가지 게임의 벌칙이 새겨져 있었대요.

5
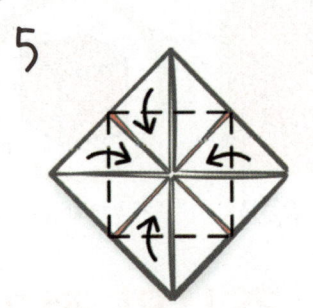
중심선에 맞추어 안쪽으로 방석 접기하면서 뒤쪽 면을 빼준다.

6
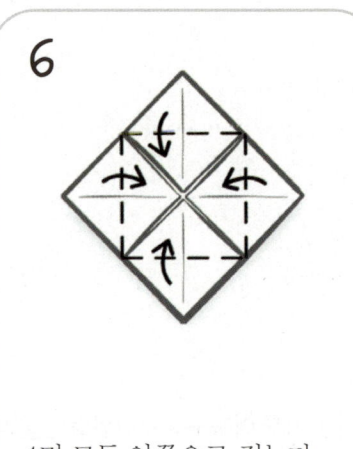
4면 모두 안쪽으로 접는다.

7
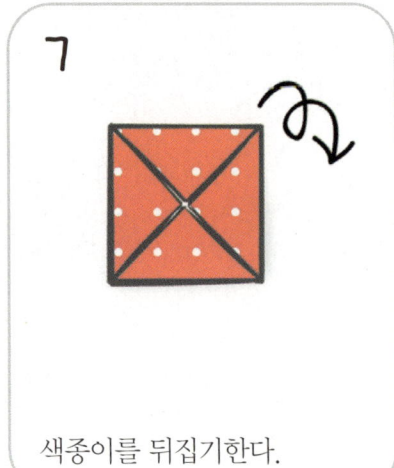
색종이를 뒤집기한다.

8

색종이 면을 세워 입체로 만든다.

9
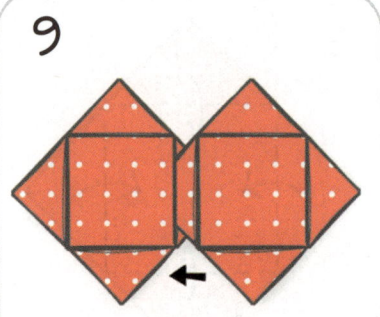
같은 모양을 6개 접고, 면과 면을 서로 끼워 연결한다.

10 주사위를 완성한다.

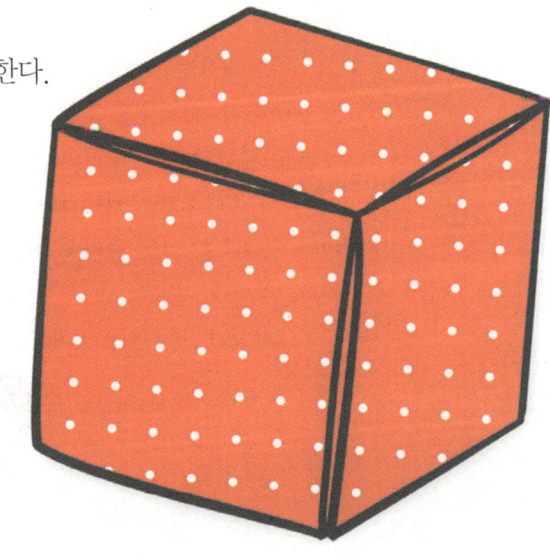

종이접기

사슴벌레가 있는
가을 풍경 꾸미기

24

사슴벌레와 풍성한 가을 풍경을 화면에 가득하게 구성해 보세요. 갈색 골판지를 나무 모양으로 오려주고, 가을 색감이 나는 색종이를 사용하여 낙엽을 만들어 붙여주세요. 나뭇잎 사이사이에 귀여운 도토리도 붙여주세요.

사슴벌레를 만들 때, 다리 부분은 검정 도화지를 가늘게 잘라 뒷면에 붙여 주세요. 사슴벌레의 다리 부분을 조금씩 바깥쪽으로 접어주면 좀 더 입체감 있는 사슴벌레를 만들 수 있답니다.

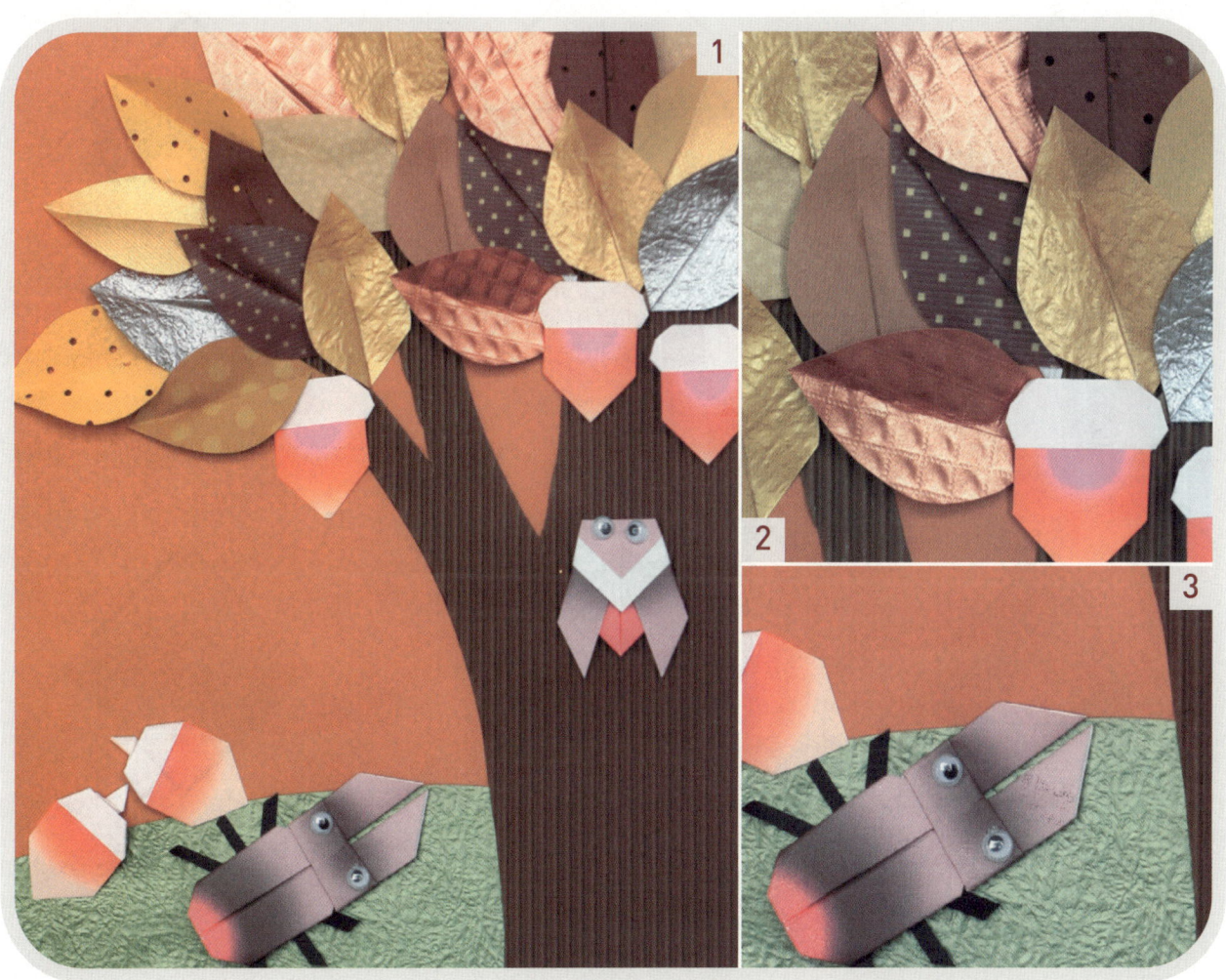

  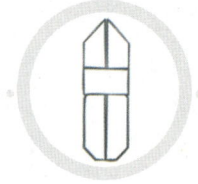  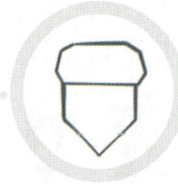 

준비물 : 샘플 33　사슴벌레 머리 접기　사슴벌레 몸통 접기　도토리 접기 1　도토리 접기 2　매미 접기

1 사슴벌레 머리 접기

사슴벌레 머리 부분을 접을 때 사슴벌레의 뿔 부분에 여유분을 두고 접어주면 멋진 뿔을 표현할 수 있어요.

사슴벌레는 갈색과 흑색을 가진 곤충으로 수컷 사슴벌레의 아래턱은 잘 발달되어 사슴의 멋진 뿔처럼 생겼으며, 거의 몸 길이와 같을 정도로 크답니다. 사슴벌레는 썩은 통나무 주위에서 서식하며 나무 수액을 먹어요.

1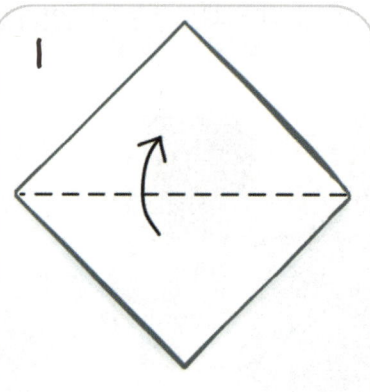
7.5cm 색종이를 이등분이 되도록 안쪽으로 접어 올린다.

2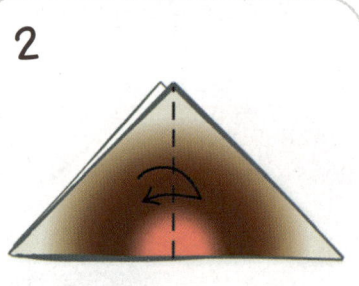
색종이를 이등분이 되도록 안쪽으로 접었다 펴준다.

3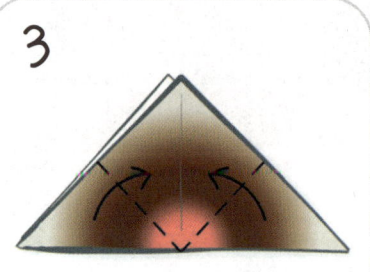
중심선에 맞추어 여유분을 두고 안쪽으로 접어 올린다.

4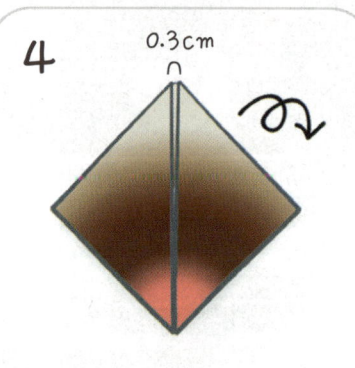
0.3cm 여유분을 두고 접은 색종이를 뒤집기한다.

5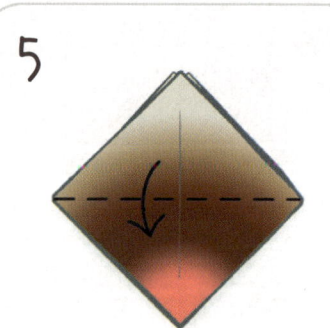
이등분이 되도록 안쪽으로 접어 내린다.

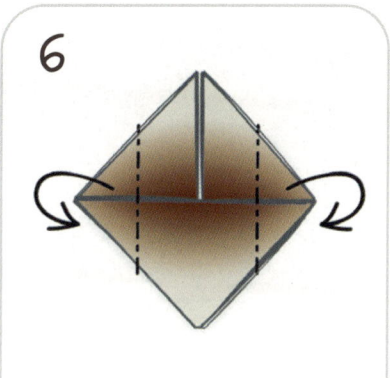
6 양쪽 모서리 부분을 바깥 접기한다.

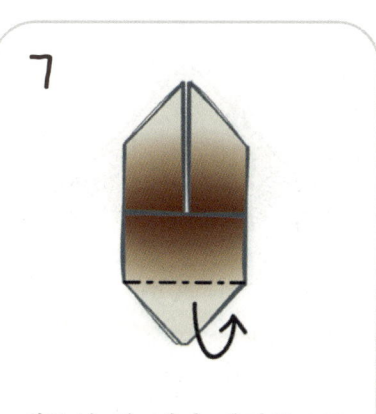
7 색종이 한 매만 바깥쪽으로 접어 넣어준다.

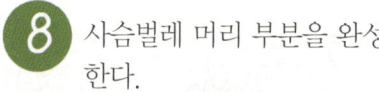
8 사슴벌레 머리 부분을 완성한다.

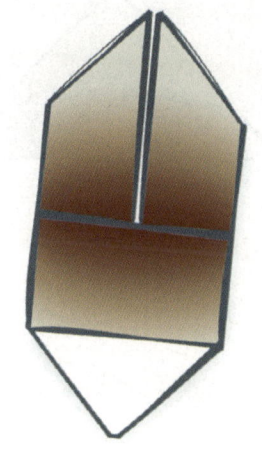

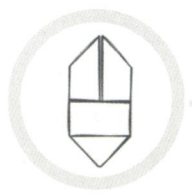 사슴벌레 머리 접기
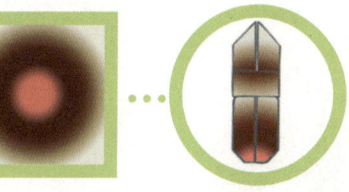 준비물 : 샘플 33 · 사슴벌레 몸통 접기
 도토리 접기 1
 도토리 접기 2
 매미 접기

2 사슴벌레 몸통 접기

삼각 접기에서 응용하여 사슴벌레의 몸통 부분을 접어보세요.

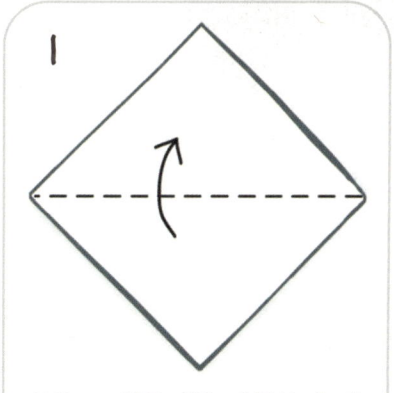
1 7.5cm 색종이를 이등분이 되도록 안쪽으로 접어 올린다.

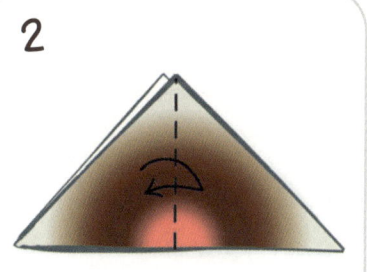
2 색종이를 이등분이 되도록 안쪽으로 접었다 펴준다.

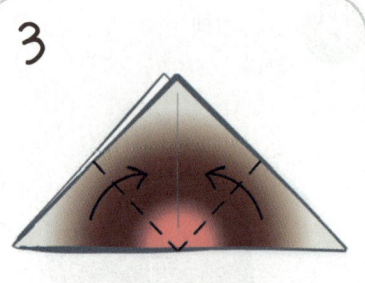

3

중심선에 맞추어 안쪽으로 접어 올린다.

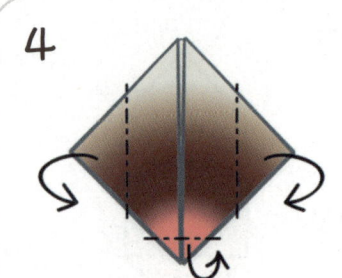

4

이등분이 되도록 양쪽 모서리 부분을 바깥 접기하고, 색종이 아랫부분을 살짝 바깥 접기한다.

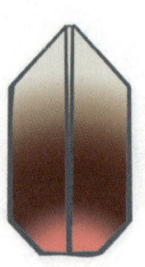

5

사슴벌레 몸통 부분을 완성한다.

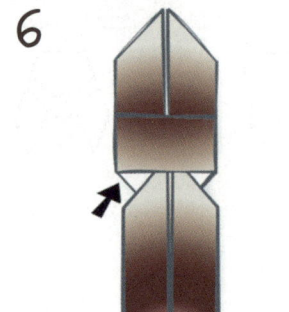

6

사슴벌레 머리 부분과 몸통 부분을 끼워 연결한다.

7 사슴벌레를 완성한다.

사슴벌레 다리 만들기

완성된 사슴벌레 밑면에 두꺼운 도화지로 다리를 만들어 투명 테이프로 붙여주고 다리 부분을 바깥쪽으로 접어주면 입체로 세울 수 있어요.

3 도토리 접기 1

삼각 접기에서 삼등분하여 접어 꼭지가 있는 도토리를 접어 보세요.

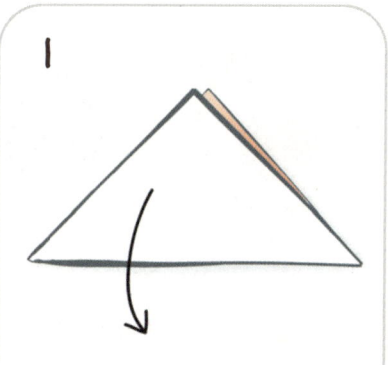

1. 5cm 색종이를 이등분이 되도록 안쪽으로 접었다 펴준다.

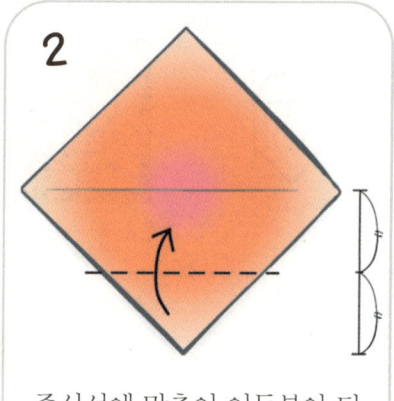

2. 중심선에 맞추어 이등분이 되도록 안쪽으로 접어 올린다.

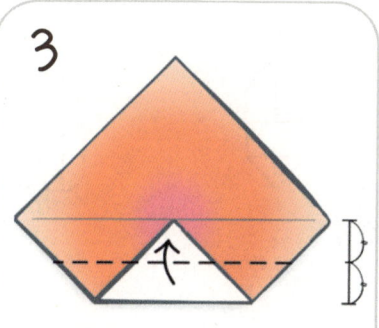

3. 중심선에 맞추어 이등분이 되도록 안쪽으로 접어 올린다.

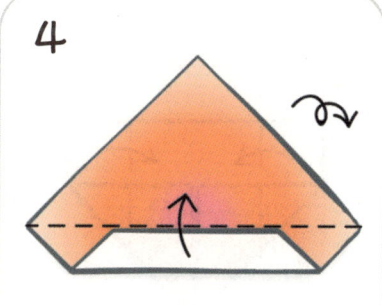

4. 중심선을 안쪽으로 접어 올리고, 색종이를 뒤집기한다.

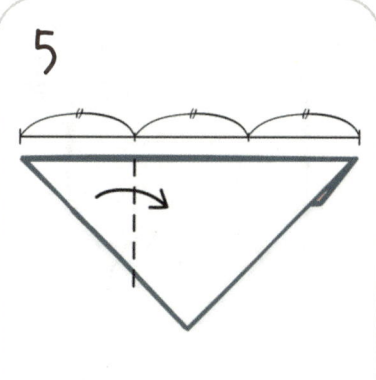

5. 1/3 부분에서 안쪽으로 접어 준다.

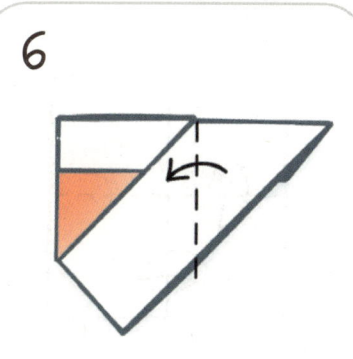

6. 나머지 1/3 부분을 안쪽으로 접어준다.

7
사선 방향으로 살짝 안쪽으로 접는다.

8
양쪽 모서리 부분을 안쪽으로 접고, 색종이를 뒤집기한다.

9 도토리를 완성한다.

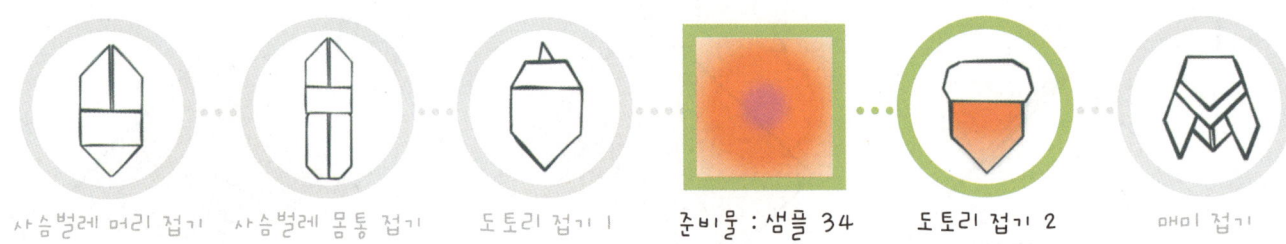

사슴벌레 머리 접기 · 사슴벌레 몸통 접기 · 도토리 접기 1 · 준비물 : 샘플 34 · 도토리 접기 2 · 매미 접기

4 도토리 접기 2

도토리 윗부분을 바깥쪽으로 벌려주고 둥글게 모서리 부분을 접어주어 나무 위의 도토리들을 만들어 보세요.

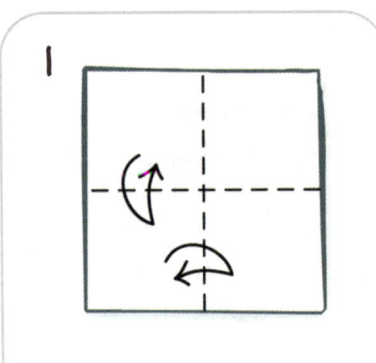

1
5cm 색종이를 가로와 세로 방향으로 이등분이 되도록 안쪽으로 접었다 펴준다.

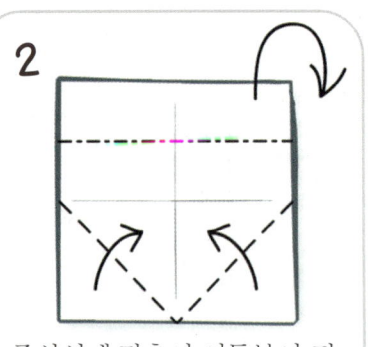

2
중심선에 맞추어 이등분이 되도록 색종이 윗부분을 바깥 접기하고, 색종이 아랫부분을 안쪽으로 접어 올린다.

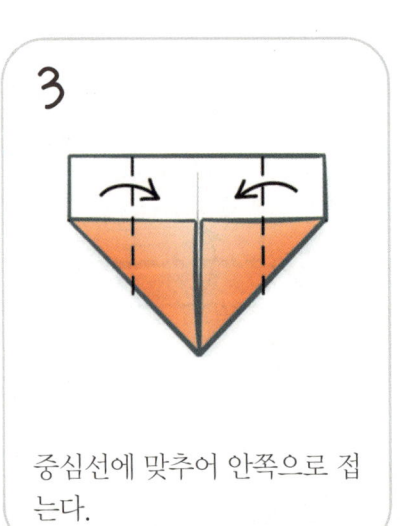

3
중심선에 맞추어 안쪽으로 접는다.

4

색종이 윗부분을 살짝 펼쳐 눌러 접기한다.

5

모서리 부분을 안쪽으로 살짝 접고, 색종이를 뒤집기한다.

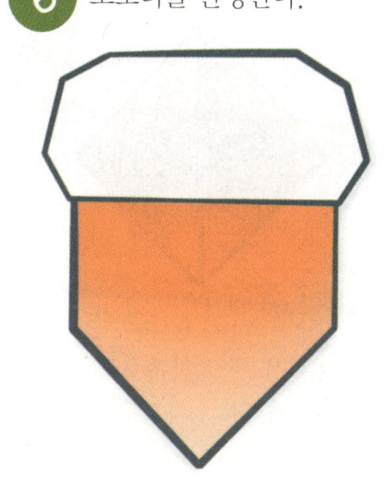

6 도토리를 완성한다.

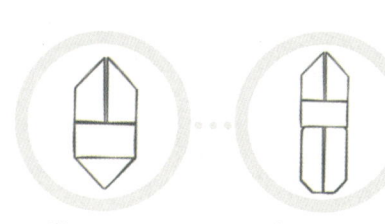

 사슴벌레 머리 접기

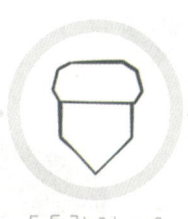 사슴벌레 몸통 접기

도토리 접기 1

도토리 접기 2

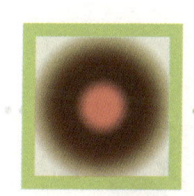 준비물 : 샘플 33

 매미 접기

5 매미 접기

삼각 접기에서 시작하여 매미를 접어보세요.

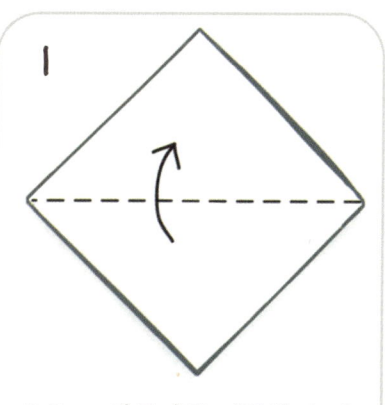

1

7.5cm 색종이를 이등분이 되도록 안쪽으로 접어 올린다.

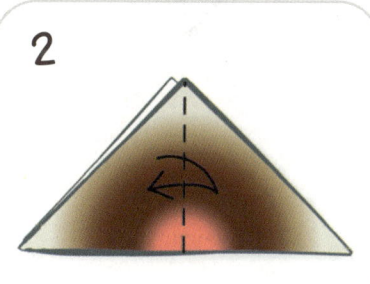

2

색종이를 이등분이 되도록 안쪽으로 접었다 펴준다.

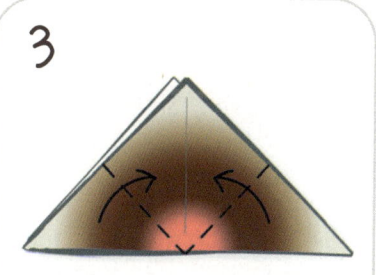

3

중심선에 맞추어 이등분이 되도록 안쪽으로 접어 올린다.

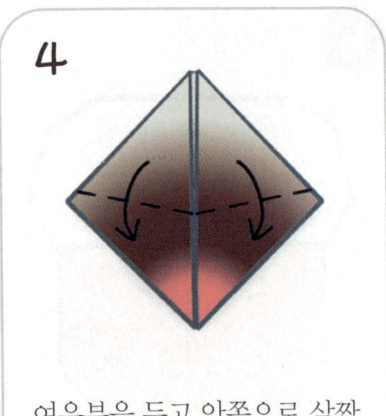

4

여유분을 두고 안쪽으로 살짝 접어 내린다.

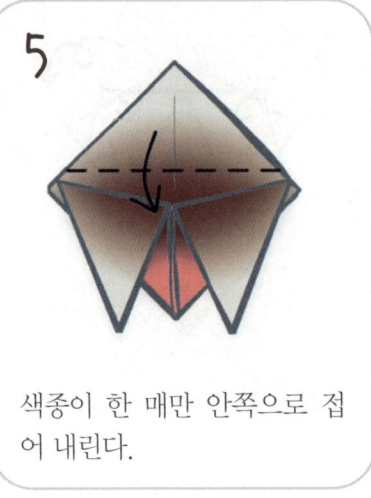

5

색종이 한 매만 안쪽으로 접어 내린다.

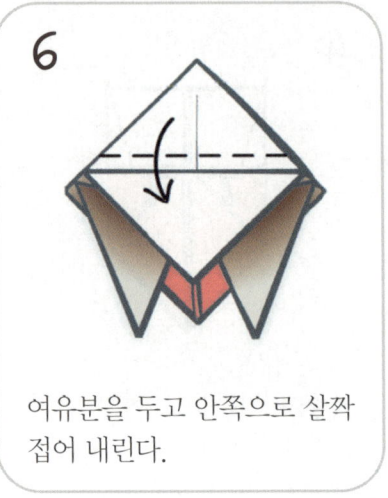

6

여유분을 두고 안쪽으로 살짝 접어 내린다.

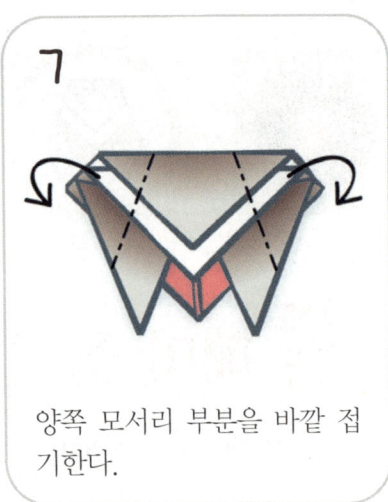

7

양쪽 모서리 부분을 바깥 접기한다.

8 매미를 완성한다.

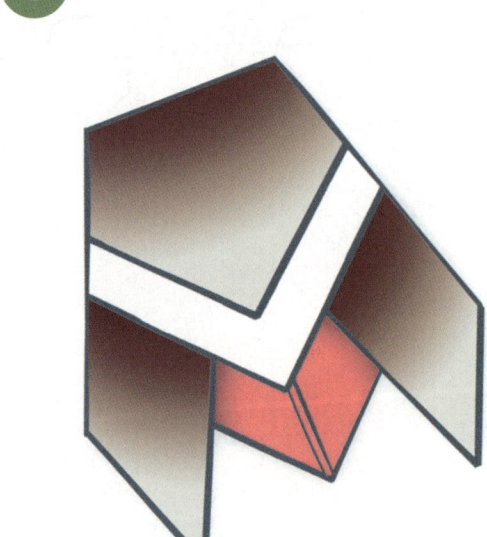

치즈 케이크를 찾아라!
생쥐 접기

25

귀여운 생쥐들을 만들어 보세요. 생쥐의 꼬리 부분은 가위로 오려서 생쥐의 뒤쪽에 풀로 붙여주세요. 생쥐의 몸통 부분을 반으로 접어 옆모습을 만들어보고, 팔의 각도도 변화를 주어 다양한 모습의 생쥐들을 표현해보세요.

준비물 : 샘플 35 　 생쥐 얼굴 접기 　 생쥐 몸통 접기

1 생쥐 얼굴 접기

삼각 접기에서 시작하여 생쥐 얼굴을 만들어 보세요.

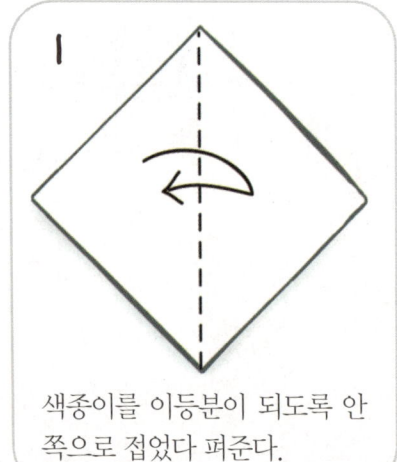

1

색종이를 이등분이 되도록 안쪽으로 접었다 펴준다.

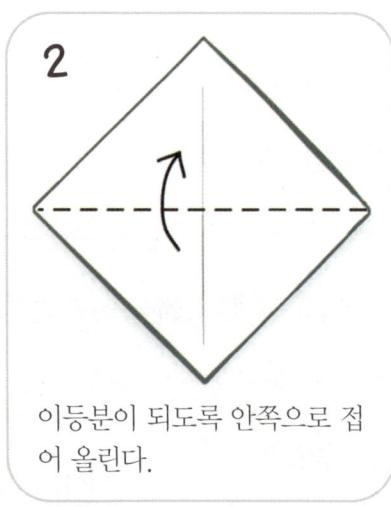

2

이등분이 되도록 안쪽으로 접어 올린다.

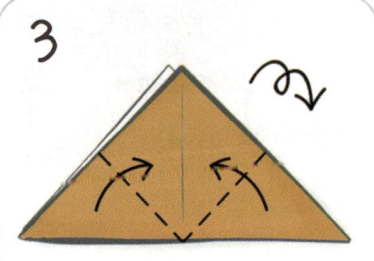

3

중심선에 맞추어 안쪽으로 접어 올리고, 색종이를 뒤집기 한다.

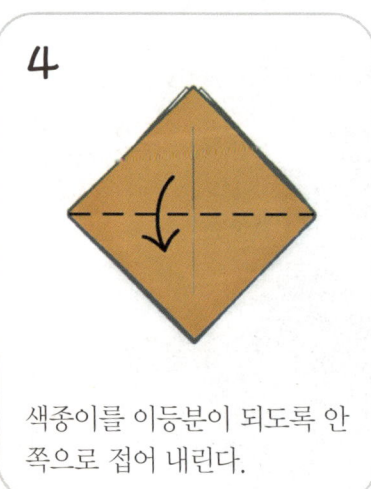

4

색종이를 이등분이 되도록 안쪽으로 접어 내린다.

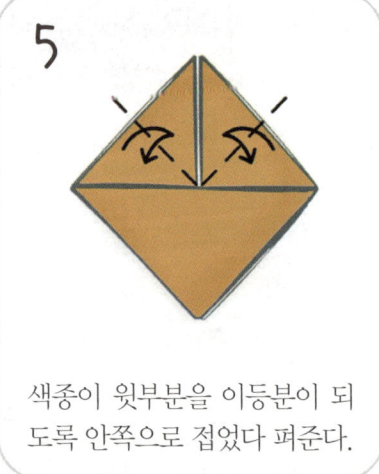

5

색종이 윗부분을 이등분이 되도록 안쪽으로 접었다 펴준다.

6

색종이 윗부분을 바깥쪽으로 펼쳐 눌러 접기한다.

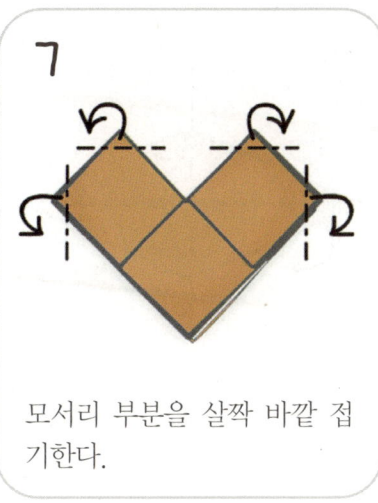

7

모서리 부분을 살짝 바깥 접기한다.

8 생쥐 머리 부분을 완성한다.

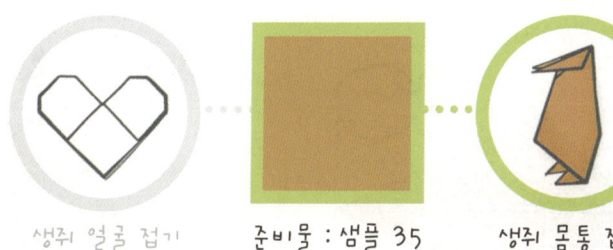

생쥐 얼굴 접기　　준비물 : 샘플 35　　생쥐 몸통 접기

2 생쥐 몸통 접기

아이스크림 접기를 이용하여 생쥐 몸통을 만들어 보세요.

1

색종이를 이등분이 되도록 안쪽으로 접었다 펴준다.

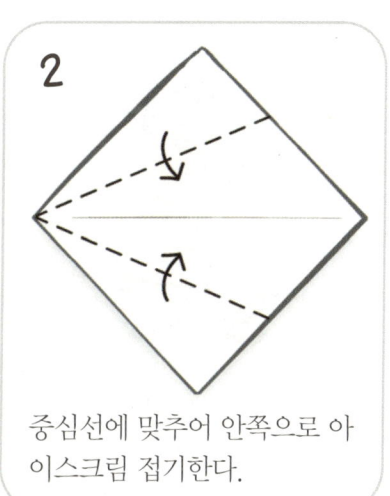

2

중심선에 맞추어 안쪽으로 아이스크림 접기한다.

3
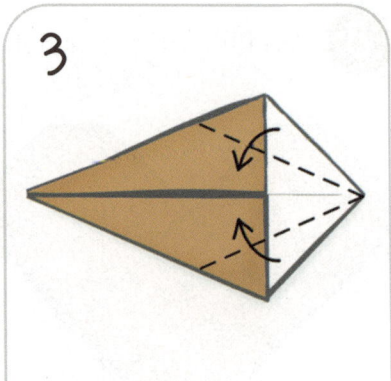
중심선에 맞추어 안쪽으로 아이스크림 접기한다.

4
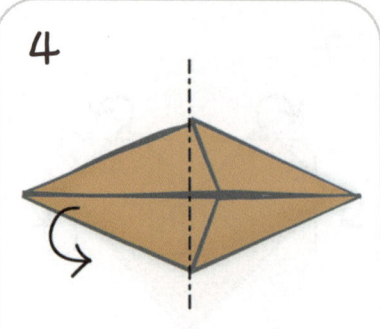
색종이를 이등분이 되도록 바깥 접기한다.

5
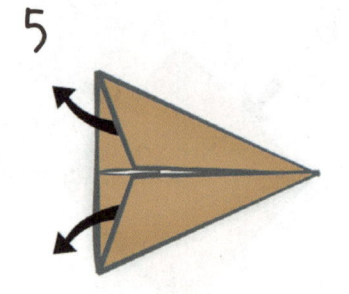
색종이를 화살표 방향으로 빼내어 접는다.

6
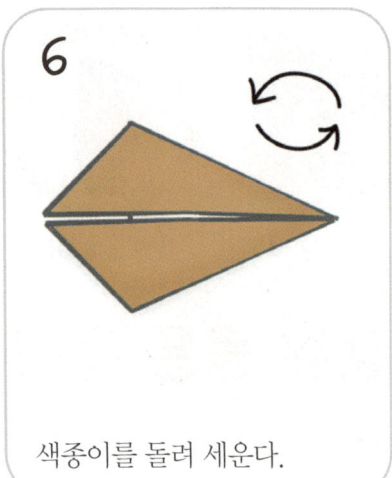
색종이를 돌려 세운다.

7

색종이 아랫부분을 안쪽으로 살짝 접는다.

8

색종이를 뒤집기한다.

9
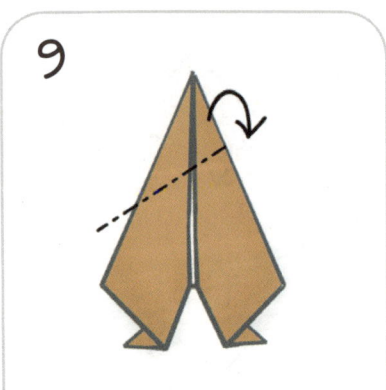
색종이 윗부분을 사선 방향으로 바깥 접기한다.

10

이등분이 되도록 안쪽으로 접어 내린다.

11
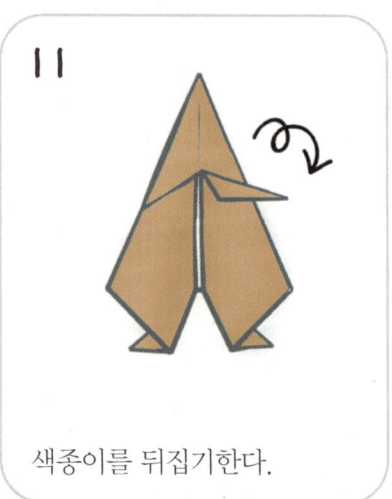
색종이를 뒤집기한다.

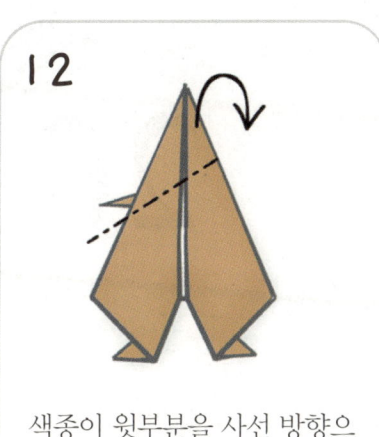

12 색종이 윗부분을 사선 방향으로 바깥 접기한다.

13 이등분이 되도록 바깥쪽으로 접고, 색종이를 뒤집기한다.

14 생쥐 몸통 부분을 완성한다.

15 이등분이 되도록 바깥쪽으로 접는다.

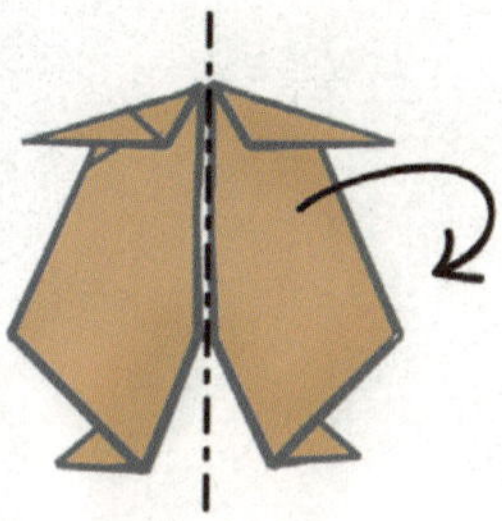

16 생쥐의 옆모습을 완성한다.

17 생쥐의 얼굴 부분과 몸통 부분을 연결하여 완성한다.

데굴데굴 재주 넘는
팬더 곰 접기

26

팬더는 세계적으로 진귀한 멸종위기 동물 중의 하나랍니다. 검정과 흰색의 예쁜 털로 사랑받는 귀여운 팬더를 검정색 단면 색종이를 이용하여 만들어보세요.
도화지에 팬더가 좋아하는 대나무를 그려주고 어린 대나무 줄기와 잎을 먹는 팬더들을 꾸며보세요.

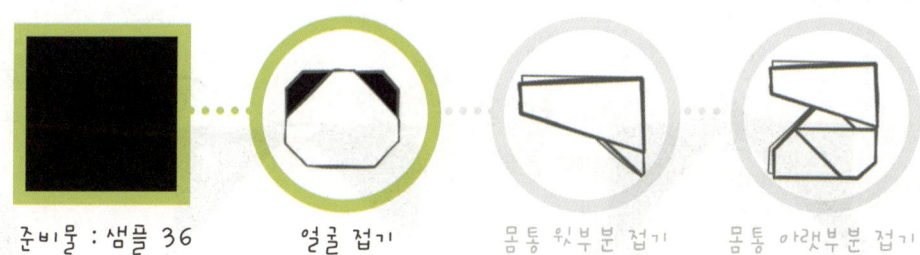

준비물 : 샘플 36   얼굴 접기   몸통 윗부분 접기   몸통 아랫부분 접기

1 팬더 얼굴 접기

검정색 단면 색종이로 팬더 곰의 특징을 살려 접어 보세요.

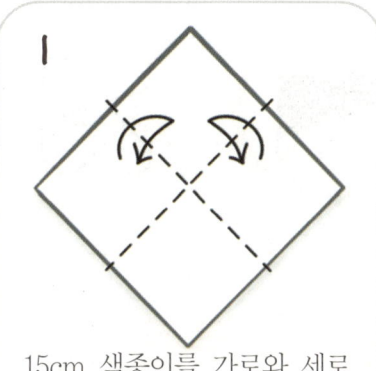

1 15cm 색종이를 가로와 세로 방향으로 이등분이 되도록 안쪽으로 접었다 펴준다.

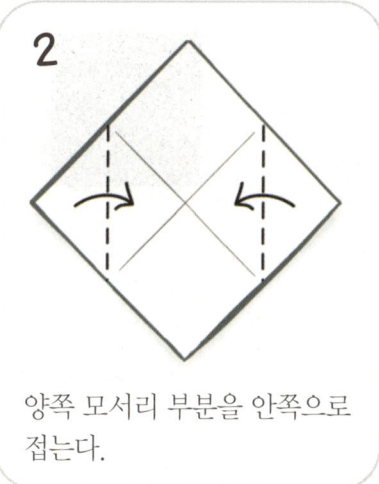

2 양쪽 모서리 부분을 안쪽으로 접는다.

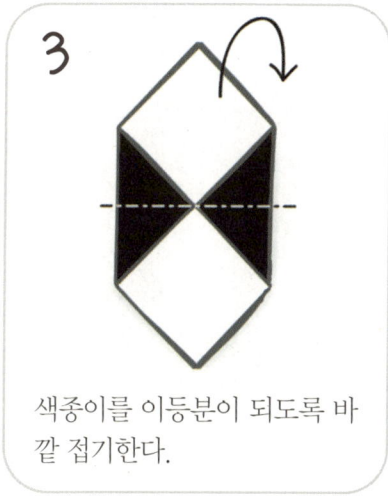

3 색종이를 이등분이 되도록 바깥 접기한다.

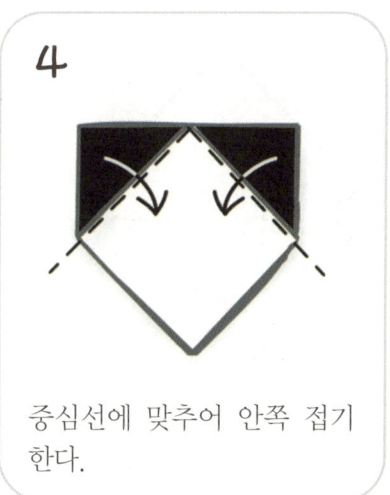

4 중심선에 맞추어 안쪽 접기한다.

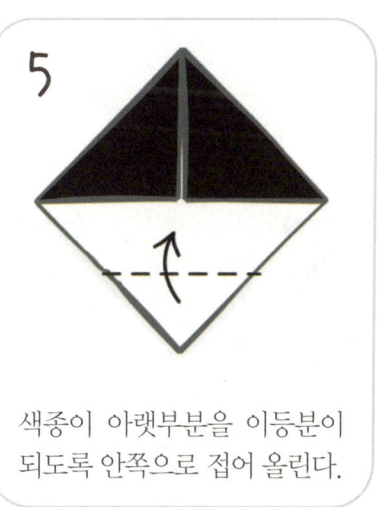

5 색종이 아랫부분을 이등분이 되도록 안쪽으로 접어 올린다.

6 색종이 윗부분은 여유분을 두고 안쪽으로 접어 올린다.

7

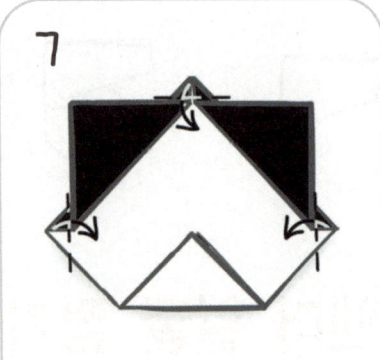

모서리 부분을 안쪽으로 접는다.

8

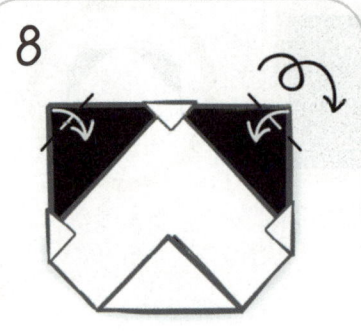

양쪽 모서리 부분을 안쪽으로 살짝 접고, 색종이를 뒤집기 한다.

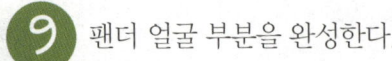 팬더 얼굴 부분을 완성한다.

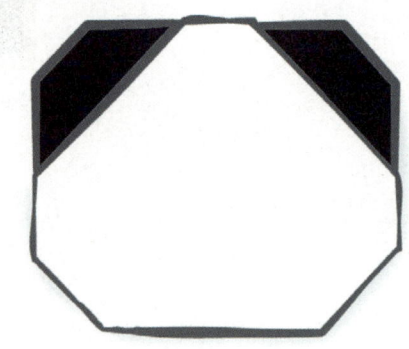

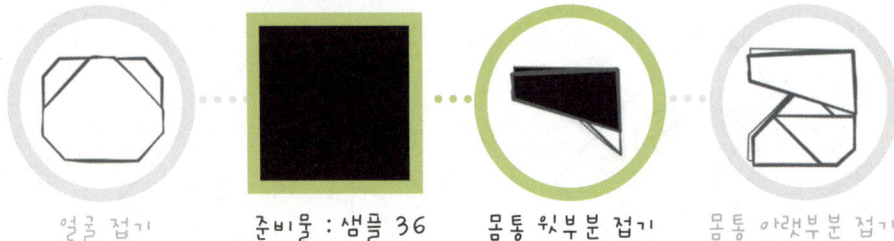

얼굴 접기 · · · 준비물 : 샘플 36 · · · 몸통 윗부분 접기 · · · 몸통 아랫부분 접기

2 팬더 몸통 윗부분 접기

색종이 양쪽 모서리 부분을 접어 팬더 곰의 몸통 윗부분을 접어 보세요.

1

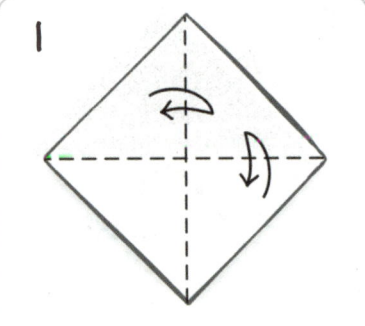

15cm 색종이를 가로와 세로 방향으로 이등분이 되도록 안쪽으로 접었다 펴준다.

2

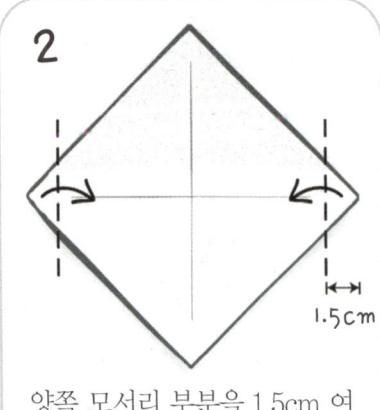

양쪽 모서리 부분을 1.5cm 여유분을 두고 안쪽으로 접는다.

3

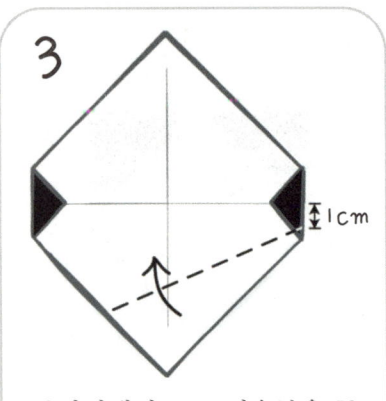

중심선에서 1cm 여유분을 두고 사선으로 접어 올린다.

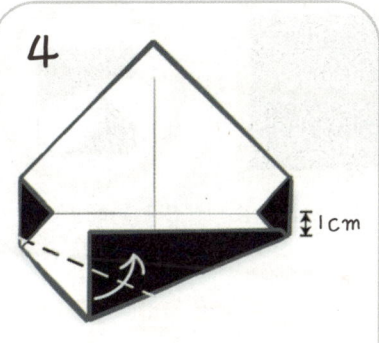

4

중심선에서 1cm 여유분을 두고 사선으로 접어 올린다.

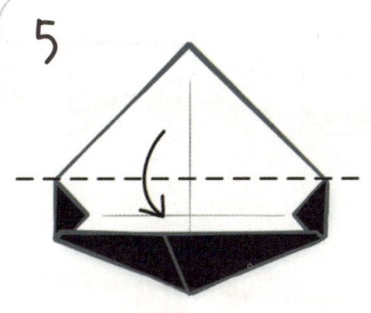

5

색종이 윗부분을 안쪽으로 접어 내린다.

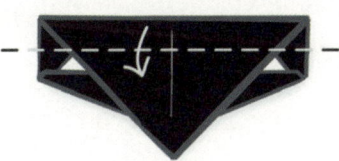

6

색종이 윗부분을 여유분을 두고 안쪽으로 접어 내린다.

7

색종이를 이등분이 되도록 안쪽으로 접는다.

8 팬더 몸통 윗부분을 완성한다.

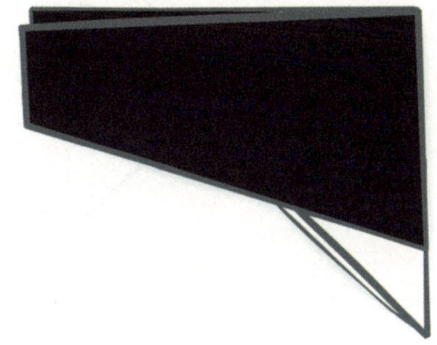

하나 더

팔 모양에 변화주기

팬더 곰의 몸통 윗부분을 접을 때 팔 부분을 사선 방향으로 접어주면 팔 모양을 다르게 만들 수 있어요.

오늘날 야생 팬더는 약 1,600마리 밖에 안 되며 주로 중국 사천성과 섬서성의 대나무 숲에 서식하고 있대요. 팬더는 몸무게가 100kg이나 되며 하루 평균 14~27kg의 대나무 줄기와 잎을 먹고 산대요.

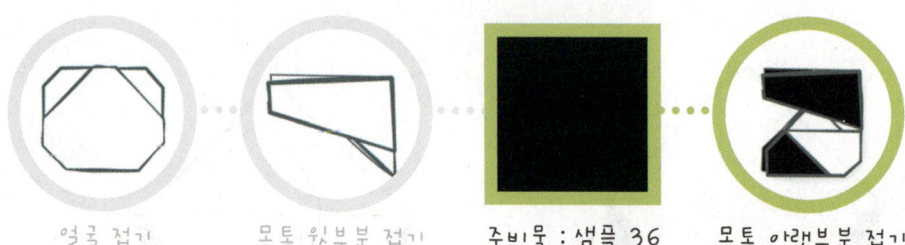

3 팬더 몸통 아랫부분 접기

색종이 모서리 부분을 각각 여유분을 두고 접어 팬더 곰의 몸통 아랫부분을 접어 보세요.

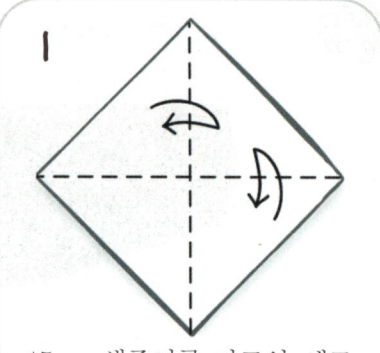

1
15cm 색종이를 가로와 세로 방향으로 이등분이 되도록 안쪽으로 접었다 펴준다.

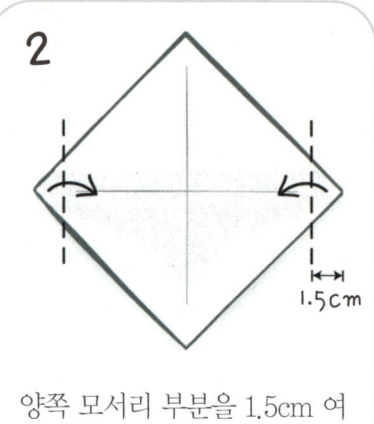

2
양쪽 모서리 부분을 1.5cm 여유분을 두고 안쪽으로 접는다.

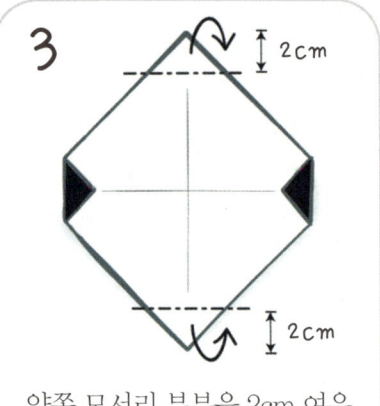

3
양쪽 모서리 부분을 2cm 여유분을 두고 바깥쪽으로 접는다.

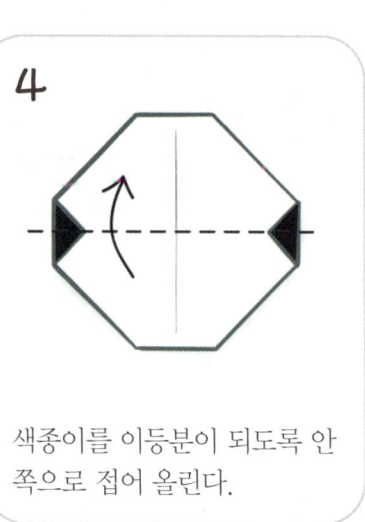

4
색종이를 이등분이 되도록 안쪽으로 접어 올린다.

5
색종이를 이등분이 되도록 안쪽으로 접어 내린다.

6
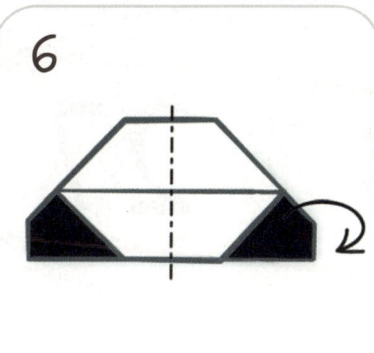
색종이를 이등분이 되도록 바깥쪽으로 접는다.

7
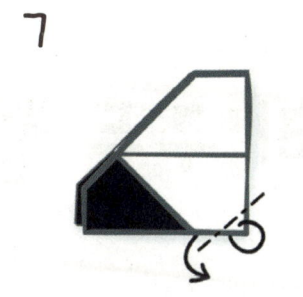
모서리 부분을 살짝 바깥 접기하며 안쪽으로 밀어 넣어준다.

8

팬더 몸통 아랫부분을 완성한다.

9
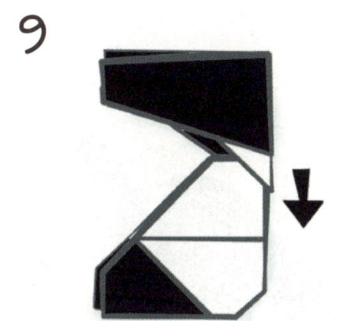
팬더 몸통 윗부분을 아랫부분에 끼워 연결한다.

10

팬더 몸통을 완성한다.

11

팬더 얼굴 부분과 몸통 부분을 연결하여 완성한다.

반짝반짝
신데렐라 유리 구두 접기

27

동화 속에 나오는 신데렐라의 유리 구두를 만들어 보세요. 은박 종이나 반짝이 종이를 사용하면 더 예쁜 유리 구두를 만들 수 있어요. 은색 반짝이 풀을 유리 구두에 살짝 발라주어도 멋진 유리 구두가 되지요. 구두 앞부분에 구슬이나 여러 가지 다양한 장식을 붙여주어 나만의 유리 구두 만들기를 해보세요.

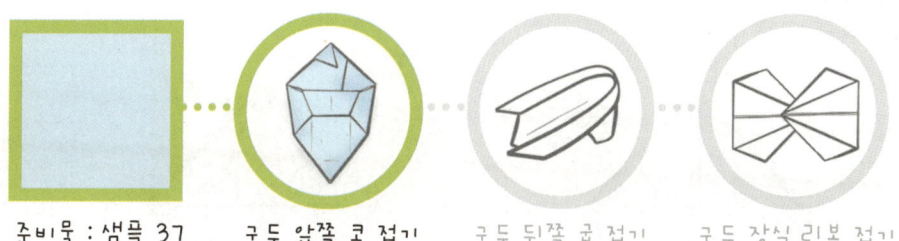

준비물 : 샘플 37   구두 앞쪽 코 접기   구두 뒤쪽 굽 접기   구두 장식 리본 접기

1 구두 앞쪽 코 접기

구두 앞쪽 부분을 접고 색종이 면을 서로 겹쳐주어 구두 코 부분을 입체로 살려 접어주세요.

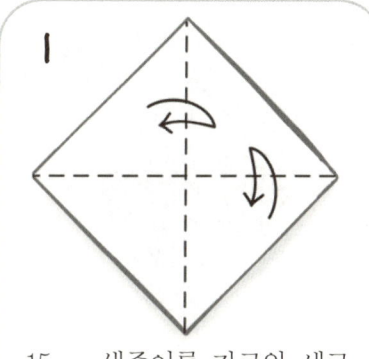

15cm 색종이를 가로와 세로 방향으로 이등분이 되도록 안쪽으로 접었다 펴준다.

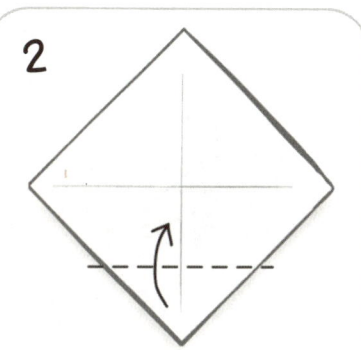

중심선에 맞추어 이등분이 되도록 안쪽으로 접어 올린다.

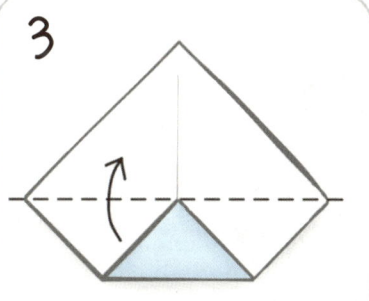

중심선을 안쪽으로 접어 올린다.

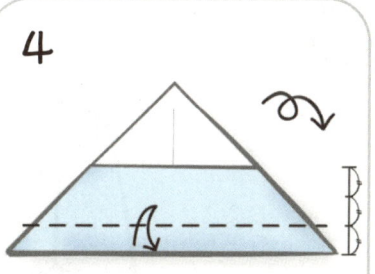

1/3 부분을 안쪽으로 접었다 펴주고, 색종이를 뒤집기한다.

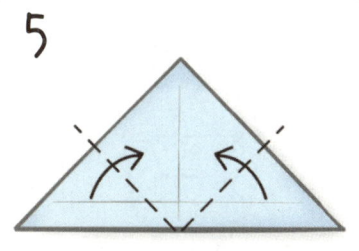

중심선에 맞추어 이등분이 되도록 안쪽으로 접어 올린다.

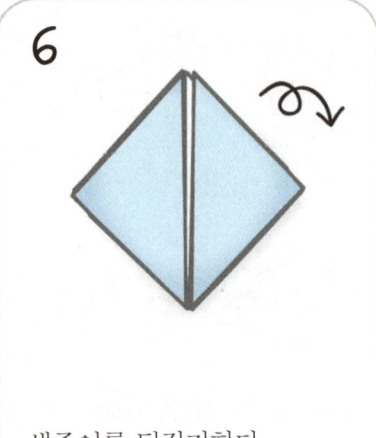

6

색종이를 뒤집기한다.

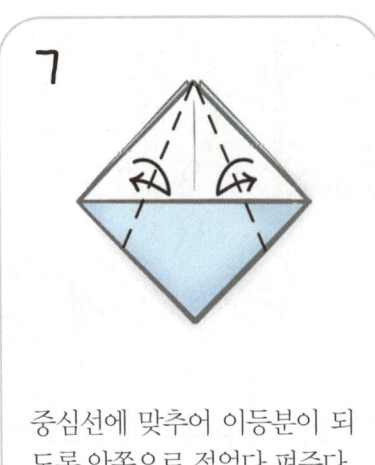

7

중심선에 맞추어 이등분이 되도록 안쪽으로 접었다 펴준다.

8

중심선에 맞추어 아이스크림 접기하며 양쪽 모두 바깥쪽으로 펼쳐 눌러 접기한다.

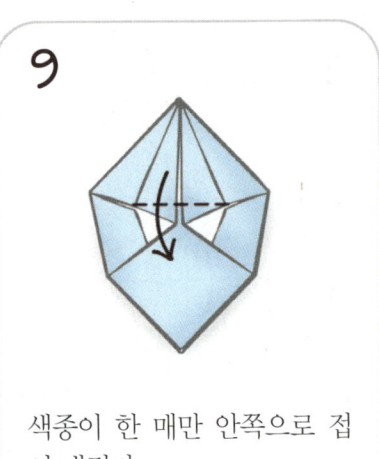

9

색종이 한 매만 안쪽으로 접어 내린다.

10

색종이를 바깥 접기하여 넣어준다.

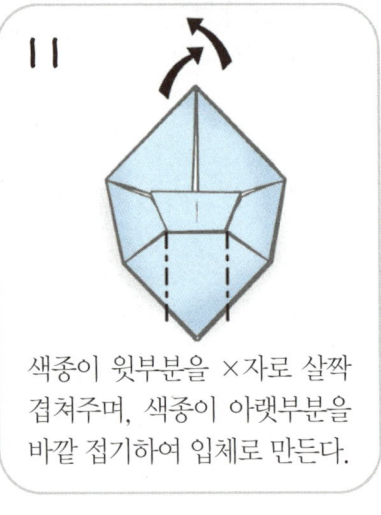

11

색종이 윗부분을 ×자로 살짝 겹쳐주며, 색종이 아랫부분을 바깥 접기하여 입체로 만든다.

12

×자로 겹쳐진 색종이의 모서리 부분을 안쪽과 바깥쪽으로 접어 고정시킨다.

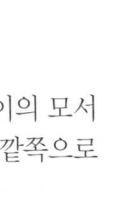 구두 앞쪽 코 부분을 완성한다.

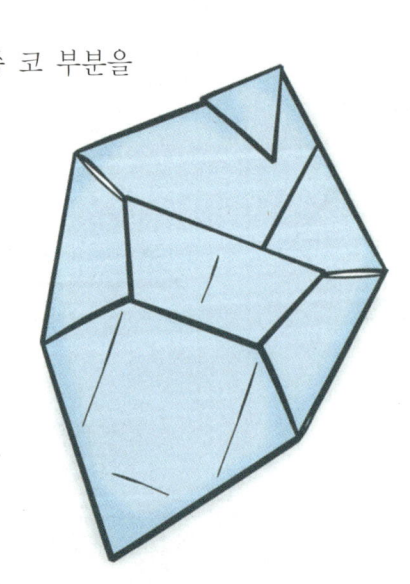

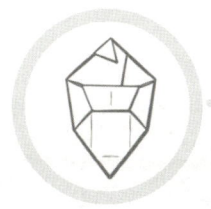   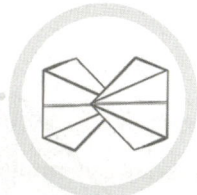

구두 앞쪽 코 접기 　 준비물 : 샘플 3了 　 구두 뒤쪽 굽 접기 　 구두 장식 리본 접기

2 구두 뒤쪽 굽 접기

구두 뒤쪽 부분을 접고 굽 부분을 입체로 살려 투명 테이프로 붙여주세요.

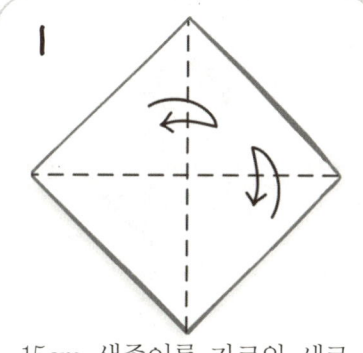

1. 15cm 색종이를 가로와 세로 방향으로 이등분이 되도록 안쪽으로 접었다 펴준다.

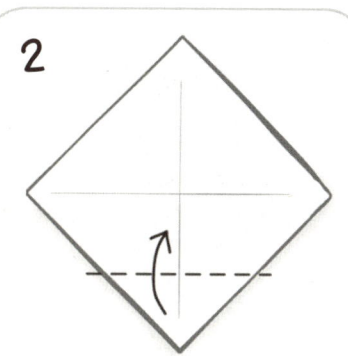

2. 중심선에 맞추어 이등분이 되도록 안쪽으로 접어 올린다.

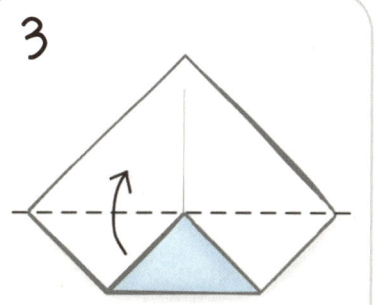

3. 중심선을 안쪽으로 접어 올린다.

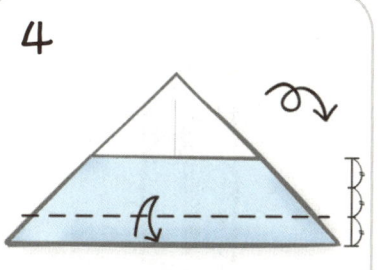

4. 1/3 부분을 안쪽으로 접었다 펴주고, 색종이를 뒤집기한다.

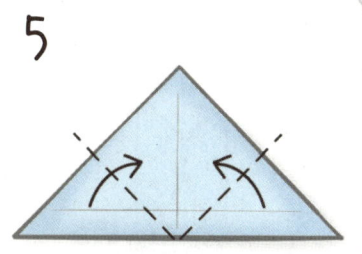

5. 중심선에 맞추어 이등분이 되도록 안쪽으로 접어 올린다.

6
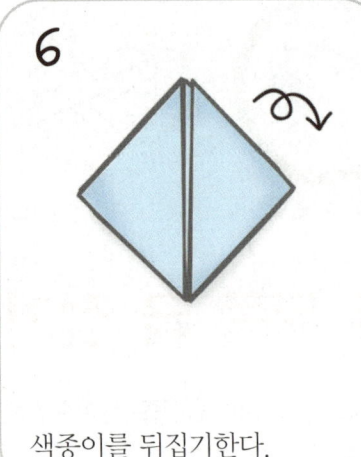
색종이를 뒤집기한다.

7
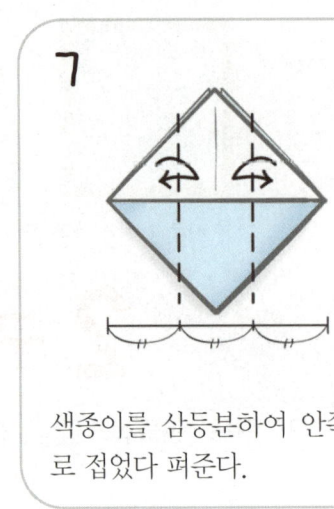
색종이를 삼등분하여 안쪽으로 접었다 펴준다.

8
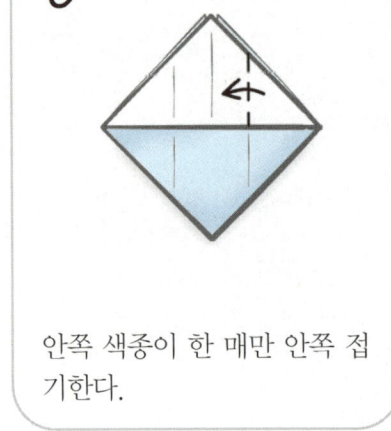
안쪽 색종이 한 매만 안쪽 접기한다.

9
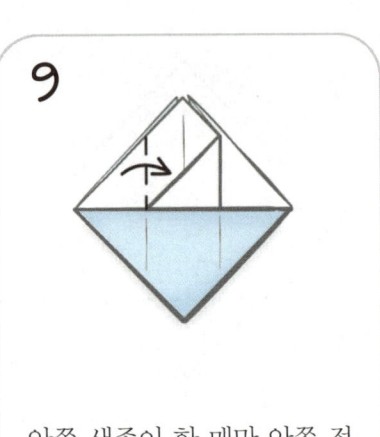
안쪽 색종이 한 매만 안쪽 접기한다.

10
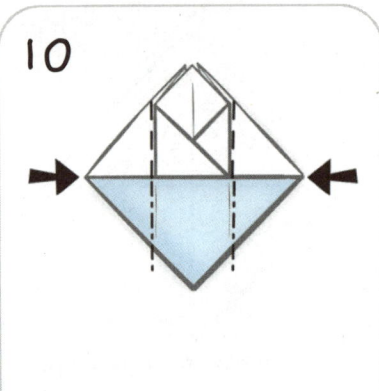
양쪽 모서리 부분을 안쪽으로 밀어 넣어준다.

11
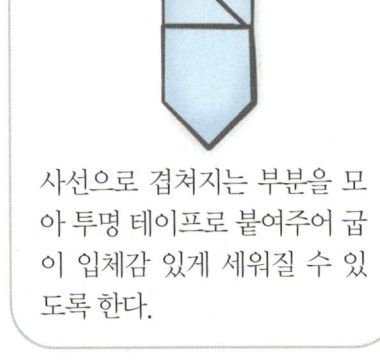
사선으로 겹쳐지는 부분을 모아 투명 테이프로 붙여주어 굽이 입체감 있게 세워질 수 있도록 한다.

12

색종이를 뒤집기한다.

13

색종이를 바깥쪽으로 펼쳐 입체로 만든다.

14
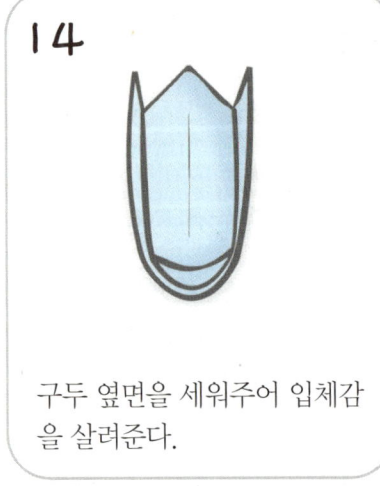
구두 옆면을 세워주어 입체감을 살려준다.

15

구두 뒤쪽 굽을 완성한다.

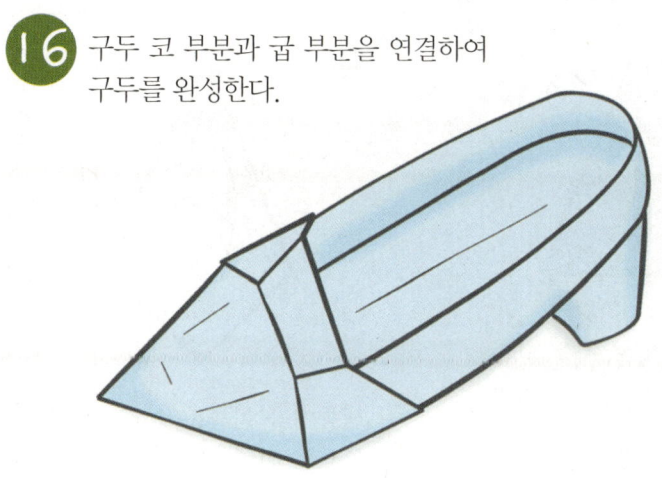

16 구두 코 부분과 굽 부분을 연결하여 구두를 완성한다.

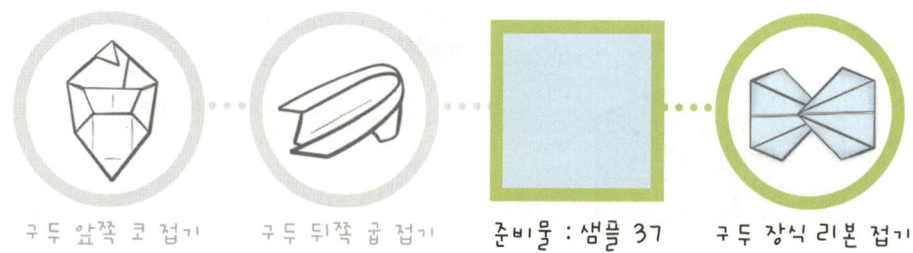

구두 앞쪽 코 접기 · · · 구두 뒤쪽 굽 접기 · · · 준비물 : 샘플 37 · · · 구두 장식 리본 접기

3 구두 장식 리본 접기

아이스크림 접기를 이용하여 리본 장식을 만들어 보세요.

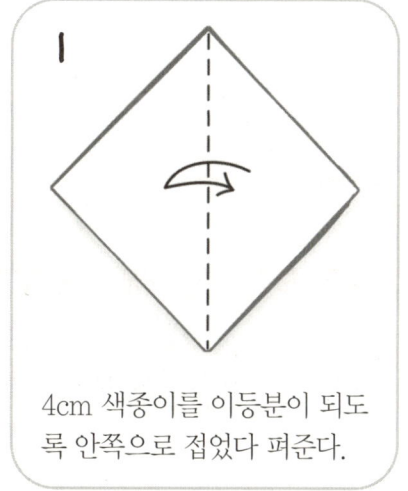

1

4cm 색종이를 이등분이 되도록 안쪽으로 접었다 펴준다.

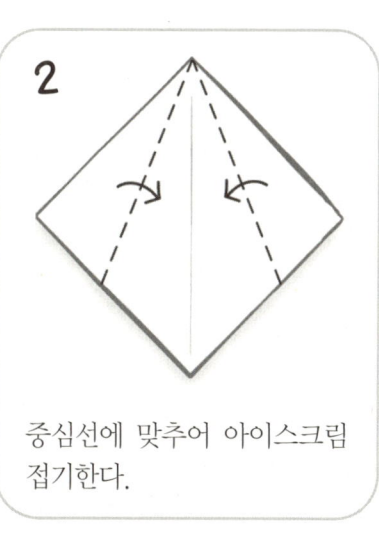

2

중심선에 맞추어 아이스크림 접기한다.

3
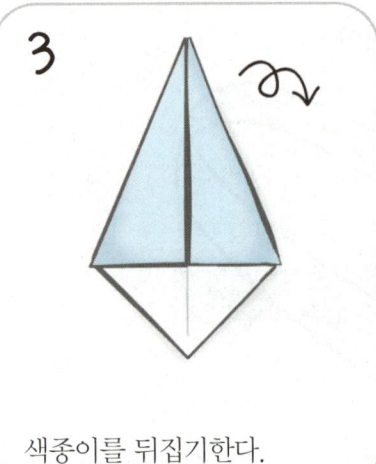
색종이를 뒤집기한다.

4
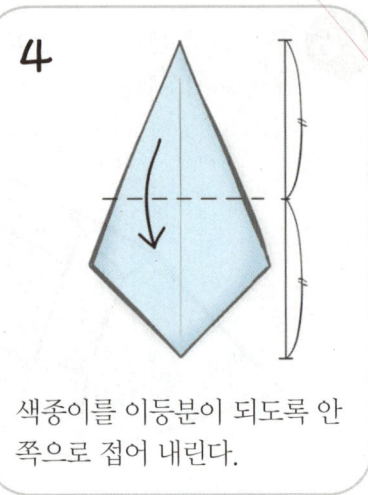
색종이를 이등분이 되도록 안쪽으로 접어 내린다.

5
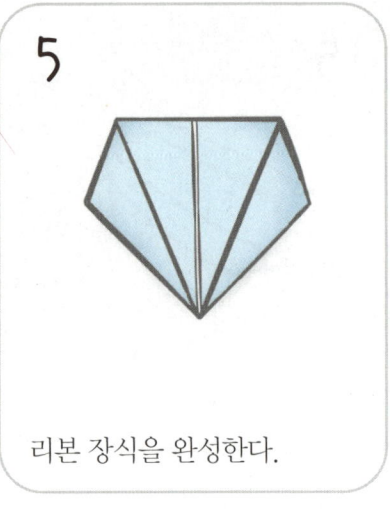
리본 장식을 완성한다.

6

같은 모양을 두 개 접고, 서로 살짝 겹쳐 붙여 리본 모양을 만든다.

7
구두 코 부분과 굽 부분을 연결하고 구두 위에 리본 장식을 붙여 구두를 완성한다.

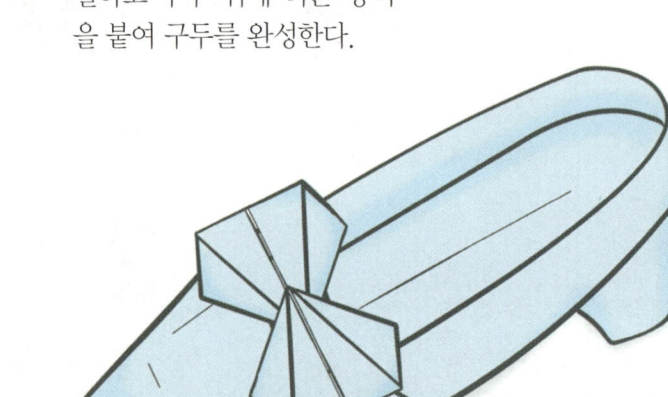

구두 모양 다양하게 응용하기

구두 앞부분의 장식을 여러 가지 접기로 다양하게 장식하여 예쁜 구두를 만들어 보세요. 구두 굽 부분을 입체로 세우지 않으면 예쁜 덧신으로도 응용하여 만들 수 있어요.

얼음 톡톡!
아이스빙수 접기

28

종이접기

컵 접기를 이용해서 시원한 빙수를 만들 수 있어요. 빙수를 만들고 빨대를 꽂아 아이스크림 가게 놀이를 해보세요. 사인펜으로 여러 가지 모양의 과일 조각을 그리고, 가위로 오려내어 빙수 위에 붙여주면 맛있는 과일 빙수가 만들어진답니다.

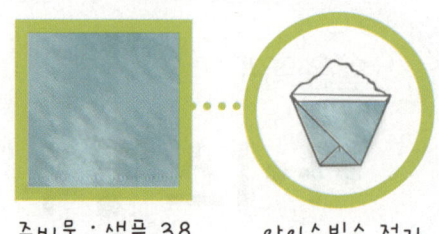

준비물 : 샘플 38   아이스빙수 접기

아이스빙수 접기

컵 접기를 이용하여 아이스 빙수를 만들어 보세요. 색종이를 돌돌 말아 빨대를 만들어 장식해도 좋아요.

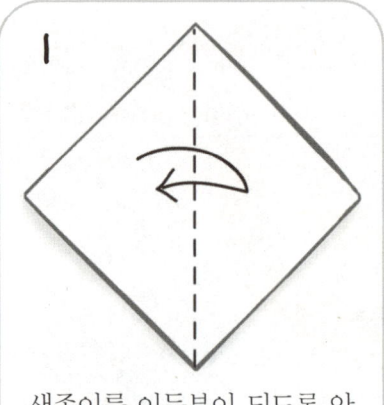

1
색종이를 이등분이 되도록 안쪽으로 접었다 펴준다.

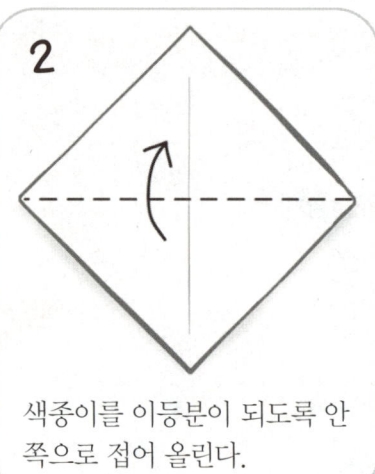

2
색종이를 이등분이 되도록 안쪽으로 접어 올린다.

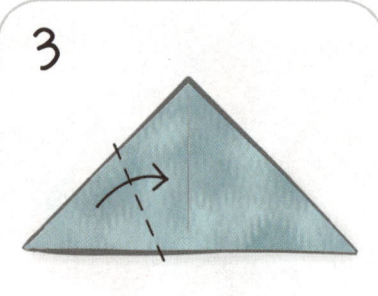

3
색종이 한쪽 면을 안쪽으로 접어 컵 접기한다.

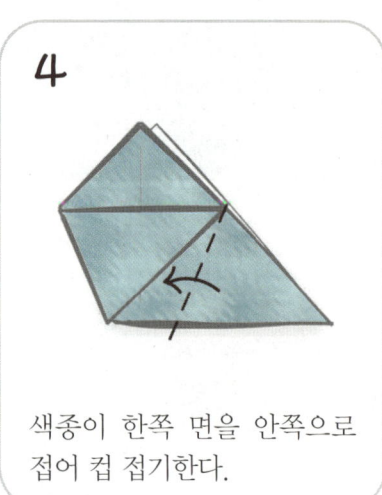

4
색종이 한쪽 면을 안쪽으로 접어 컵 접기한다.

빙수의 유래는 기원전 4세기경 알렉산더대왕 때부터였대요. 알렉산더대왕이 더위와 피로에 지쳐 쓰러져가는 병사들을 위해 산 정상의 눈을 퍼와 눈 속에 꿀과 과일, 우유 등을 섞어 먹었던 것이 오늘날 맛있고 시원한 빙수의 시작이었답니다.

5

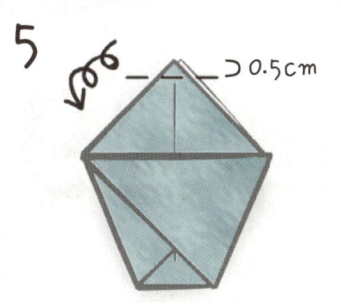

색종이 한 매만 0.5cm 간격으로 돌돌 말듯이 접어 내린다.

6

색종이 윗부분을 손으로 자연스럽게 찢어 빙수 모양을 만든다.

7

아이스 빙수를 완성한다.

과일 빙수 연출하기

컵 접기를 이용하여 아이스 빙수를 만들고 여러 가지 과일 모양을 만들어 맛있는 빙수 만들기를 해보세요. 갈색 색종이를 약간의 여유분을 두고 삼각 접기하여 같은 간격

으로 돌돌 말듯이 접어주면 빙수와 어울리는 과자를 만들 수도 있어요. 색종이를 이용해 과일 모양을 만들어 시원한 과일 빙수도 만들어 보세요.

펄펄 눈 내리는
유리병 트리 접기

29

멋진 트리를 만들기 위해서 초록색 색종이로 트리를 접고 트리 가지에 은색 반짝이 풀을 칠해주세요. 반짝반짝 빛나는 눈 속의 트리를 만들 수 있어요. 예쁘게 장식하여 완성된 트리를 유리병 뚜껑 안쪽에 잘 붙여주고, 강판을 이용하여 유리병 속에 스티로폼을 갈아 넣어주세요. 정전기로 인해서 작은 스티로폼 알갱이들이 유리병 면에 눈처럼 붙는답니다. 유리병 뚜껑을 잘 닫고, 병을 거꾸로 세워주면 눈 속의 크리스마스 트리를 볼 수 있어요.

준비물 : 샘플 39   트리 접기   트리 밑단 접기

1 트리 접기

사각 주머니 접기를 응용하여 트리를 접어 보세요. 트리에 일정한 간격으로 가위집을 내어 입체감을 살려 만들어 보세요.

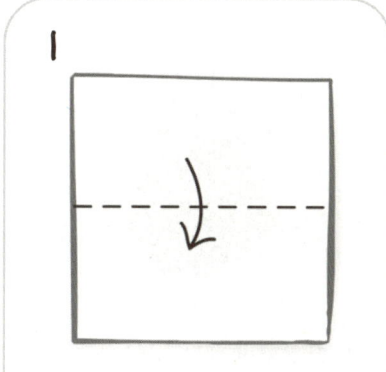

1

15cm 색종이를 이등분이 되도록 안쪽으로 접어 내린다.

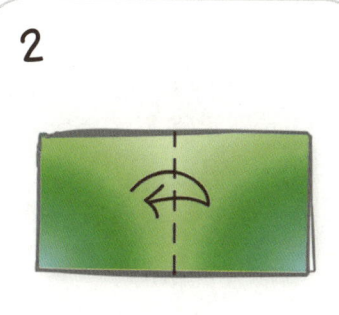

2

색종이를 이등분이 되도록 안쪽으로 접었다 펴준다.

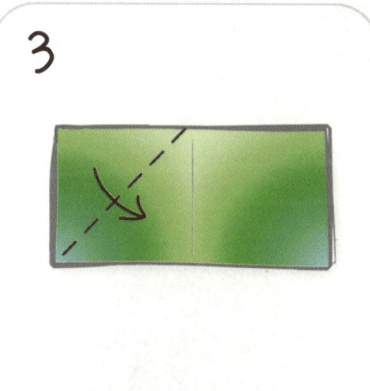

3

중심선에 맞추어 안쪽으로 접는다.

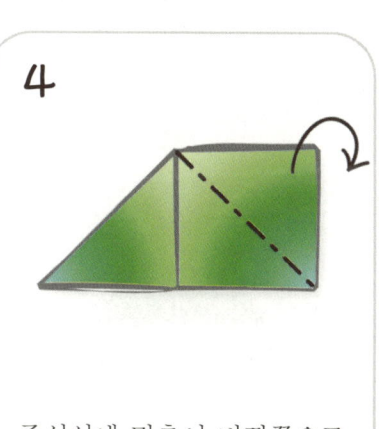

4

중심선에 맞추어 바깥쪽으로 접는다.

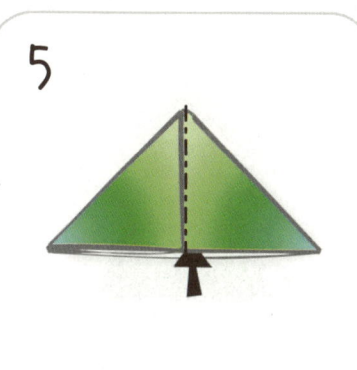

5

바깥쪽으로 펼쳐 눌러 접기하여 사각 주머니를 만든다.

6

중심선에 맞추어 이등분이 되도록 안쪽으로 접었다 펴준다.

7
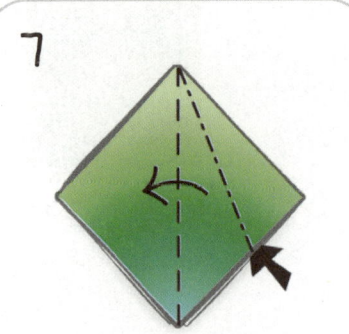
색종이를 점선대로 펼쳐 눌러 접기한다.

8
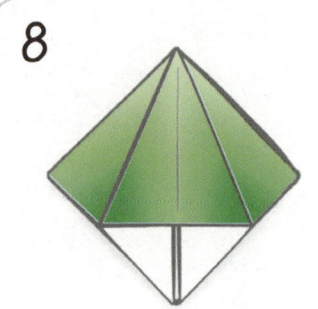
4면 모두 같은 방법으로 접는다.

9
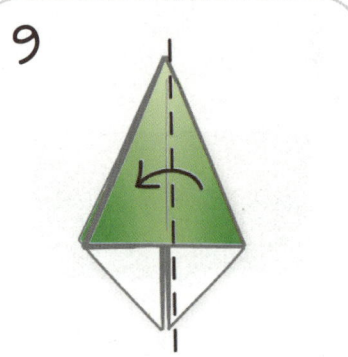
색종이를 이등분이 되도록 안쪽으로 접는다.

10
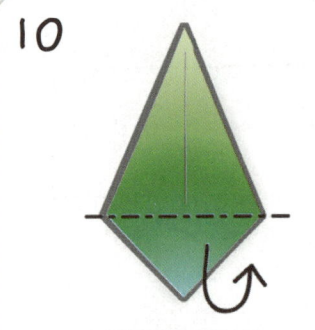
색종이 아랫부분을 바깥 접기하여 넣어준다. 4면 모두 같은 방법으로 접는다.

11
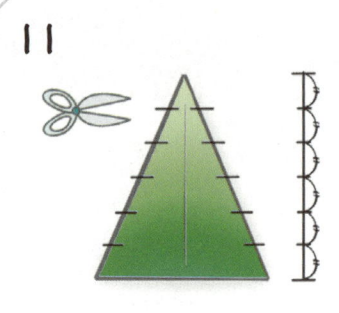
색종이를 육등분하여 0.5cm 폭으로 가위집을 넣어준다.

12
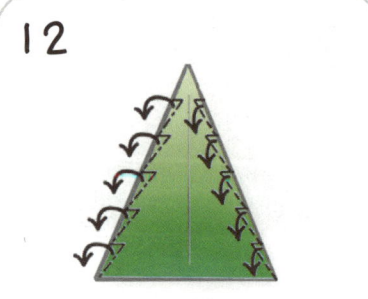
색종이 왼쪽 4매는 바깥쪽으로 접어주고, 색종이 오른쪽 4매는 안쪽으로 접는다.

13

색종이를 입체로 펼쳐준다.

14 트리 부분을 완성한다.

2 트리 밑단 접기

사각 주머니 접기를 응용하여 트리 밑단 부분을 접어 보세요.

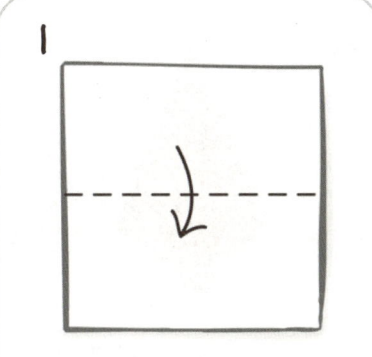

1. 15cm 색종이를 이등분이 되도록 안쪽으로 접어 내린다.

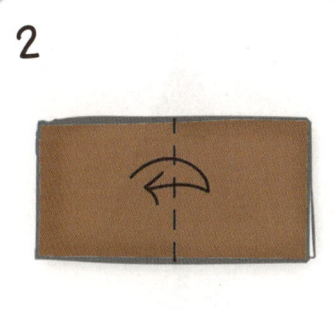

2. 색종이를 이등분이 되도록 안쪽으로 접었다 펴준다.

3. 중심선에 맞추어 안쪽으로 접는다.

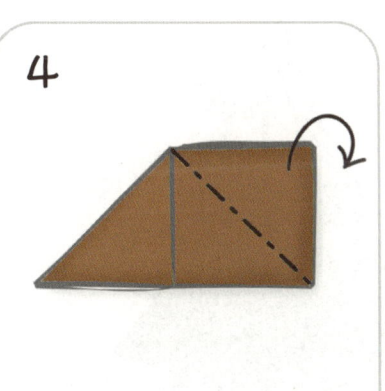

4. 중심선에 맞추어 바깥쪽으로 접는다.

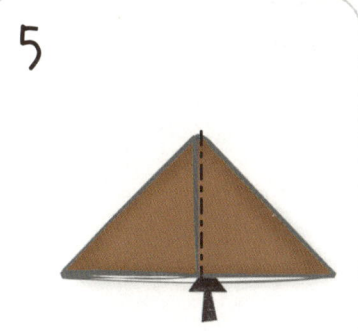

5. 바깥쪽으로 펼쳐 눌러 접기하여 사각 주머니를 접는다.

6 중심선에 맞추어 이등분이 되도록 안쪽으로 접었다 펴준다.

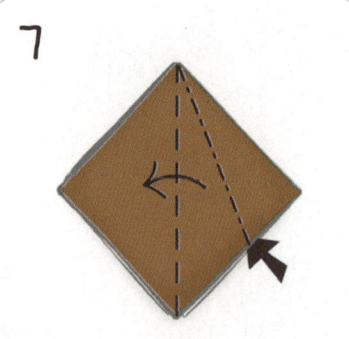

7 색종이를 점선대로 펼쳐 눌러 접기한다.

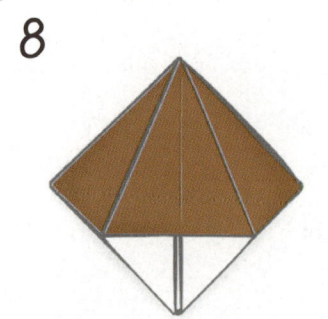

8 4면 모두 같은 방법으로 접는다.

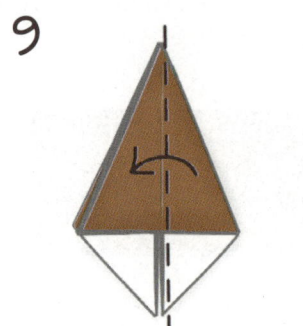

9 색종이를 이등분이 되도록 안쪽으로 접는다.

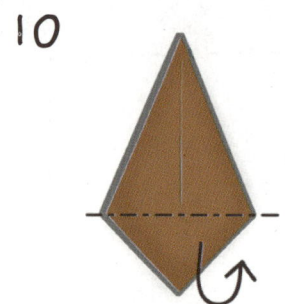

10 색종이 아랫부분을 바깥 접기하여 넣어준다. 4면 모두 같은 방법으로 접는다.

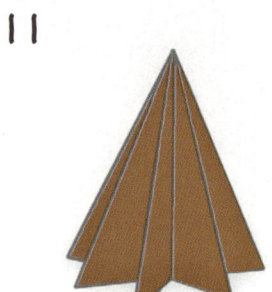

11 색종이를 입체로 펼쳐 트리 밑단 부분을 완성한다.

12 윗부분과 밑단 부분을 연결하여 트리를 완성한다.

예쁘게 장식할 수 있는
크리스마스 트리 접기

30

종이접기

초록색 종이로 같은 모양을 여러 개 접고, 각기 방향을 다르게 돌려 붙여 보세요. 멋진 크리스마스 트리를 만들 수 있어요. 완성된 트리에 리본 끈을 달아 겨울 창가에 걸어주면 장식 모빌로도 훌륭하답니다.

1 트리 부분 접기

크기가 다른 색종이를 각각 4개씩 연결하여 접어 트리를 만들어 보세요.

사용 종이 크기

다음과 같은 크기의 색종이들을 각자 준비하여 접어보세요.

15×15cm(대)
12×12cm(중)
7.5×7.5cm(소)

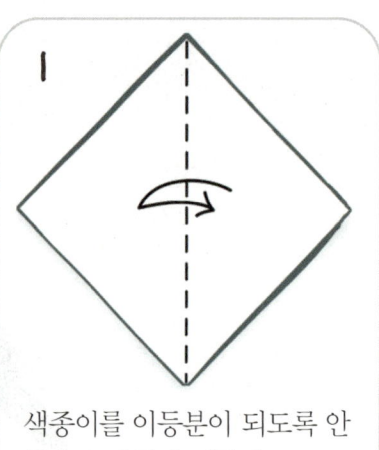

1
색종이를 이등분이 되도록 안쪽으로 접었다 펴준다.

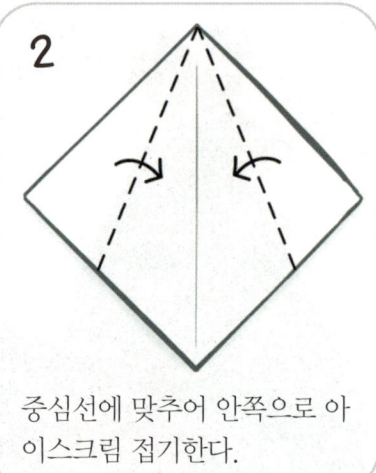

2
중심선에 맞추어 안쪽으로 아이스크림 접기한다.

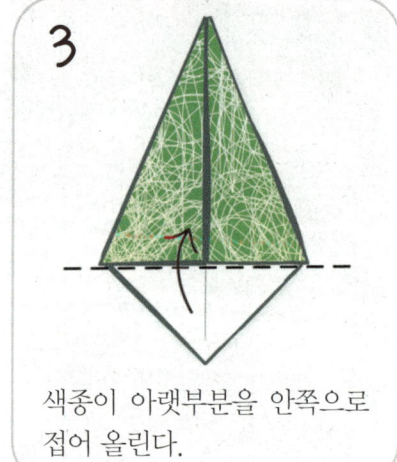

3
색종이 아랫부분을 안쪽으로 접어 올린다.

크리스마스 트리의 유래는 아름답게 눈 쌓인 전나무에서 시작되었대요. 독일의 마틴 루터 킹목사가 하얀 눈이 내린 겨울밤에 전나무가 가득한 산길을 걸어가다가 눈 쌓인 전나무가 달빛에 아름답게 빛나는 것에서 하나님의 섭리를 깨닫고는 집으로 전나무를 가져왔대요. 그리고 하얀 눈 대신 작은 꼬마전등을 달아 장식하였는데 그것이 오늘날 크리스마스 트리의 시작이 되었대요.

4

중심선에 맞추어 이등분이 되도록 안쪽으로 접었다 펴준다.

5
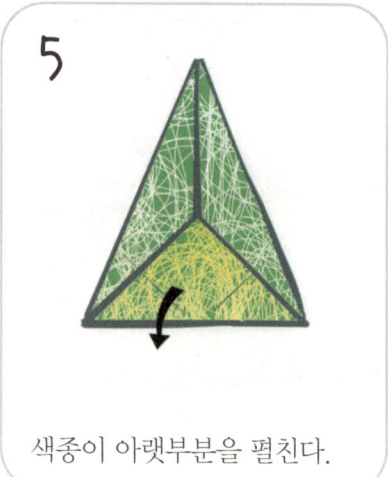
색종이 아랫부분을 펼친다.

6

점선대로 펼쳐 눌러 접기한다.

7

색종이를 뒤집기한다.

8
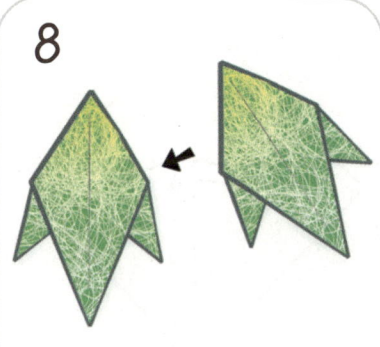
색종이 한쪽 면에 풀칠을 하고 중심선에 맞추어 연결하여 붙인다. 이때, 가장 큰 15cm 종이로 접은 것은 오른쪽으로 풀칠하여 연결하고, 12cm 종이는 왼쪽으로 풀칠하여 연결한다. 7.5cm 크기의 종이는 오른쪽으로 풀칠하여 연결한다.

9
4개씩 모두 연결하여 대, 중, 소 트리 단을 각각 완성한다.

트리 부분 접기   준비물 : 샘플 42   밑단 부분 접기

2 밑단 부분 접기

아이스크림 접기를 이용하여 트리 밑단 부분을 만들어 보세요. 삼각 뿔 모양이나 원 뿔 모양으로 밑단을 만들어도 좋아요.

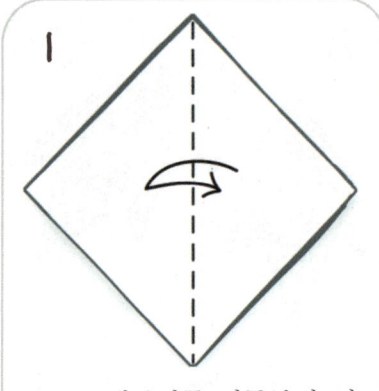

1. 15cm 색종이를 이등분이 되도록 안쪽으로 접었다 펴준다.

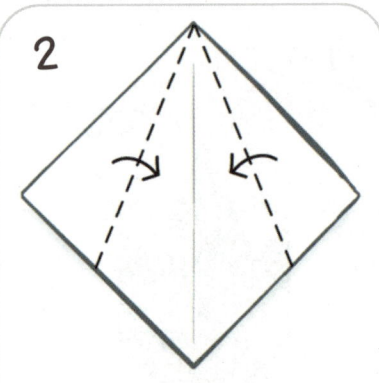

2. 중심선에 맞추어 안쪽으로 아이스크림 접기한다.

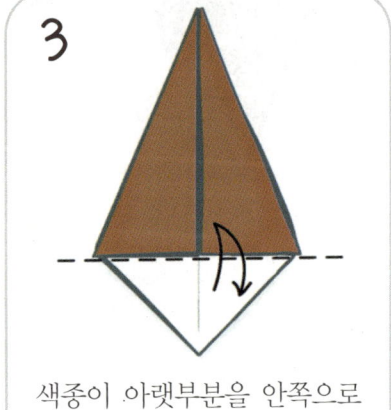

3. 색종이 아랫부분을 안쪽으로 접었다 펴준다.

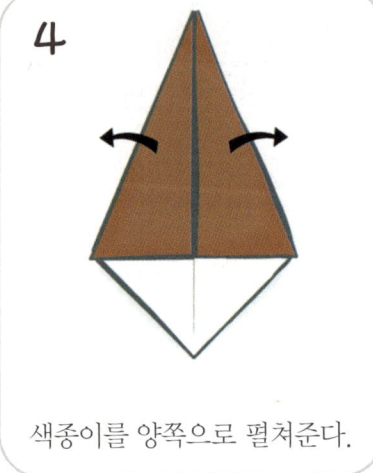

4. 색종이를 양쪽으로 펼쳐준다.

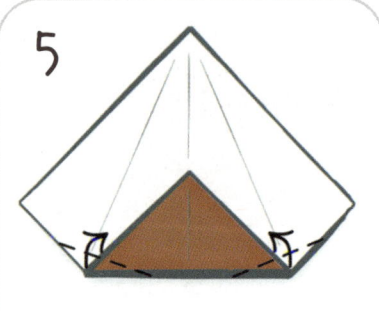

5. 색종이 아랫부분을 중심선에서 약간의 여유분을 두고 살짝 안쪽으로 접어 올린다.

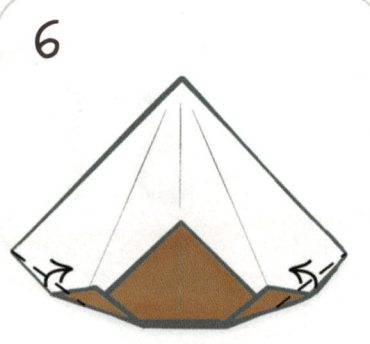

6

색종이 아랫부분을 이등분선에서 살짝 안쪽으로 접어 올린다.

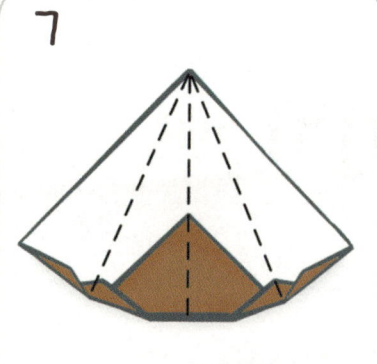

7

색종이를 점선대로 접어 삼각뿔 모양으로 만든다.

8 트리 밑단 부분을 완성한다. 밑단 위에 트리 대, 중, 소 크기의 단을 차례로 올려 트리를 완성한다.

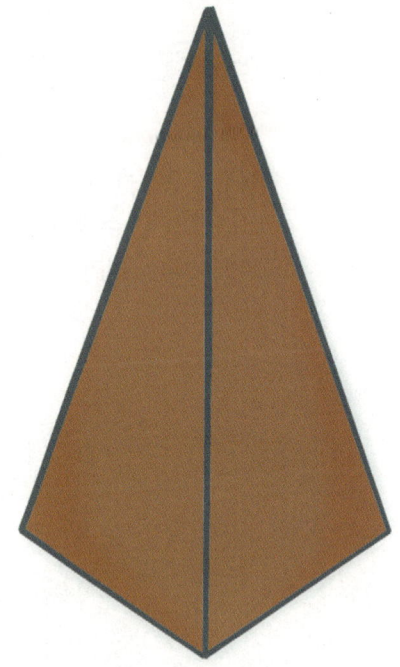

트리 밑단 접기

크리스마스 트리를 만들 때 크기가 다른 종이를 각각 4장씩 연결하여 4면의 긴 모서리 부분이 사각 모양을 이루어 중심을 잡을 수 있도록 붙여주세요. 크기가 다른 사각의 트리 단 부분을 중심부분에 맞추어 차례로 붙여주고 트리 밑단 부분은 삼각 뿔 모양이 되도록 접어주세요. 삼각 뿔 모양의 트리 밑단을 사각 모양의 트리에 중심을 잘 잡아 붙여주어야 트리가 똑바로 잘 세워진답니다. 트리의 중심을 잡기 어려우면 휴지 심과 같은 원기둥 모양을 트리의 밑단으로 사용하여도 좋아요.

종이접기

시장을 봐왔어요!
냉장고 꾸미기

31

색지를 이용해서 냉장고를 만들고, 여러 가지 과일과 야채, 조개 등을 만들어 넣어보세요. 과일과 야채를 넣을 수 있도록 냉장고 안쪽에 냉장고 칸을 양면 테이프로 붙여주고 색연필과 사인펜으로 꾸며주세요. 여러 가지 모양의 냉장고를 만들어 소꿉놀이로도 활용할 수 있어요.

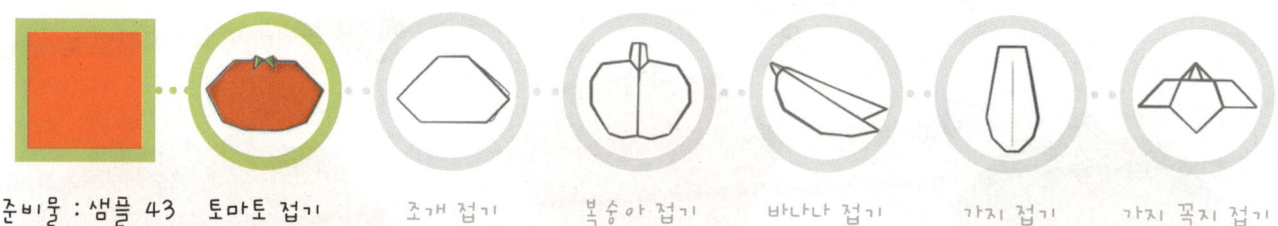

준비물:샘플 43   토마토 접기   조개 접기   복숭아 접기   바나나 접기   가지 접기   가지 꼭지 접기

1 토마토 접기

색종이 윗면을 오등분하여 꼭지를 접고 양쪽 면을 안쪽으로 접어 토마토를 만들어 보세요.

1

색종이를 가로와 세로 방향으로 이등분이 되도록 안쪽으로 접었다 펴준다.

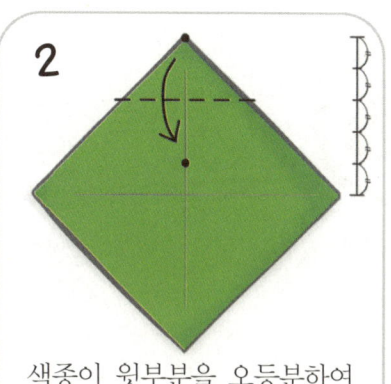

2

색종이 윗부분을 오등분하여 1/5 부분에 닿도록 안쪽으로 접어 내린다.

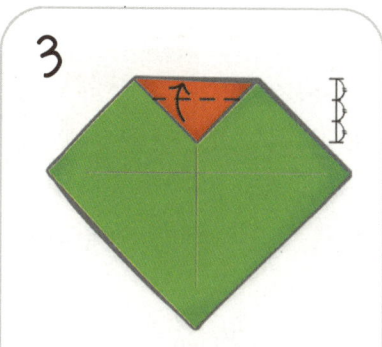

3

접어 내린 색종이를 다시 삼등분하여 1/3 부분에서 안쪽으로 접어 올린다.

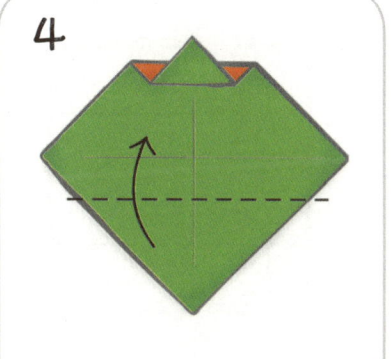

4

색종이 아랫부분을 안쪽으로 접어 올린다.

5

중심선에 맞추어 안쪽으로 이등분이 되도록 안쪽으로 접었다 펴준다.

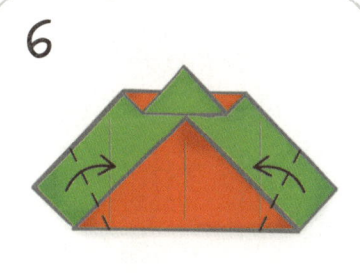

6

양쪽 모서리 부분을 사선 방향으로 안쪽 접기한다.

7 색종이 윗부분에 살짝 가위집을 넣어주고 색종이를 뒤집기 한다.

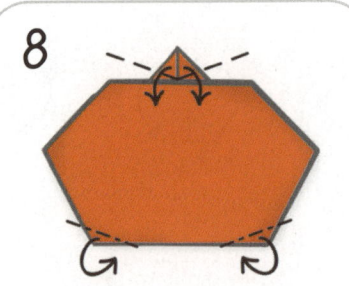

8 색종이 윗부분을 안쪽으로 살짝 접어 내리고, 아래쪽의 모서리 부분을 바깥쪽으로 살짝 접는다.

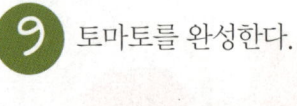

9 토마토를 완성한다.

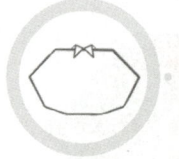   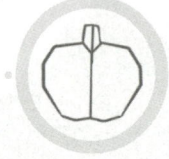  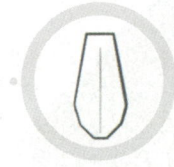 

토마토 접기 · 준비물:샘플 44 · 조개 접기 · 복숭아 접기 · 바나나 접기 · 가지 접기 · 가지 꼭지 접기

2 조개 접기

색종이를 사등분하여 모서리 부분을 안쪽으로 접어 조개를 만들어 보세요.

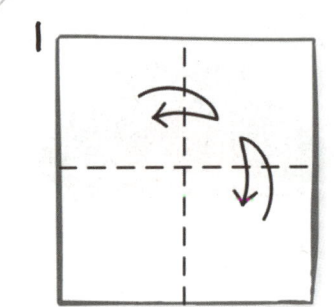

1 색종이를 가로와 세로 방향으로 이등분이 되도록 안쪽으로 접었다 펴준다.

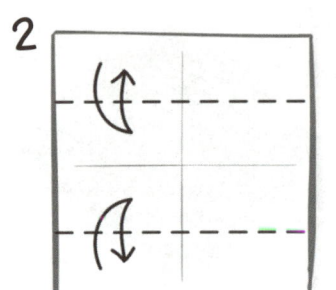

2 중심선에 맞추어 이등분이 되도록 안쪽으로 접었다 펴준다.

3
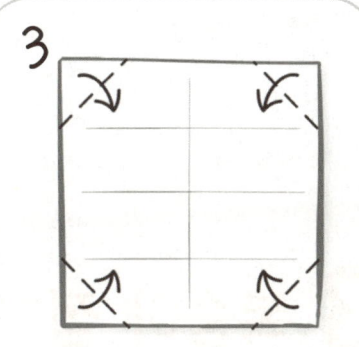
모서리 부분을 등분선에 맞추어 안쪽으로 접는다.

4
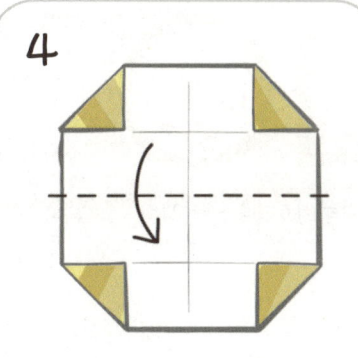
색종이를 이등분이 되도록 안쪽으로 접어 내린다.

5
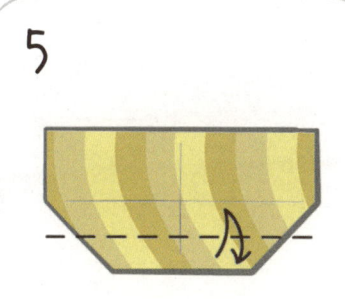
중심선에 맞추어 이등분이 되도록 안쪽으로 접었다 펴준다.

6
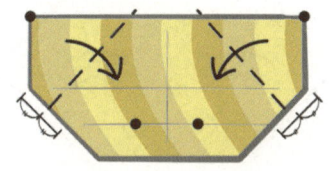
중심선에서 이등분이 되는 선의 옆면 1/2 부분에서 사선으로 접어 내린다. 이때, 중심선에서 약간의 여유분을 두고 접어 내린다.

7
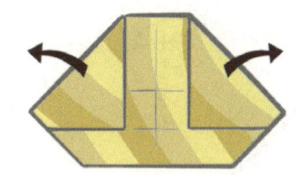
접어 내려진 색종이 부분을 바깥쪽으로 펴준다.

8
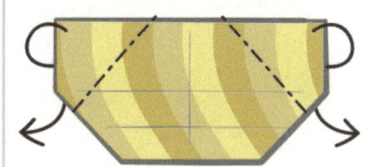
양쪽 모서리 부분을 바깥 접기하여 안쪽으로 넣어준다.

9 조개를 완성한다.

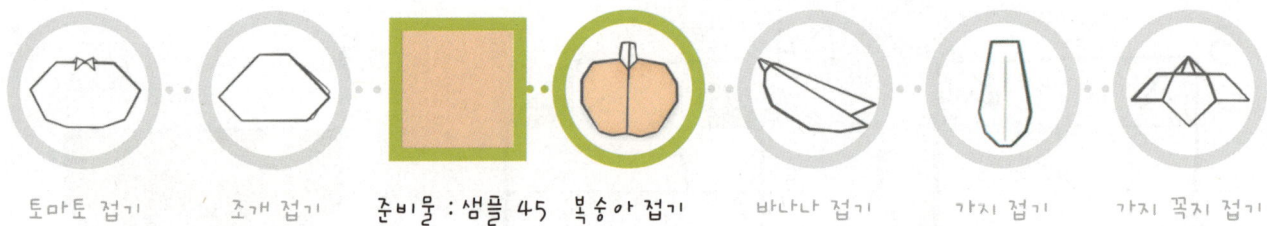

3 복숭아 접기

아이스크림 접기 선을 이용하여 복숭아를 접어 보세요.

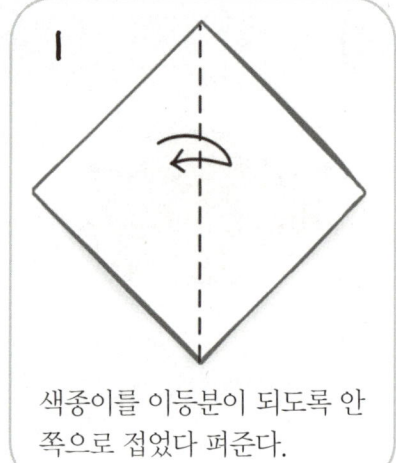

1
색종이를 이등분이 되도록 안쪽으로 접었다 펴준다.

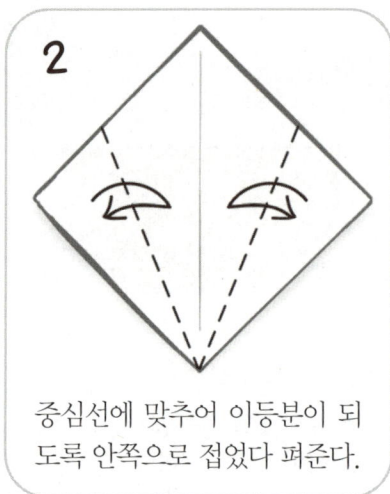

2
중심선에 맞추어 이등분이 되도록 안쪽으로 접었다 펴준다.

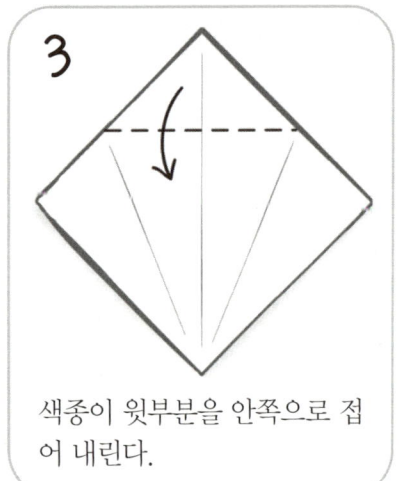

3
색종이 윗부분을 안쪽으로 접어 내린다.

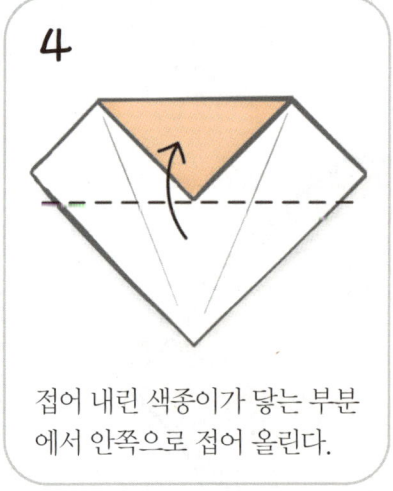

4
접어 내린 색종이가 닿는 부분에서 안쪽으로 접어 올린다.

5
색종이를 이등분이 되도록 안쪽으로 접으면서 점선대로 펼쳐 눌러 접기한다.

6
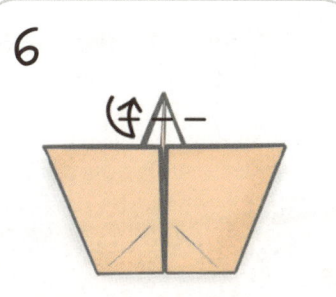
색종이 윗부분을 이등분이 되도록 안쪽으로 접었다 펴준다.

7
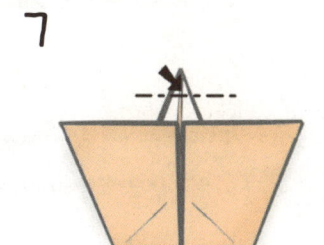
색종이 윗부분을 바깥 접기하여 안쪽으로 넣어준다.

8
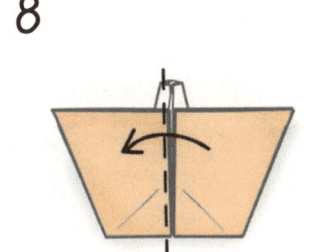
색종이를 이등분이 되도록 안쪽으로 접는다.

9

사선 방향으로 살짝 안쪽으로 접는다.

10
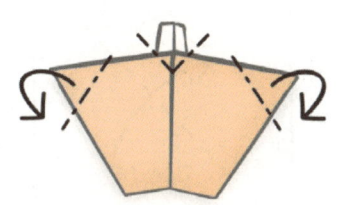
양쪽 모서리 부분을 바깥쪽으로 접고, 색종이 윗부분을 바깥쪽으로 살짝 접는다.

11
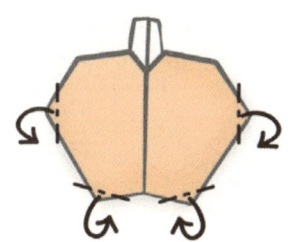
모서리 부분을 바깥쪽으로 살짝 접는다.

12 복숭아를 완성한다.
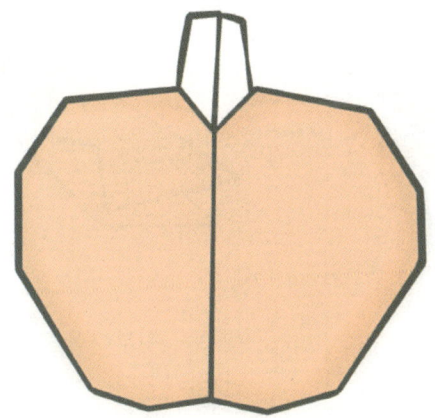

먹음직스런 복숭아 만들기

완성된 복숭아에 작은 잎 모양을 접어 복숭아 꼭지 부분에 살짝 붙여주면 싱싱하고 먹음직스러운 복숭아를 만들 수 있어요.

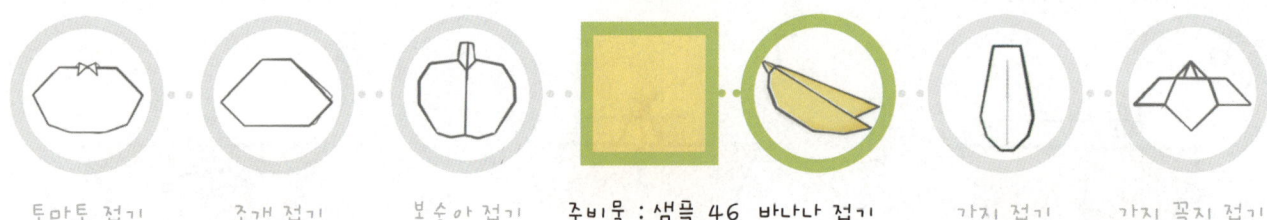

4 바나나 접기

색종이의 삼각 접기를 이용하여 바나나를 만들어 보세요.

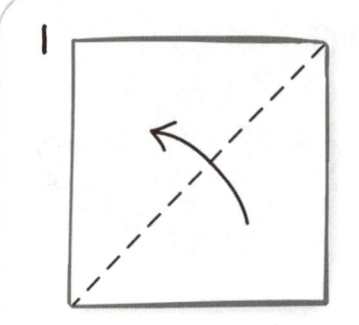

1. 색종이를 사선 방향으로 이등분이 되도록 안쪽으로 접어 올린다.

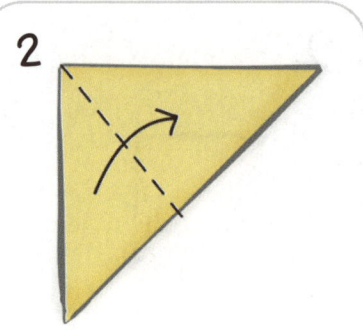

2. 색종이를 사선 방향으로 접어 올린다.

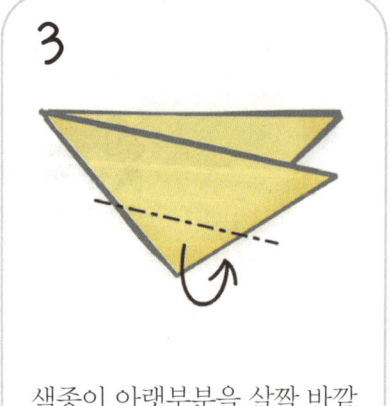

3. 색종이 아랫부분을 살짝 바깥 접기한다.

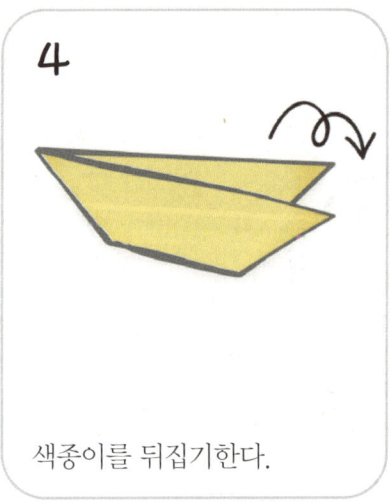

4. 색종이를 뒤집기한다.

5. 색종이 윗부분을 점선대로 계단 접기한다.

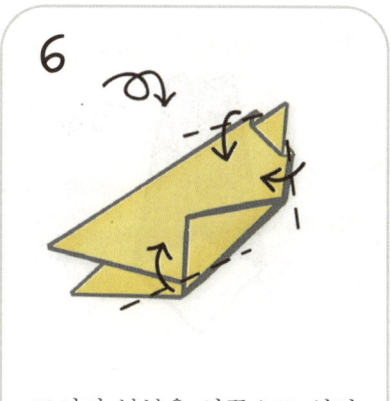

6
모서리 부분을 안쪽으로 살짝 접는다. 색종이를 뒤집기한다.

7 바나나를 완성한다.

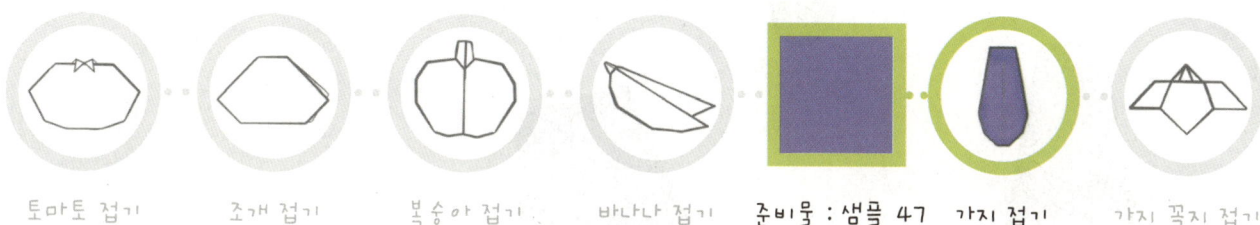

토마토 접기 · 조개 접기 · 복숭아 접기 · 바나나 접기 · 준비물 : 샘플 47 · 가지 접기 · 가지 꼭지 접기

5 가지 접기

아이스크림 접기를 이용하여 가지 몸통 부분을 접어보세요.

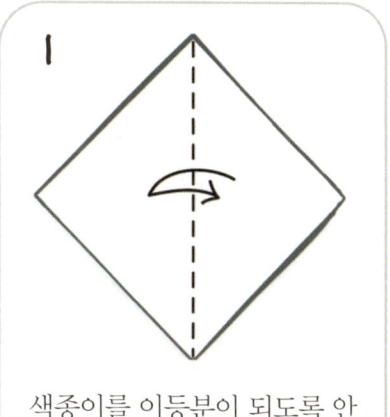

1
색종이를 이등분이 되도록 안쪽으로 접었다 펴준다.

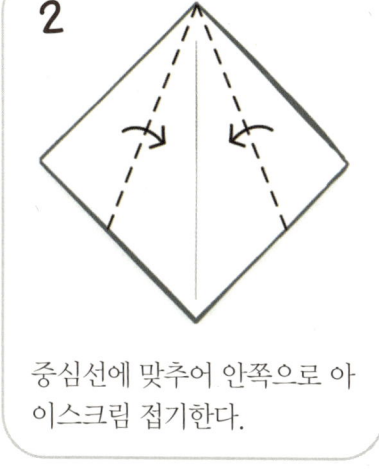

2
중심선에 맞추어 안쪽으로 아이스크림 접기한다.

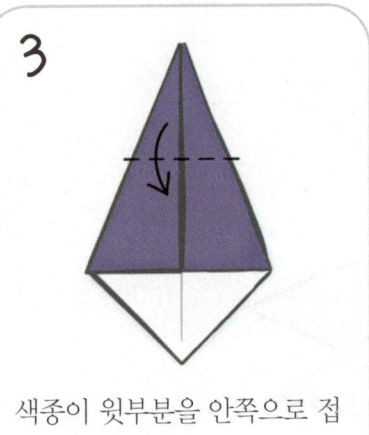

3

색종이 윗부분을 안쪽으로 접어 내린다.

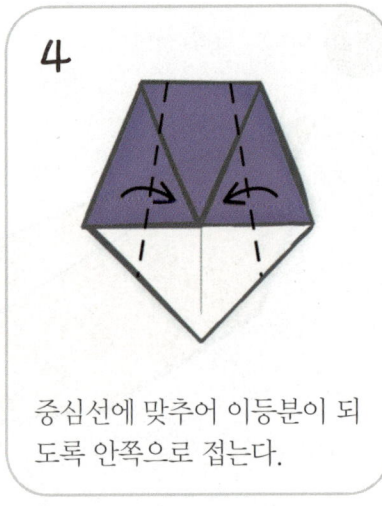

4

중심선에 맞추어 이등분이 되도록 안쪽으로 접는다.

5

색종이를 뒤집기한다.

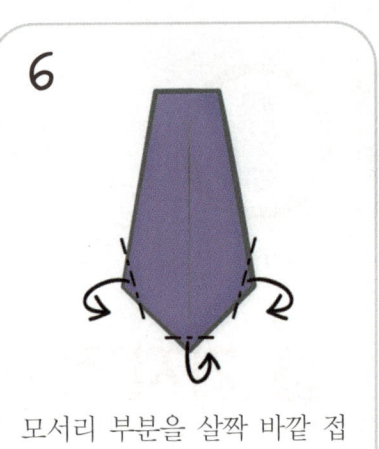

6

모서리 부분을 살짝 바깥 접기한다.

7 가지를 완성한다.

시장 놀이에 활용하기

색종이의 길이와 크기를 다르게 하여 가지를 접어주면 크고 작은 싱싱한 가지들을 만들 수 있어요. 여러 가지 야채들을 다양한 크기로 접어 시장 놀이에도 활용할 수 있어요.

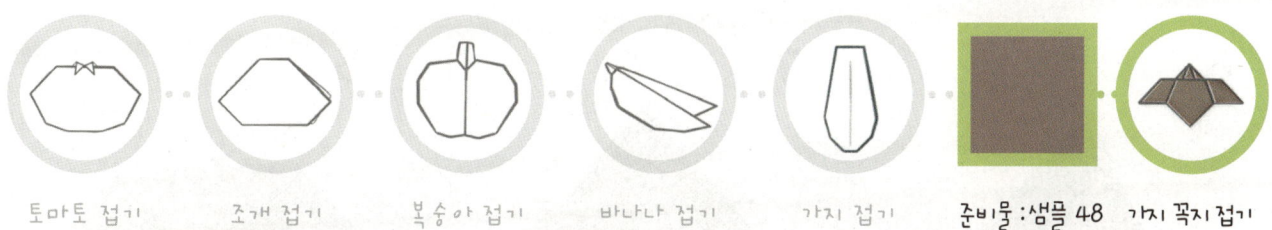

6 가지 꼭지 접기

삼각 접기를 이용하여 가지의 꼭지 부분을 접어 보세요.

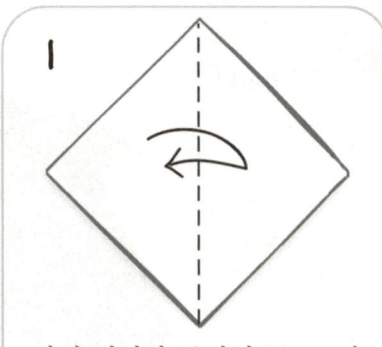

1. 가지 접기한 종이의 1/4 크기를 사용한다. 색종이를 이등분이 되도록 안쪽으로 접었다 펴준다.

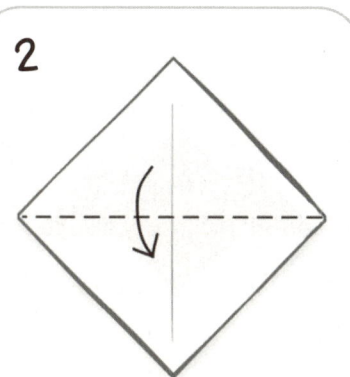

2. 색종이를 이등분이 되도록 안쪽으로 접어 내린다.

3. 색종이 한쪽 면을 사선 방향으로 안쪽 접기한다.

4. 색종이 한쪽 면을 중심선에 맞추어 안쪽으로 접는다.

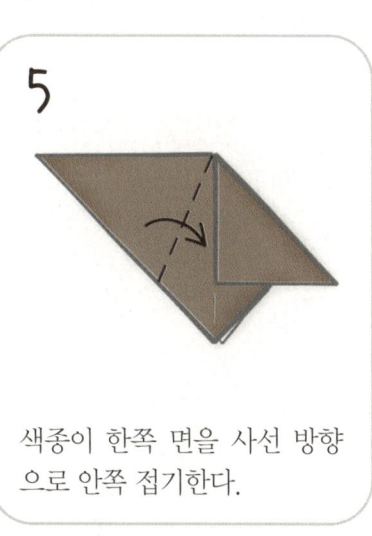

5. 색종이 한쪽 면을 사선 방향으로 안쪽 접기한다.

6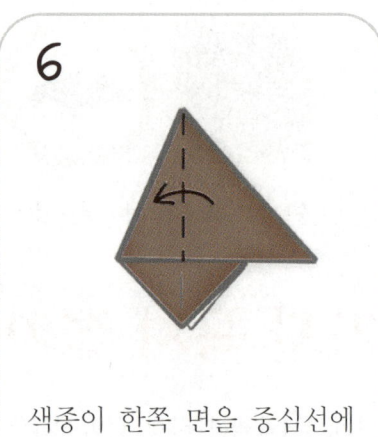
색종이 한쪽 면을 중심선에 맞추어 안쪽으로 접는다.

7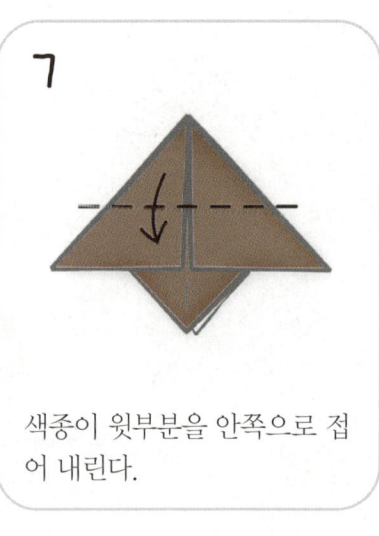
색종이 윗부분을 안쪽으로 접어 내린다.

8
색종이를 여유분을 두고 안쪽으로 접어 올리고, 색종이를 뒤집기한다.

9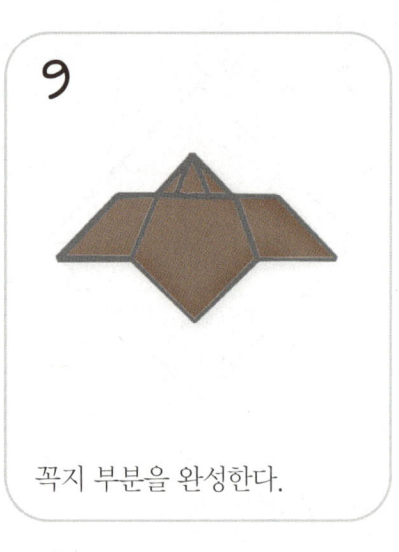
꼭지 부분을 완성한다.

10 가지에 꼭지 부분을 붙여 완성한다.

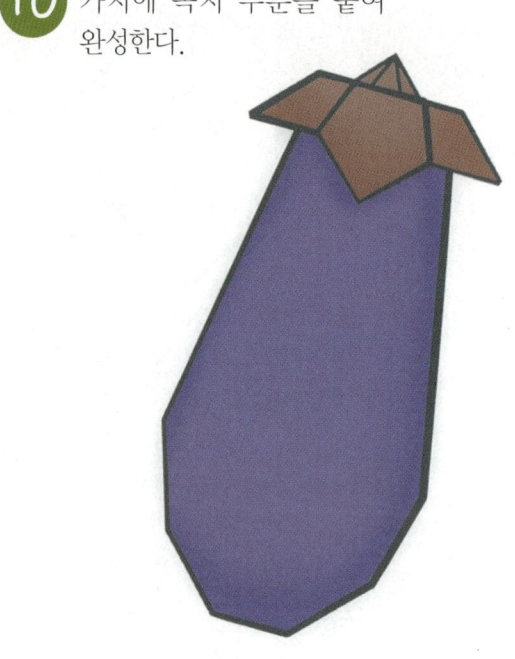

가슴에 달아볼까?
장미꽃 모빌 접기

종이접기

32

예쁜 장미꽃을 닮은 모빌을 만들어 보세요. 기본 문양 접기를 응용하면 여러 가지 모양의 다양한 모빌을 만들 수 있어요.

장미꽃 모양의 문양을 6개 접고, 정사각형이 되도록 연결하여 붙여주세요. 장미꽃 모양의 중앙 부분을 색구슬이나 예쁜 털실을 작게 뭉쳐 붙여주면 화려한 꽃술을 단 장미꽃 모빌을 만들 수 있어요. 또 장미꽃 문양의 뒷면에 핀을 달아 브로치로도 활용할 수 있답니다.

준비물 : 샘플 49   장미꽃 모빌 접기

장미꽃 모빌 접기

문양 접기를 응용하여 장미꽃 모양을 만들고 꽃잎 부분을 돌돌 말아 입체감을 살려 주세요.

1. 색종이를 이등분이 되도록 안쪽으로 접었다 펴준다.

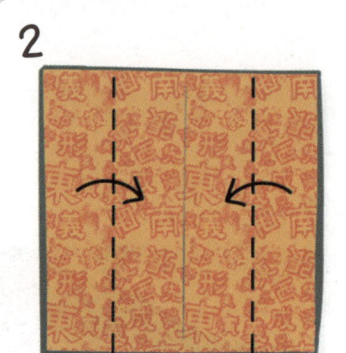

2. 중심선에 맞추어 안쪽으로 문 접기한다.

3. 이등분이 되도록 안쪽으로 접었다 펴준다.

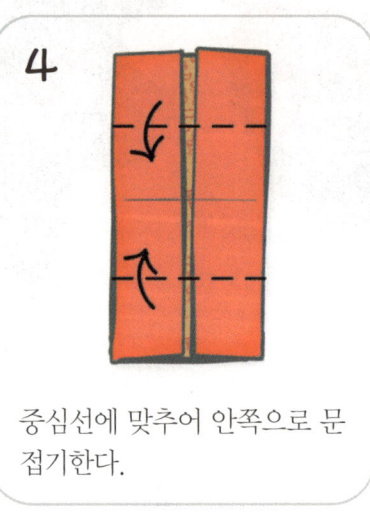

4. 중심선에 맞추어 안쪽으로 문 접기한다.

5. 중심선에 맞추어 안쪽으로 삼각 모양이 되도록 접는다.

6
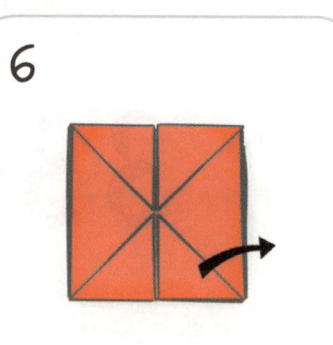

접혀진 삼각 모양을 바깥쪽으로 당겨준다.

7
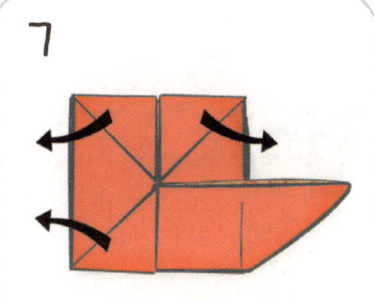

4면 모두 바깥쪽으로 당겨준다.

8
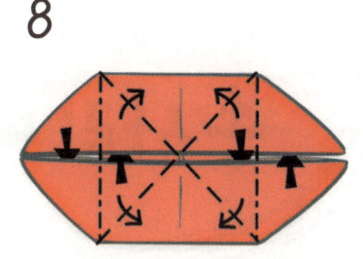

색종이를 바깥쪽으로 펼쳐 눌러 접기한다.

9

4면 모두 중심선에 맞추어 이등분이 되도록 안쪽으로 접었다 펴준다.

10
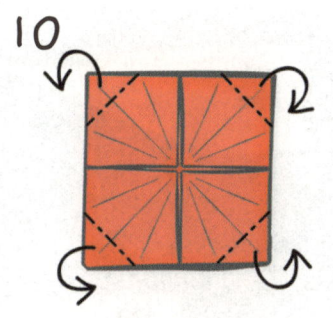

모서리 부분을 바깥쪽으로 접는다.

11
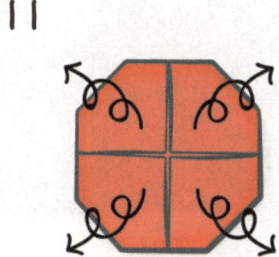

4면 모두 바깥쪽으로 돌돌 말아준다.

12
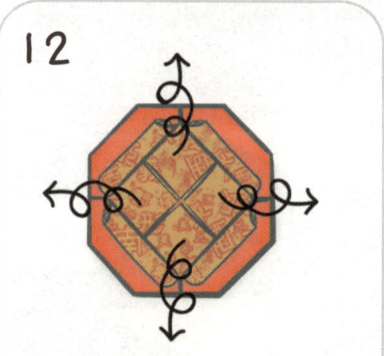

색종이 안쪽 4면 모두 바깥쪽으로 돌돌 말아준다.

13
같은 모양을 6개 접어 장미 모빌을 완성한다.

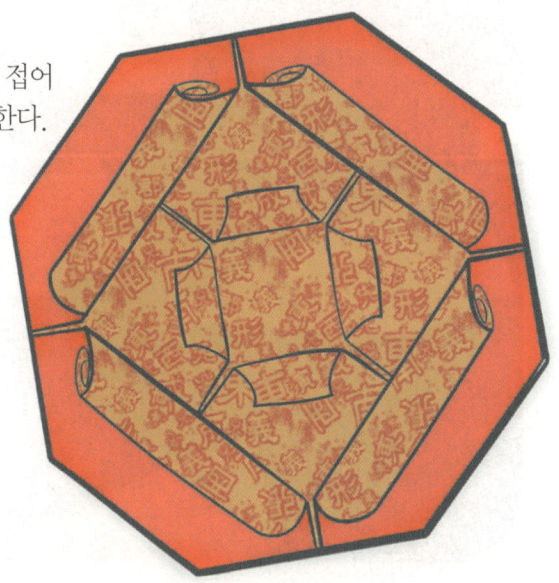

연못가에 숨어있는
송사리 떼 접기

33

작은 연못가에서 떼지어 다니는 귀여운 물고기 송사리들을 크기가 다른 색종이를 이용하여 접어보세요. 물결무늬가 있는 종이나 색골판지 위에 크고 작은 송사리들을 붙여주세요. 도화지에 사인펜이나 파스텔을 이용하여 잔잔한 물결들을 그려주어도 좋아요.

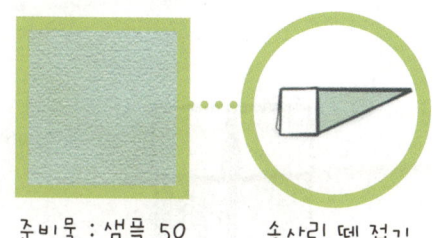

준비물 : 샘플 50 　 송사리 떼 접기

송사리 떼 접기

물고기 느낌을 잘 살릴 수 있는 반짝이 종이로 송사리를 접어보세요. 색종이로 송사리를 접고 은색 반짝이 풀을 송사리의 배 부분에 살짝 칠해주어도 좋아요.

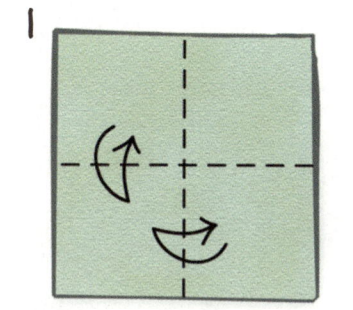

1 색종이를 가로와 세로 방향으로 이등분이 되도록 안쪽으로 접었다 펴준다.

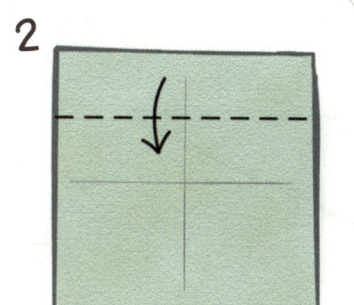

2 색종이 윗부분을 중심선에 맞추어 이등분이 되도록 안쪽으로 접어 내린다.

3 색종이를 뒤집기한다.

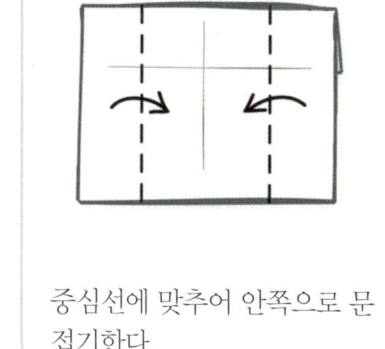

4 중심선에 맞추어 안쪽으로 문 접기한다.

> 송사리는 논가나 물살이 거의 없는 얕은 물에 사는 작은 물고기예요. 그래서 고인 물에서 번식하는 모기 유충의 강력한 천적으로 유익한 물고기이기도 하답니다. 또 환경호르몬에도 민감한 반응을 보이는 물고기로 일본에서는 수질문제와 환경문제 개선에 송사리를 훌륭한 자원으로 연구하여 활용하고 있대요.

연못가에 숨어있는 송사리 떼 접기 · 183

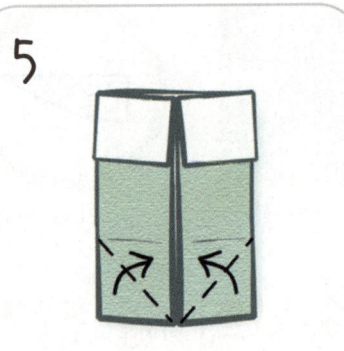

5

색종이 아랫부분을 안쪽으로 접어 올린다.

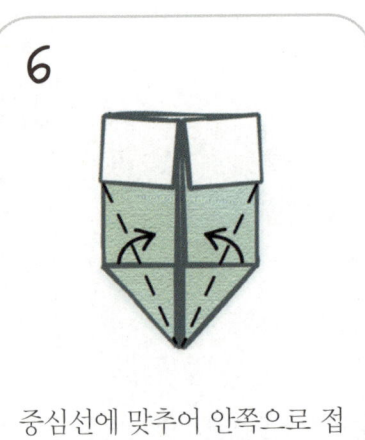

6

중심선에 맞추어 안쪽으로 접는다.

7

색종이를 이등분이 되도록 안쪽으로 접는다.

8 송사리를 완성한다.

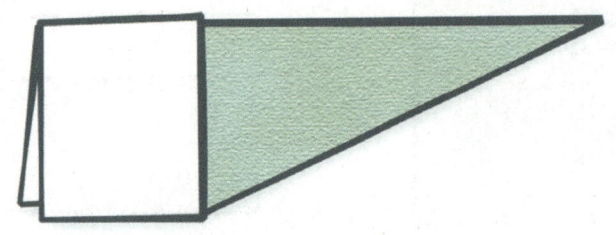

송사리 비늘과 지느러미 꾸미기

송사리 접기를 응용하여 여러 가지 물고기를 만들어 보세요. 종이의 크기를 다르게 하여 접어보고, 색 사인펜을 이용하여 여러 가지 물고기들의 특징을 살릴 수 있는 물고기 비늘을 그려보세요. 색종이를 이용하여 멋진 꼬리 지느러미를 만들어 붙여주면 화려한 열대 물고기들도 만들 수 있답니다.

발레를 해볼까?
호수 위의 백조 접기

34

아름다운 백조가 고요한 호수 위를 헤엄치고 있는 모습을 꾸며 보세요. 이제 막 날갯짓을 하려는 우아한 백조 만들기예요.
백조의 날개 부분을 접을 때, 완전히 뒤집기하여 둥글게 백조의 날개 부분을 손으로 다듬어 주면 더 예쁘고 우아하게 날개를 펴려는 백조의 모습을 볼 수 있어요.

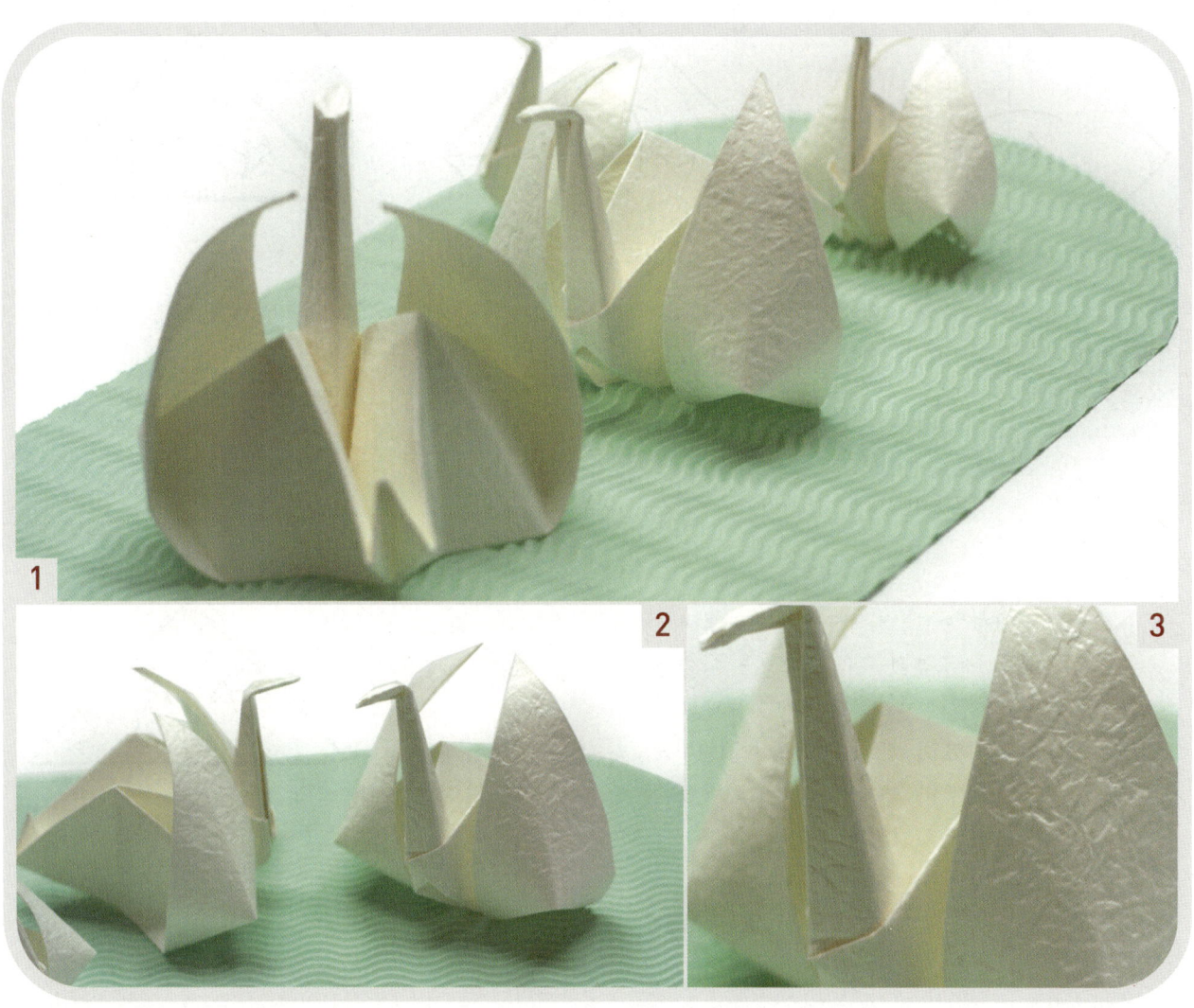

준비물 : 샘플 51 　　백조 접기

백조 접기

삼각 접기에서 모서리 부분을 모두 이등분이 되도록 안쪽으로 모아 접으면 우아한 모양의 백조를 만들 수 있어요.

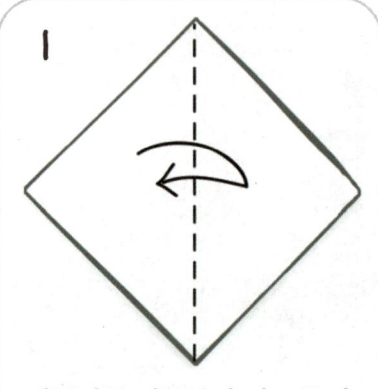

1. 색종이를 이등분이 되도록 안쪽으로 접었다 펴준다.

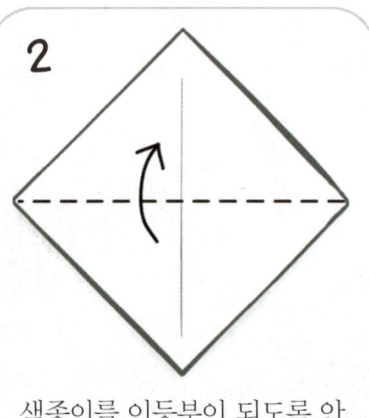

2. 색종이를 이등분이 되도록 안쪽으로 접어 올린다.

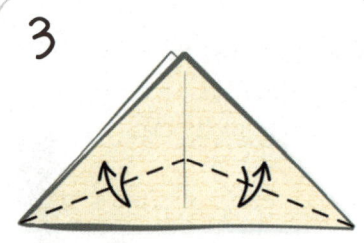

3. 양쪽 모서리 부분을 이등분이 되도록 안쪽으로 접었다 펴준다.

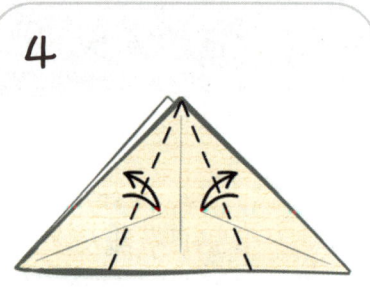

4. 중심선에 맞추어 이등분이 되도록 안쪽으로 접었다 펴준다.

백조는 주로 10월에 도래하여 3~4월에 되돌아가는 겨울새예요. 예로부터 우리 조상들은 새하얀 백조가 많이 날아오는 해에는 풍년이 든다고 하였고, 백조는 평화를 상징하기도 해 천연기념물 201호로 지정되어 보호되고 있답니다.

5
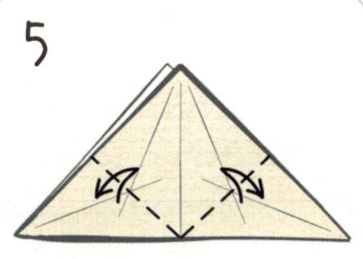
양쪽 모서리 부분을 중심선에 맞추어 이등분이 되도록 안쪽으로 접었다 펴준다.

6
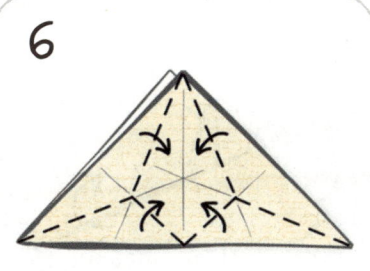
점선대로 접어 중심으로 모아 입체로 만든다.

7
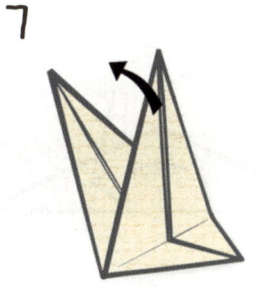
입체로 세워진 색종이 면을 아래로 내려 평면을 만든다.

8
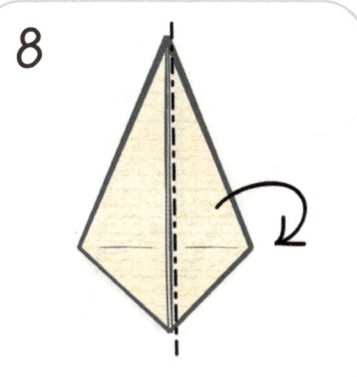
색종이를 이등분이 되도록 바깥쪽으로 접는다.

9

색종이 앞부분을 바깥 접기하여 안쪽으로 넣어준다.

10
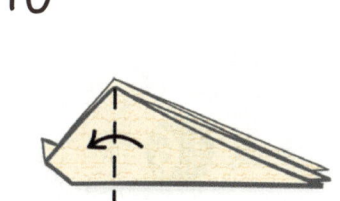
색종이 한 매만을 안쪽으로 접는다.

11
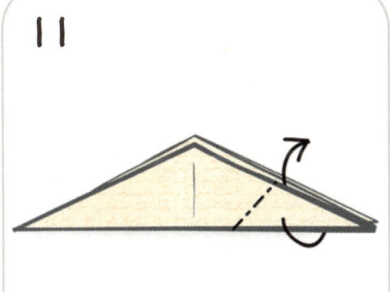
색종이를 바깥 접기하여 안쪽으로 넣어준다.

12
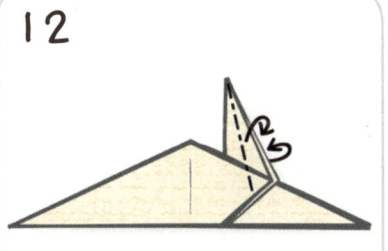
색종이를 이등분이 되도록 바깥 접기하여 안쪽으로 넣어준다.

13
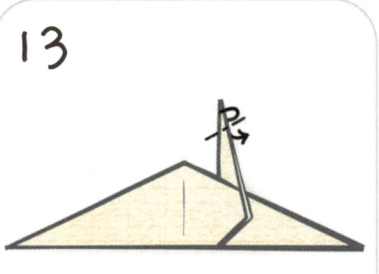
색종이 윗부분을 바깥 접기하여 안쪽으로 넣어준다.

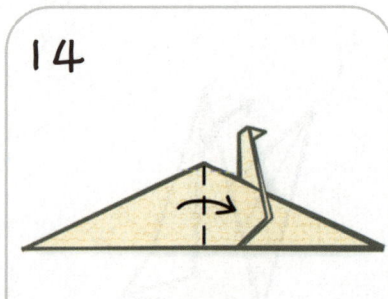

색종이 한 매만 안쪽으로 접는다.

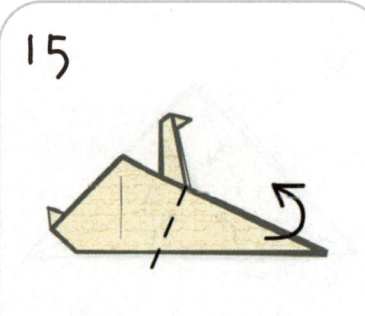

사선 방향으로 안쪽 접기하여 완전히 뒤집어 준다.

16 백조의 날개 부분 양쪽 모두 안쪽 접기하여 완전히 뒤집어 주고, 백조를 완성한다.

하늘 위로 붕붕, 공중 곡예 비행기 접기

35

하늘 위에서 멋진 곡예를 부리는 공중 곡예 비행기를 만들어 보세요. 여러 가지 색의 리본 끈을 비행기 꼬리 부분에 달고, 리본 끈을 이용하여 예쁜 모양들을 하늘 가득 꾸며보세요. 하늘에서 다양한 묘기를 하는 곡예 비행기를 볼 수 있답니다.

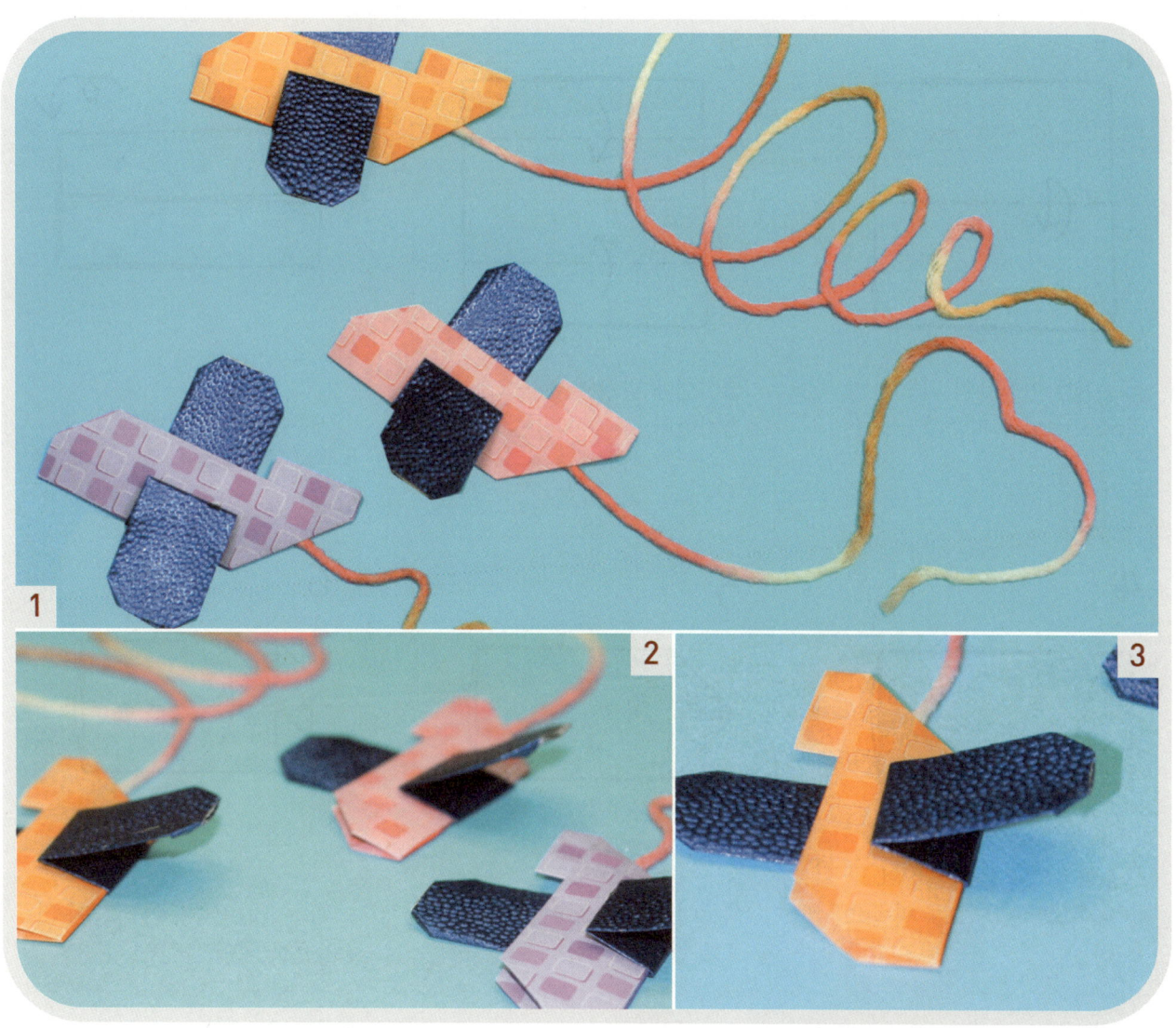

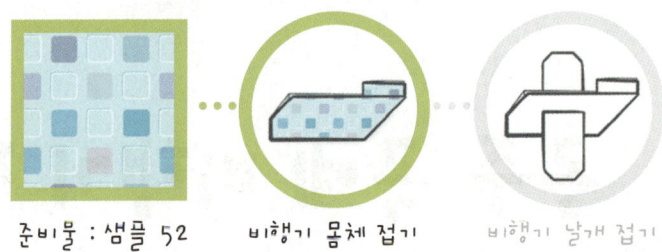

1 비행기 몸체 접기

문 접기를 이용하여 비행기 몸체 부분을 접어 보세요.

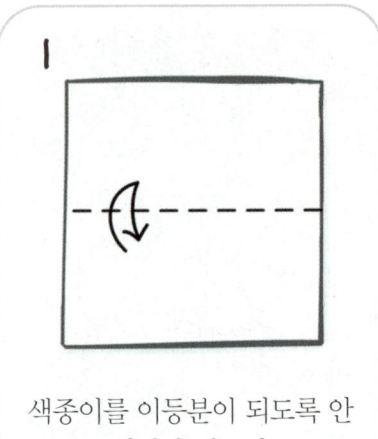

1. 색종이를 이등분이 되도록 안쪽으로 접었다 펴준다.

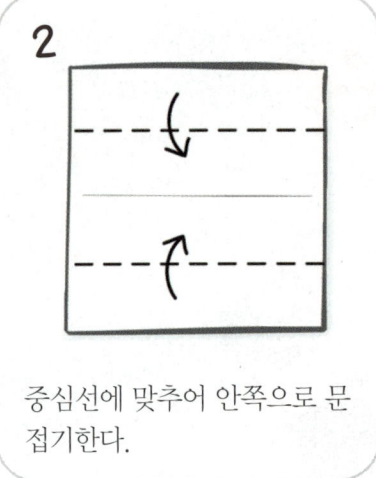

2. 중심선에 맞추어 안쪽으로 문 접기한다.

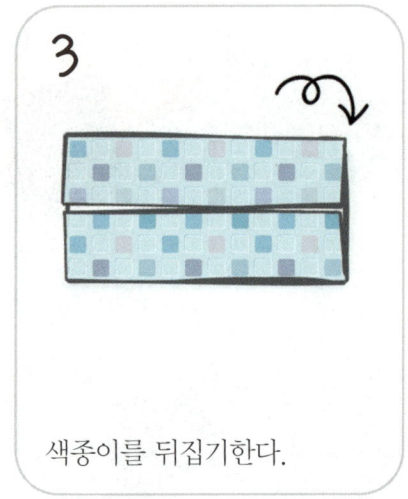

3. 색종이를 뒤집기한다.

4. 색종이 앞부분을 중심선에 맞추어 이등분이 되도록 안쪽으로 접는다.

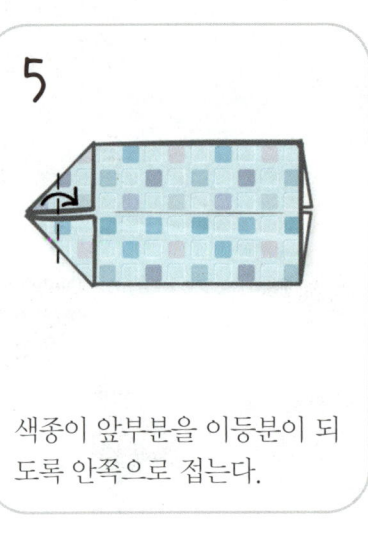

5. 색종이 앞부분을 이등분이 되도록 안쪽으로 접는다.

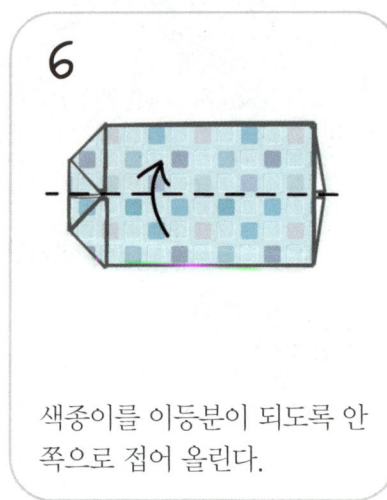

6. 색종이를 이등분이 되도록 안쪽으로 접어 올린다.

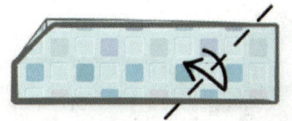

7

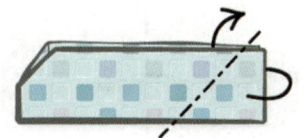

8

9 비행기 몸체 부분을 완성한다.

색종이 뒷부분을 사선 방향이 되도록 안쪽으로 접었다 펴준다.

색종이 뒷부분을 바깥 접기하여 안쪽으로 넣어준다.

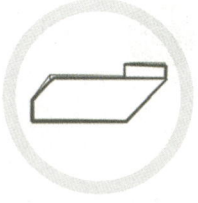

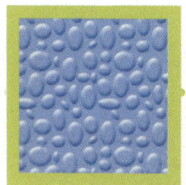
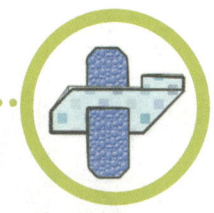

비행기 몸체 접기 　　준비물 : 샘플 53　　비행기 날개 접기

2 비행기 날개 접기

비행기 몸체 부분과 같은 크기의 색종이를 문 접기하여 비행기 날개 부분을 만들어 보세요.

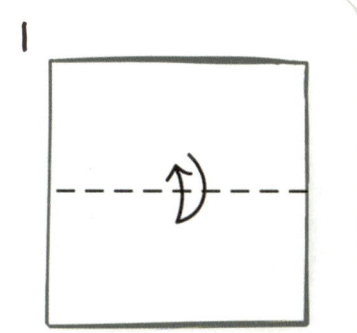

1

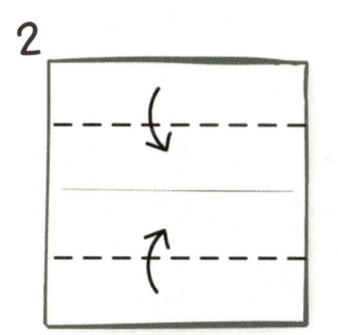

2

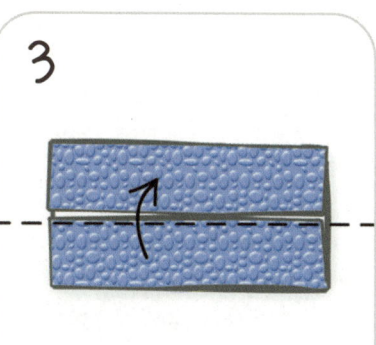

3

색종이를 이등분이 되도록 안쪽으로 접었다 펴준다.

중심선에 맞추어 안쪽으로 문 접기한다.

색종이를 이등분이 되도록 안쪽으로 접어 올린다.

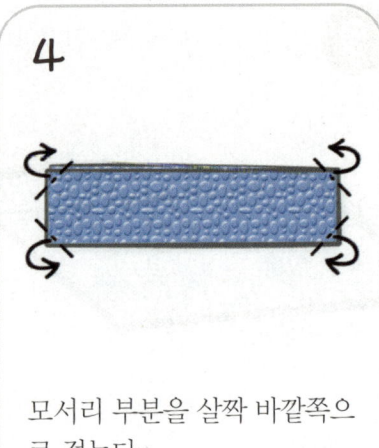

4

모서리 부분을 살짝 바깥쪽으로 접는다.

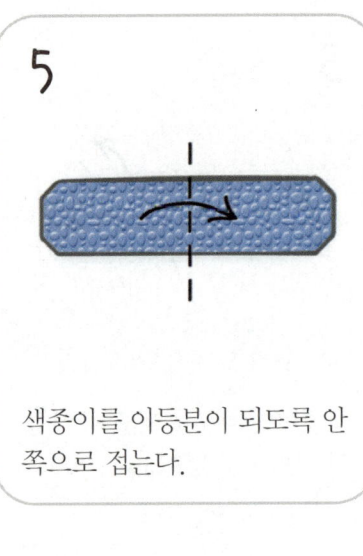

5

색종이를 이등분이 되도록 안쪽으로 접는다.

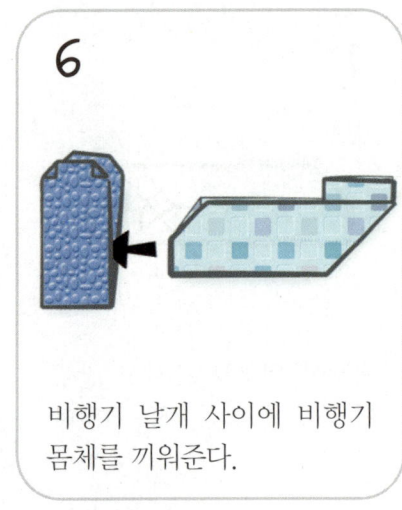

6

비행기 날개 사이에 비행기 몸체를 끼워준다.

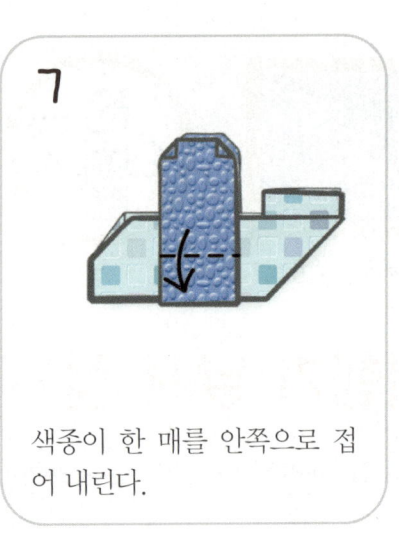

7

색종이 한 매를 안쪽으로 접어 내린다.

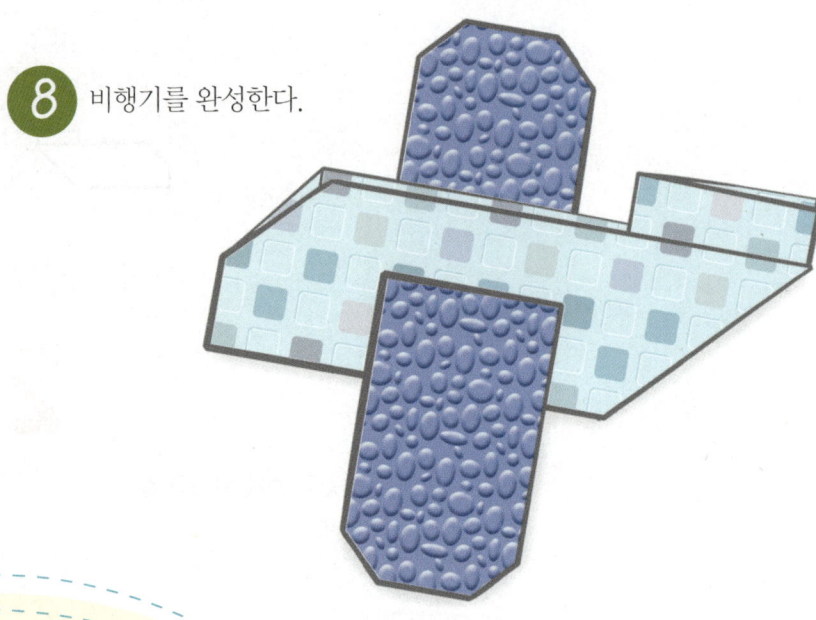

❽ 비행기를 완성한다.

비행기가 하늘을 잘 날 수 있는 것은 공기의 성질을 이용한 것이랍니다. 공기의 속도가 빨라지면 압력이 낮아지고, 공기의 속도가 느려지면 압력이 높아지는 베르누이 원리를 이용한 거래요. 비행기가 앞으로 나갈 때, 날개 위쪽 공기의 속도가 빠르고 날개 아랫부분의 속도가 느리기 때문에 날개 아래쪽의 압력이 무거운 비행기를 밀어 올려 비행기가 하늘을 날 수 있도록 한답니다.

빨랫줄에 빨래를 널어요!
옷 접기

종이접기

36

파아란 하늘에 빨랫줄을 만들고 빨래를 널어보세요. 예쁜 원피스와 치마도 널고, 셔츠와 바지도 만들어 널어 주세요. 작은 양말이나 수건은 예쁜 무늬 색종이를 가위로 오려 만들어 보세요.

1 원피스 접기

문 접기에서 시작하여 원피스를 접어 보세요. 원피스 밑단 부분에 가위집을 내어 자유로이 변형시켜도 좋아요.

1

색종이를 이등분이 되도록 안쪽으로 접었다 펴준다.

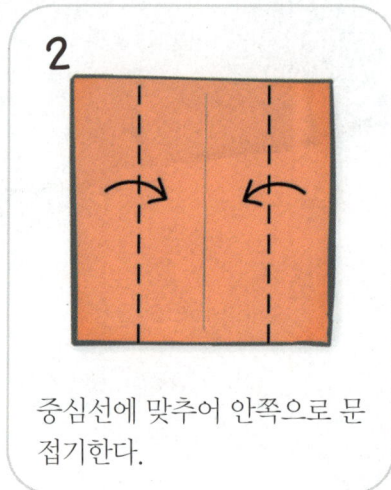

2

중심선에 맞추어 안쪽으로 문 접기한다.

3

색종이를 뒤집기한다.

4

색종이를 이등분이 되도록 안쪽으로 접어 올린다.

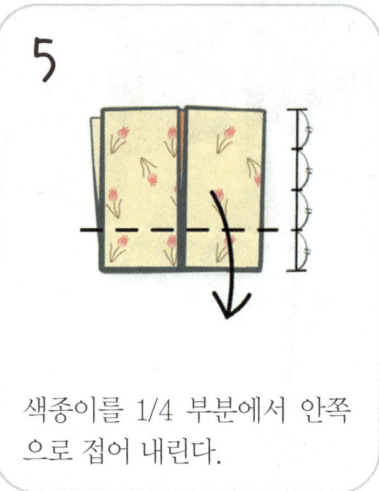

5

색종이를 1/4 부분에서 안쪽으로 접어 내린다.

6
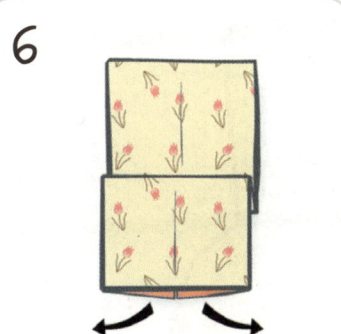
색종이 아랫부분을 바깥쪽으로 잡아 당겨 접는다.

7

색종이를 뒤집기한다.

8
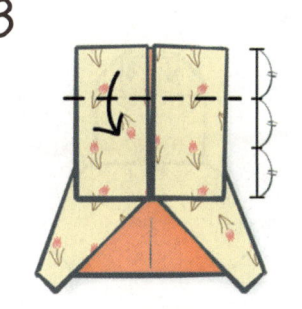
색종이 윗부분을 1/3 부분에서 안쪽으로 접어 내린다.

9

색종이를 펼쳐 눌러 접기한다.

10
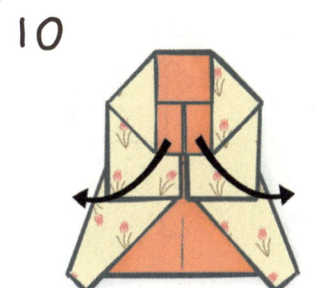
색종이를 바깥쪽으로 펼쳐 접는다.

11
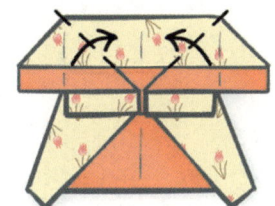
중심선에 맞추어 안쪽으로 접어 올린다.

12
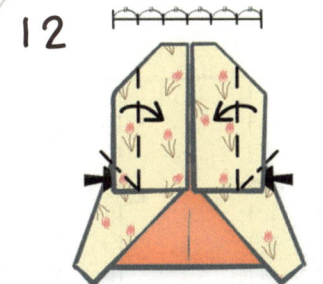
1/6 부분에서 안쪽 접기하며, 양쪽 모서리 부분을 펼쳐 눌러 접기한다.

13
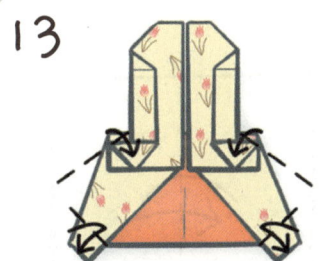
양쪽 모서리 부분을 사선 방향으로 안쪽 접기하고, 색종이 아랫부분을 안쪽으로 접었다 펴준다.

14

색종이 아랫부분을 바깥 접기하여 안쪽으로 넣어주고, 색종이를 뒤집기한다.

15

색종이 윗부분을 안쪽으로 접어 내린다.

16 원피스를 완성한다.

원피스 접기 · 준비물 : 샘플 55 · 셔츠 접기 · 바지 접기 · 치마 접기

2 셔츠 접기

문 접기를 이용하여 셔츠를 접어 보세요.

1

색종이를 이등분이 되도록 안쪽으로 접었다 펴준다.

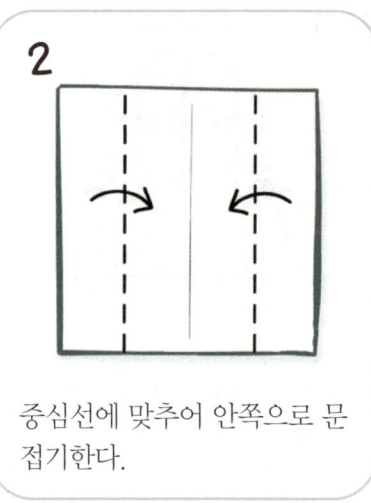

2

중심선에 맞추어 안쪽으로 문 접기한다.

3

색종이를 이등분이 되도록 바깥쪽으로 접는다.

4

색종이 윗부분을 안쪽으로 접어 내린다.

5

색종이를 뒤집기한다.

6

색종이를 사선 방향이 되도록 안쪽으로 접는다.

7
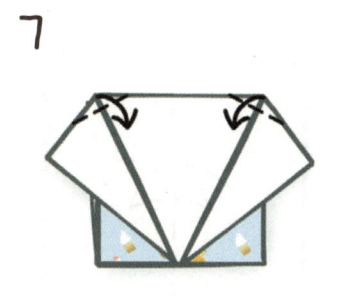

양쪽 모서리 부분을 살짝 안쪽으로 접는다.

8
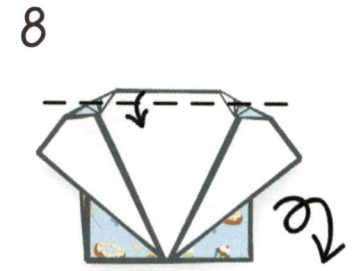

색종이 윗부분을 살짝 안쪽으로 접어 내린다. 색종이를 뒤집기한다.

9 셔츠를 완성한다.

알록 달록 셔츠 꾸미기

셔츠를 만들고 색 사인펜이나 장식 구슬로 셔츠를 꾸며 주세요. 색종이의 길이를 다르게 하여 다양한 셔츠를 만들어 보세요.

3 바지 접기

문 접기를 이용하여 바지를 접어 보세요. 색종이 길이를 조절하여 긴바지와 반바지를 만들어 보세요.

색종이를 이등분이 되도록 안쪽으로 접었다 펴준다.

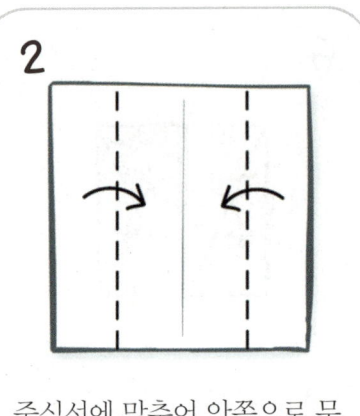

중심선에 맞추어 안쪽으로 문 접기한다.

색종이를 뒤집기한다.

색종이를 이등분이 되도록 안쪽으로 접었다 펴준다.

중심선에 맞추어 이등분이 되도록 안쪽으로 접었다 펴준다.

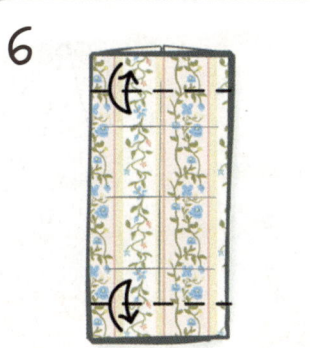

6 이등분선에 맞추어 안쪽으로 접었다 펴준다.

7 이등분선에 맞추어 안쪽으로 접었다 펴준다.

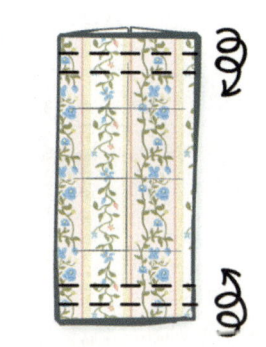

8 점선대로 안쪽으로 말듯이 접어준다.

9 색종이를 이등분이 되도록 바깥쪽으로 접는다.

10 색종이 앞부분을 사선 방향으로 안쪽 접기한다.

11 바지를 완성한다.

멋쟁이 바지 만들기

문 접기를 이용하여 여러 가지 종류의 바지를 만들 수 있어요. 파란색 종이로 멋지게 단을 접어 올린 청바지나 예쁜 주머니 장식이 달린 귀여운 아기 바지도 만들어 보세요. 바지 밑단에 사다리꼴 모양의 종이를 접어 붙여 멋쟁이 나팔바지도 만들 수 있어요.

4 치마 접기

문 접기를 응용하여 치마를 접고 치마 단 부분을 바깥쪽으로 당겨 예쁜 치마 만들기를 해보세요.

1

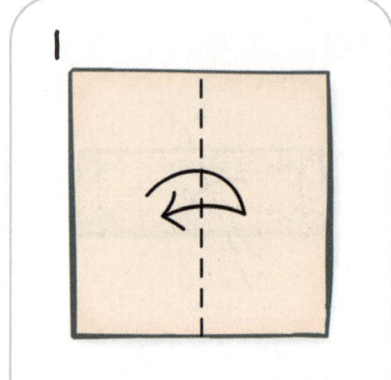

색종이를 이등분이 되도록 안쪽으로 접었다 펴준다.

2

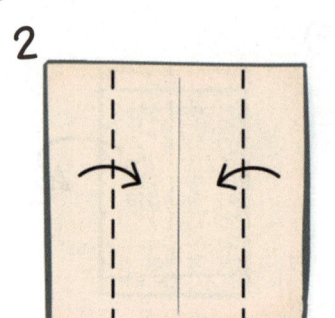

중심선에 맞추어 안쪽으로 문 접기한다.

3

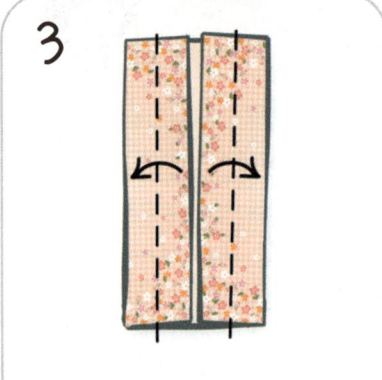

색종이를 이등분이 되도록 안쪽으로 접는다.

4

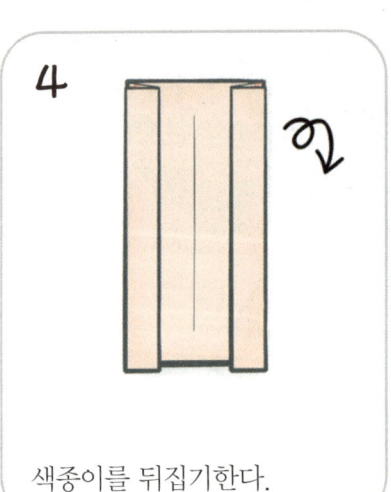

색종이를 뒤집기한다.

5

중심선에 맞추어 안쪽으로 문 접기한다.

6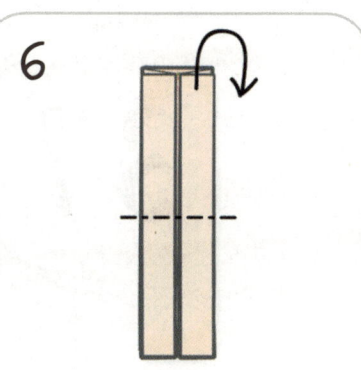
색종이를 이등분이 되도록 바깥쪽으로 접는다.

7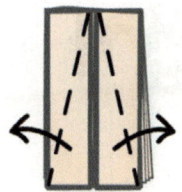
색종이를 사선 방향으로 안쪽 접기한다.

8
양쪽 모서리 부분을 바깥쪽으로 잡아 당겨 접는다.

9 치마를 완성한다.

알콩달콩~
고양이 가족 접기

귀여운 고양이 가족을 만들어 보세요. 다양한 몸통 접기로 귀여운 아기 고양이들을 접어 예쁜 카펫 위에 올려 놓아보세요. 두꺼운 종이로 받침대를 만들어 고양이 뒷면에 붙여주면 입체로 고양이 가족을 세워 놓을 수 있어요.

  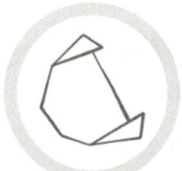   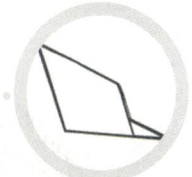

준비물 : 샘플 58 　엄마, 아빠 고양이 얼굴 접기　엄마, 아빠 고양이 몸통 접기　아기 고양이 얼굴 접기　아기 고양이 몸통 접기 1　아기 고양이 몸통 접기 2

1 엄마, 아빠 고양이 얼굴 접기

사각 주머니 접기를 이용하여 고양이 얼굴을 접어 보세요. 모서리 부분을 바깥쪽으로 당겨 고양이 귀 부분을 조절하여 만들어 주세요.

1
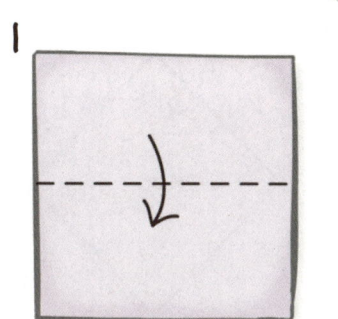
15cm 색종이를 이등분이 되도록 안쪽으로 접어 내린다.

2

색종이를 이등분이 되도록 안쪽으로 접었다 펴준다.

3

중심선에 맞추어 안쪽으로 접는다.

4
색종이 그림
중심선에 맞추어 바깥쪽으로 접는다.

5

색종이를 바깥쪽으로 펼쳐 눌러 접기하여 사각 주머니를 만든다.

6

색종이 한 매만 안쪽으로 접어 올리고, 색종이를 뒤집기한다.

7

색종이 한 매만 안쪽으로 접어 올린다.

8
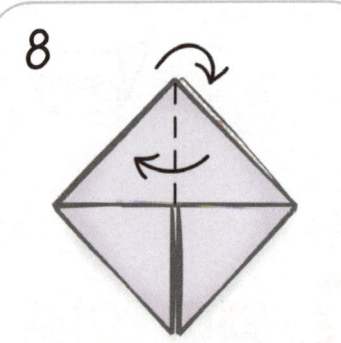
양쪽 면 모두 색종이를 이등분이 되도록 안쪽으로 접는다.

9
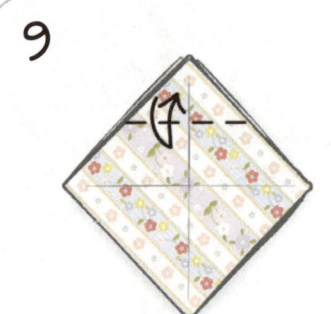
색종이 윗부분을 중심선에 맞추어 이등분이 되도록 안쪽으로 접었다 펴준다.

10

색종이 윗부분에서 1/3 부분을 안쪽으로 접었다 펴준다.

11
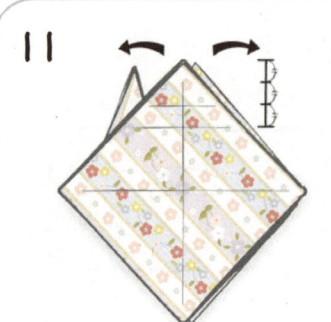
색종이 뒤쪽의 모서리 부분을 1/3선까지 바깥쪽으로 잡아 당겨 접어준다.

12
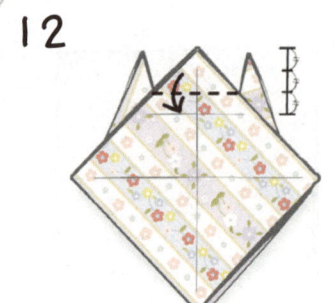
색종이 윗부분을 1/3선에서 안쪽으로 접어 내린다.

13

색종이를 뒤집기한다.

14

색종이 아랫부분을 안쪽으로 접었다 펴준다.

15

색종이 아랫부분을 안쪽으로 접어 올린다.

16

모서리 부분을 살짝 안쪽으로 접어 내린다.

17

색종이 아랫부분을 안쪽 접기 하여 안으로 넣어준다.

18 엄마, 아빠 고양이 얼굴을 완성한다.

엄마, 아빠 고양이 얼굴 접기

준비물 : 샘플 58

엄마, 아빠 고양이 몸통 접기

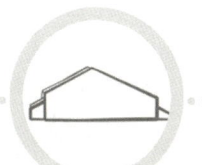
아기 고양이 얼굴 접기

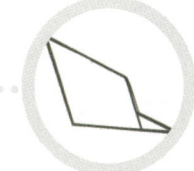
아기 고양이 몸통 접기 1

아기 고양이 몸통 접기 2

2 엄마, 아빠 고양이 몸통 접기

색종이 양쪽 모서리 부분을 살짝 접어 고양이 몸통 부분을 접어 보세요.

1

15cm 색종이를 이등분이 되도록 안쪽으로 접었다 펴준다.

2
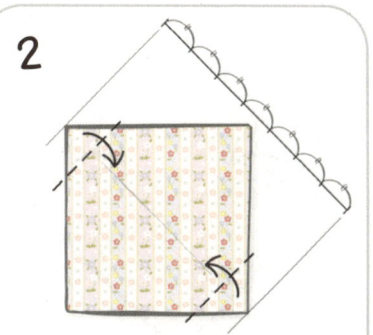
색종이를 대각선 방향으로 칠등분하여 각각 1/7 부분에서 안쪽 접기한다.

3
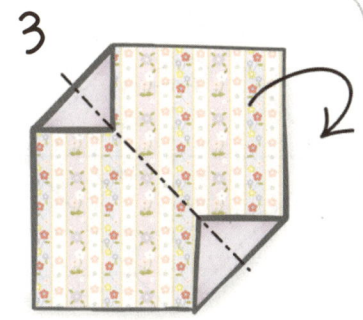
색종이를 이등분이 되도록 바깥 접기한다.

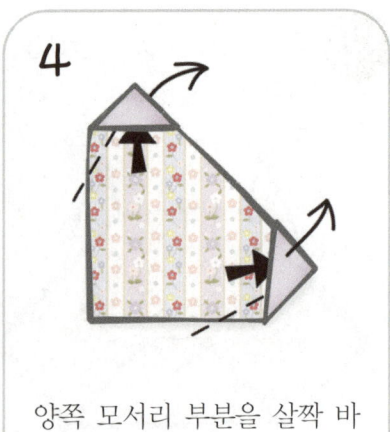

4
양쪽 모서리 부분을 살짝 바깥쪽으로 당겨 접는다.

5
모서리 부분을 바깥 접기하여 안쪽으로 넣어준다.

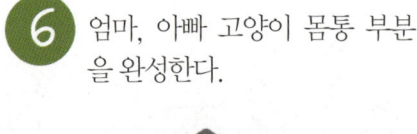

6 엄마, 아빠 고양이 몸통 부분을 완성한다.

엄마, 아빠 고양이 얼굴 접기

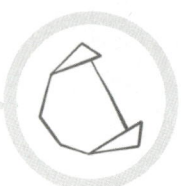
엄마, 아빠 고양이 몸통 접기

준비물 : 샘플 59

아기 고양이 얼굴 접기

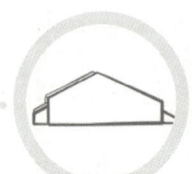
아기 고양이 몸통 접기 1

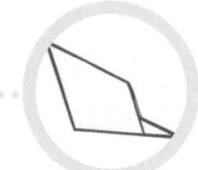
아기 고양이 몸통 접기 2

3 아기 고양이 얼굴 접기

네 번째 단계에서 아기 고양이의 귀 부분은 길이를 자유롭게 조절해 접어주어도 좋아요.

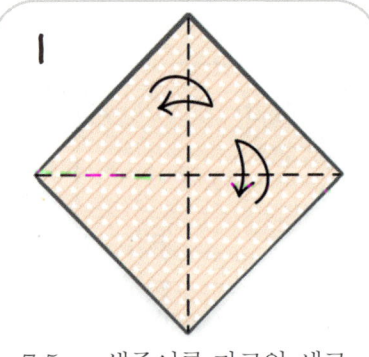

1
7.5cm 색종이를 가로와 세로 방향으로 이등분이 되도록 안쪽으로 접었다 펴준다.

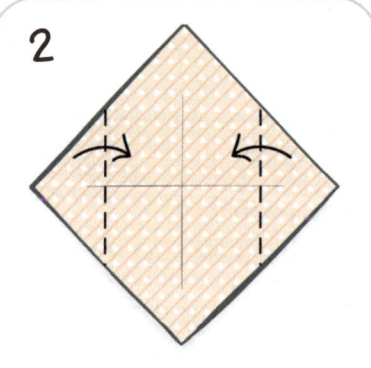

2
중심선에 맞추어 이등분이 되도록 안쪽으로 접는다.

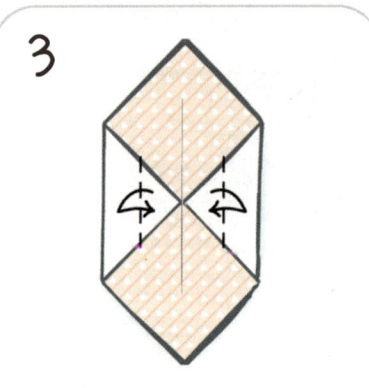

3
이등분이 되도록 안쪽으로 접었다 펴준다.

4
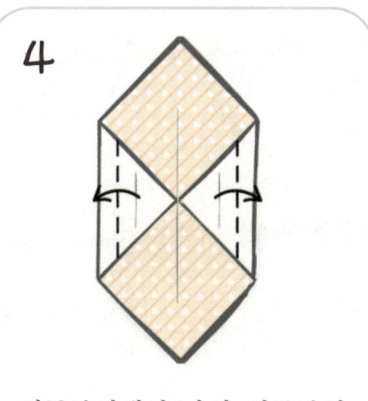
이등분선에서 다시 이등분이 되도록 안쪽으로 접는다.

5
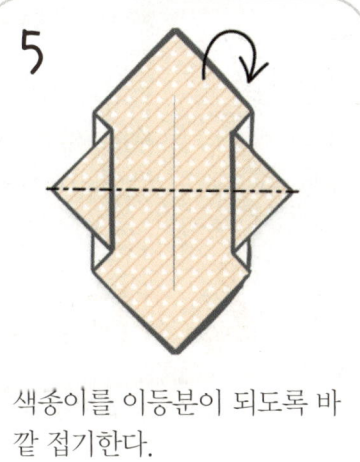
색종이를 이등분이 되도록 바깥 접기한다.

6
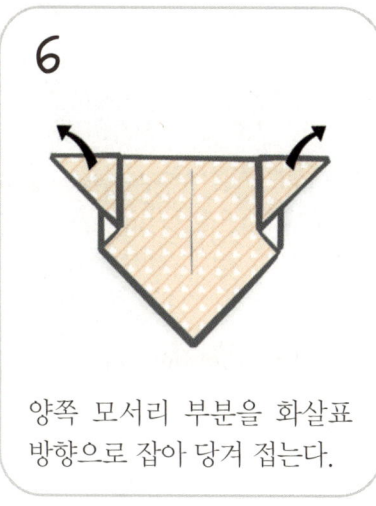
양쪽 모서리 부분을 화살표 방향으로 잡아 당겨 접는다.

7
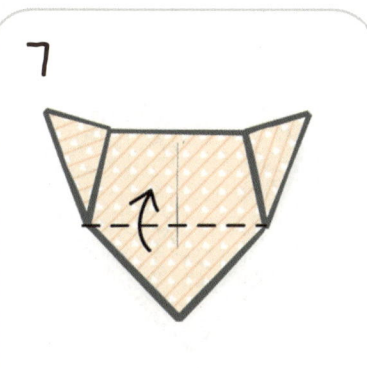
색종이 아랫부분을 안쪽으로 접어 올린다.

8

접어 올려진 부분이 이등분이 되도록 안쪽으로 접었다 펴준다.

9
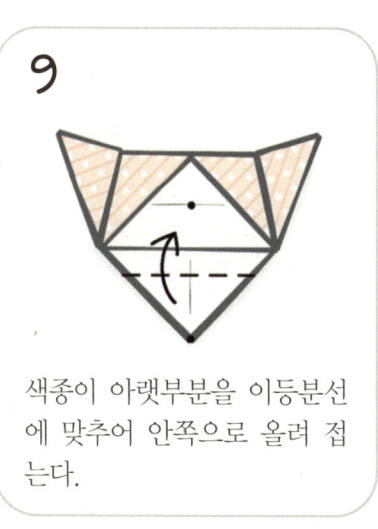
색종이 아랫부분을 이등분선에 맞추어 안쪽으로 올려 접는다.

10
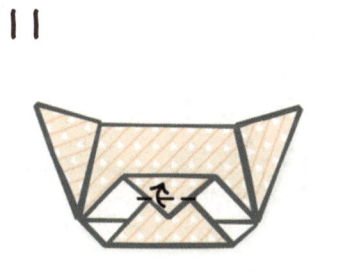
모서리 부분을 안쪽으로 접어 내린다.

11

모서리 부분을 살짝 안쪽으로 접어 올린다.

12
아기 고양이 얼굴을 완성한다.

 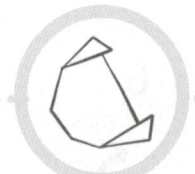   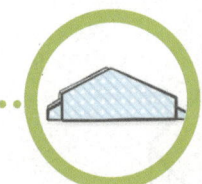 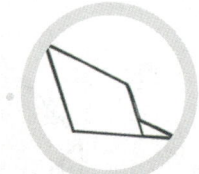

엄마, 아빠 고양이 얼굴 접기 | 엄마, 아빠 고양이 몸통 접기 | 아기 고양이 얼굴 접기 | 준비물 : 샘플 60 | 아기 고양이 몸통 접기 1 | 아기 고양이 몸통 접기 2

4 아기 고양이 몸통 접기 1

아이스크림 접기를 이용하여 아기 고양이의 몸통 부분을 접어 보세요.

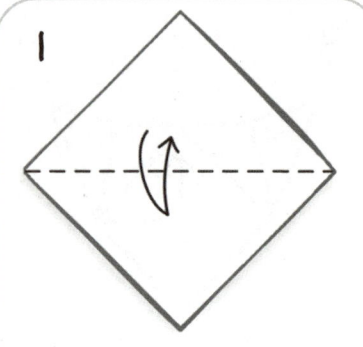

1
15cm 색종이를 이등분이 되도록 안쪽으로 접었다 펴준다.

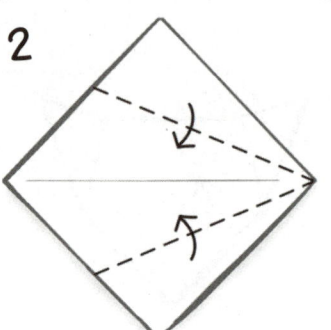

2
중심선에 맞추어 안쪽으로 아이스크림 접기한다.

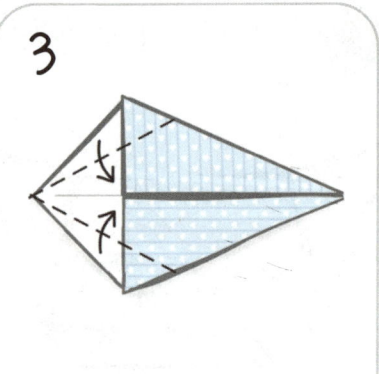

3
중심선에 맞추어 안쪽으로 아이스크림 접기한다.

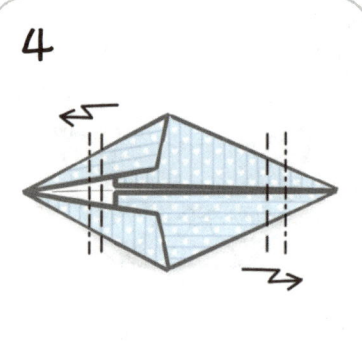

4
양쪽 면 모두 점선대로 계단 접기한다.

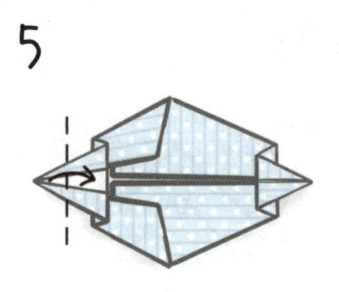

5
한쪽 모서리 부분을 살짝 안쪽으로 접는다.

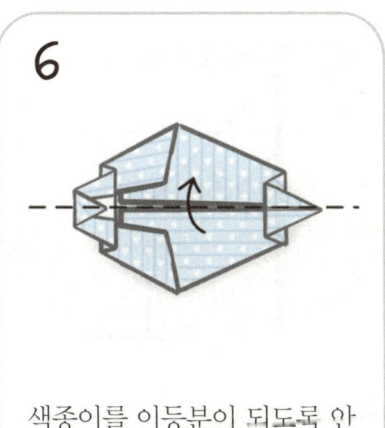

6 색종이를 이등분이 되도록 안쪽으로 접어 올린다.

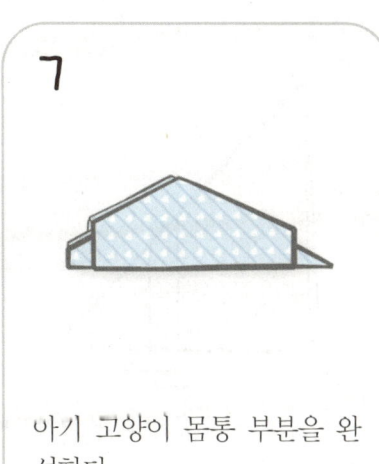

7 아기 고양이 몸통 부분을 완성한다.

8 아기 고양이 얼굴 부분과 몸통 부분을 연결하여 완성한다.

엄마, 아빠 고양이 얼굴 접기

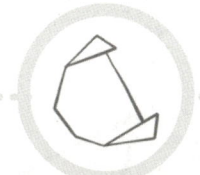

엄마, 아빠 고양이 몸통 접기

아기 고양이 얼굴 접기

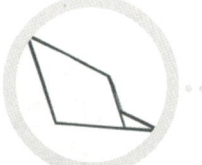

아기 고양이 몸통 접기 1

준비물 : 샘플 59

아기 고양이 몸통 접기 2

5 아기 고양이 몸통 접기 2

삼각 접기에서 시작하여 아기 고양이의 몸통 부분을 접어 보세요.

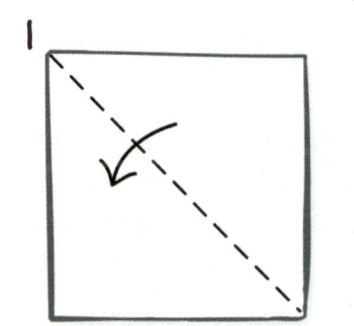

1 10cm 색종이를 이등분이 되도록 안쪽으로 접어 내린다.

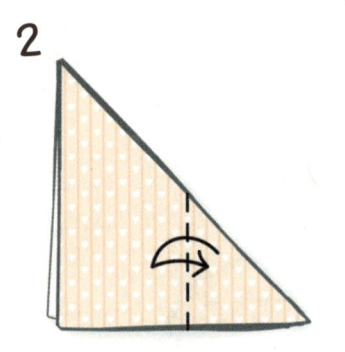

2 색종이를 이등분이 되도록 안쪽으로 접었다 펴준다.

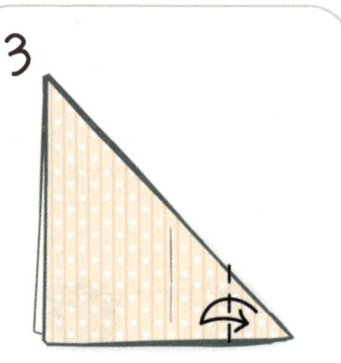

3 중심선에 맞추어 이등분이 되도록 안쪽으로 접었다 펴준다.

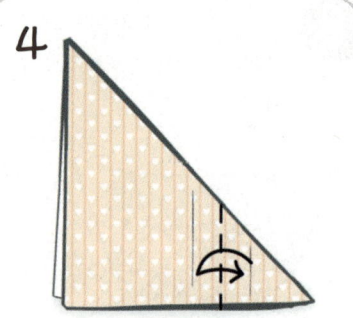

이등분선에서 중심선 쪽으로 다시 이등분이 되도록 안쪽으로 접었다 펴준다.

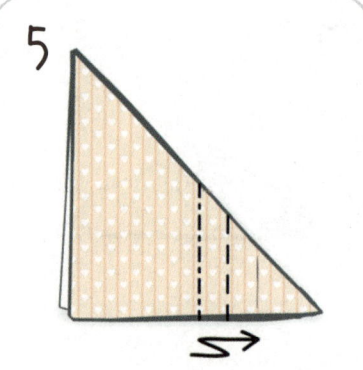

색종이를 점선대로 계단 접기 하여 안쪽으로 넣어준다.

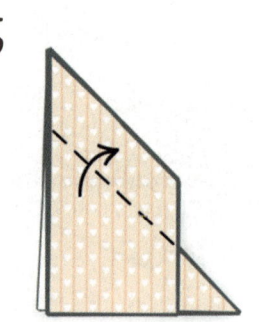

색종이를 사선 방향으로 안쪽 접기한다.

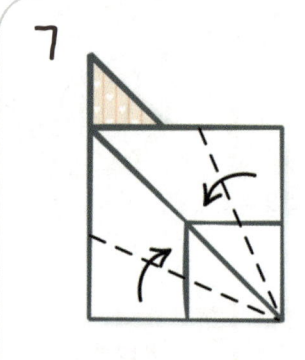

중심선에 맞추어 아이스크림 접기한다.

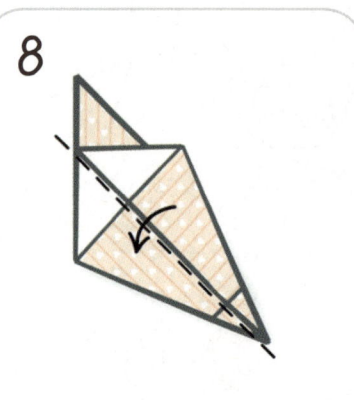

색종이를 안쪽으로 접어 내린다.

아기 고양이 몸통 부분을 완성한다.

10

아기 고양이 얼굴 부분과 몸통 부분을 연결하여 완성한다.

고양이는 15~20년 정도의 수명을 가졌고, 매우 깔끔한 성격을 갖고 있어요. 고양이의 눈은 빛에 굉장히 민감하고 삼각형 모양의 귀는 재빨리 회전시켜 소리가 나는 곳을 찾을 수 있는데 1초에 2만 5000번 진동하는 주파수에도 반응을 할 수 있대요. 또 고양이는 뒷발이 길기 때문에 잘 뛰어 오르거나 높은 곳에서 사뿐히 내려앉을 수도 있답니다.

종이접기

잠이 안와요~ 양 한 마리, 양 두 마리
양 접기

38

늦은 밤에 잠이 안 올 때면, 양들을 세어보세요. 양 한 마리, 양 두 마리... 이렇게 양떼들을 세다 보면 어느새 달콤한 꿈나라로 가게 된답니다. 검정 도화지에 양떼들을 하나, 둘 붙여보고, 은색 반짝이 펜으로 재미있고 다양한 꿈 이야기를 그려보세요.

1 양 얼굴 접기

삼각 접기에서 시작하여 양의 얼굴을 접어 보세요. 귀 부분을 접을 때는 귀 아랫부분을 꼼꼼히 펼쳐 눌러 접어주세요.

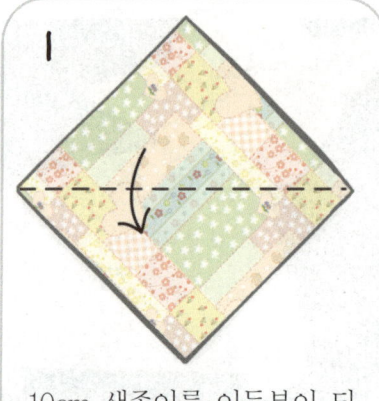

1
10cm 색종이를 이등분이 되도록 안쪽으로 접어 내린다.

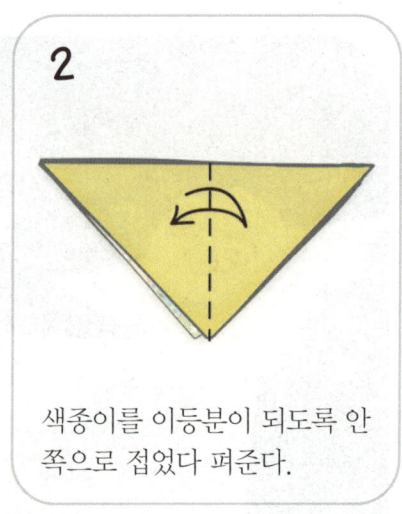

2
색종이를 이등분이 되도록 안쪽으로 접었다 펴준다.

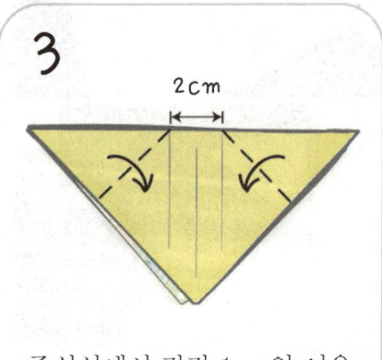

3
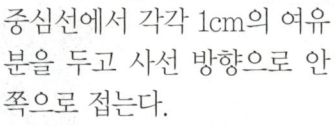
중심선에서 각각 1cm의 여유분을 두고 사선 방향으로 안쪽으로 접는다.

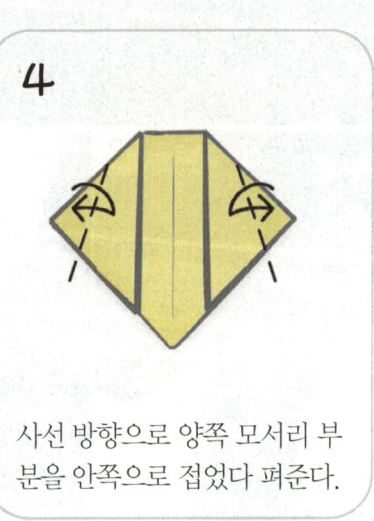

4
사선 방향으로 양쪽 모서리 부분을 안쪽으로 접었다 펴준다.

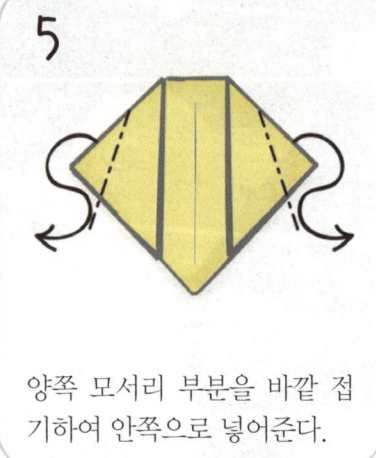

5
양쪽 모서리 부분을 바깥 접기하여 안쪽으로 넣어준다.

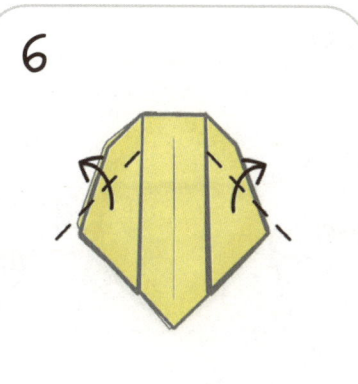

6 사선 방향으로 양쪽 모서리 부분을 안쪽으로 접어 올린다.

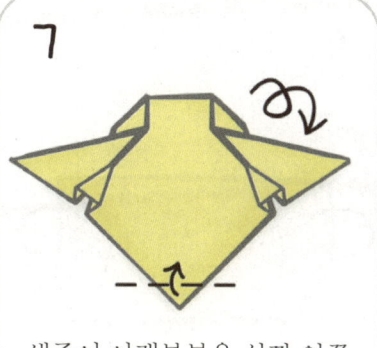

7 색종이 아랫부분을 살짝 안쪽으로 접어 올리고, 색종이를 뒤집기한다.

8 양의 얼굴을 완성한다.

양 얼굴 접기 · 준비물 : 샘플 62 · 양 몸통 접기

2 양 몸통 접기

색종이를 이등분으로 접고, 양쪽 면을 안쪽으로 접어 넣어 양의 몸통 부분을 만들어 보세요.

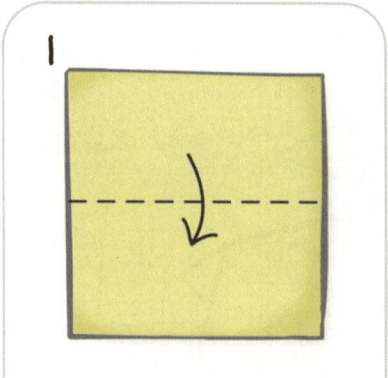

1 15cm 색종이를 이등분이 되도록 안쪽으로 접어 내린다.

2 색종이를 이등분이 되도록 안쪽으로 접었다 펴준다.

3

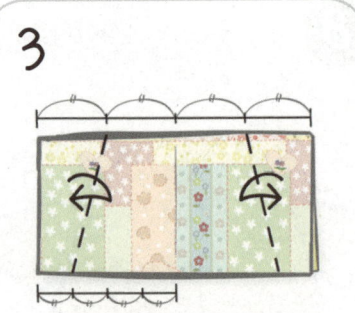

사선 방향으로 양쪽 면 모두 1/4 부분에서 안쪽으로 접었다 펴준다. 이때, 색종이 아랫부분은 중심선에서 1/4선에 접기선이 닿도록 접어야 한다.

4

양쪽 면 모두 바깥 접기하여 안쪽으로 넣어준다.

5

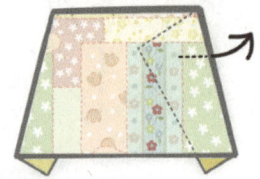

색종이 한쪽 모서리 부분을 살짝 바깥쪽으로 빼내어 접는다.

6

색종이 위쪽 모서리 부분을 살짝 바깥쪽으로 접는다.

7

양쪽 모서리 부분을 약간 사선 방향으로 바깥 접기한다.

8

양의 몸통 부분을 완성한다.

9

양의 얼굴 부분과 몸통 부분을 연결하여 완성한다.

양은 순한 외모와는 달리 아주 고집이 센 동물이예요. 양이 한번 고집을 피우면 어른 둘이 밀고 끌어도 꿈쩍도 안한답니다. 또 지독한 근시안으로 조금만 멀리 있는 것도 볼 수가 없어요. 양은 떼를 이루어 살고 높은 곳에 올라가기를 좋아하나 방향감각이 없어서 쉽게 길을 잃고 헤맨답니다.

깊은 바닷속, 진주조개 접기

39

깊은 바닷속 무지개빛 영롱한 진주를 품고 있는 진수 조개를 만들어 보세요. 예쁜 조개를 만들려면 색종이를 정확하게 등분해서 접어야 된답니다. 또 조개 연결 부분이 떨어지지 않도록 풀로 단단히 붙여 주어야 해요. 완성된 조개 안에 예쁘고 다양한 색의 진주 구슬을 종이 본드를 이용하여 붙여주세요.

준비물 : 샘플 63   진주 조개 접기

진주조개 접기

문 접기에서 시작하여 같은 간격으로 계단 접기하여 진주조개를 접어 보세요.

진주 조개의 겉면은 나무껍질과도 같은 거친 각피로 되어 있어요. 그러나 조가비의 안쪽은 은백색 또는 황금색의 찬란한 광택을 가지고 있답니다. 그래서 진주는 보석으로 이용되고, 조가비는 공예품이나 액세서리의 원료로 많이 이용되지요.

1
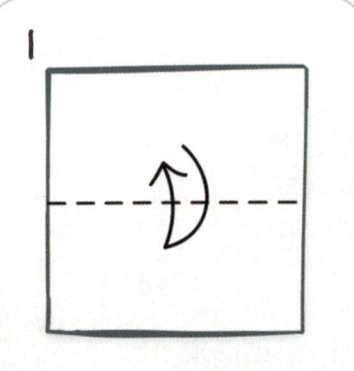
색종이를 이등분이 되도록 안쪽으로 접었다 펴준다.

2
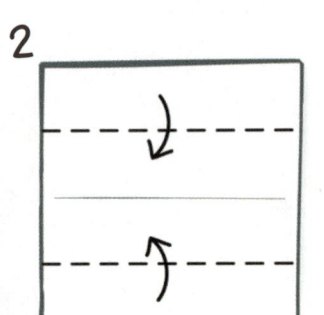
중심선에 맞추어 안쪽으로 문 접기한다.

3
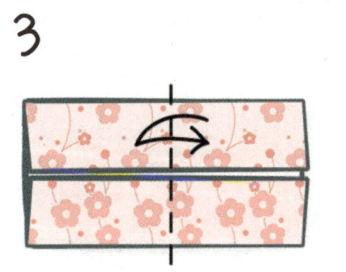
색종이를 이등분이 되도록 안쪽으로 접었다 펴준다.

4

중심선에 맞추어 이등분이 되도록 안쪽으로 접었다 펴준다.

5
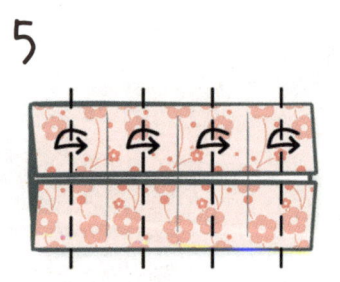
색종이를 가로로 팔등분이 되도록 안쪽으로 접었다 펴준다.

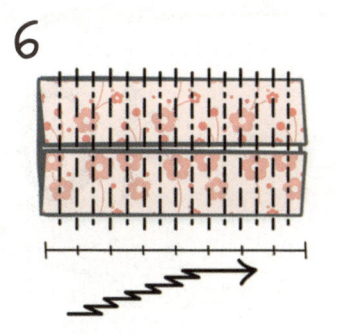

6 가로로 팔등분되어진 색종이를 계단 접기하여 십육등분이 되도록 접는다.

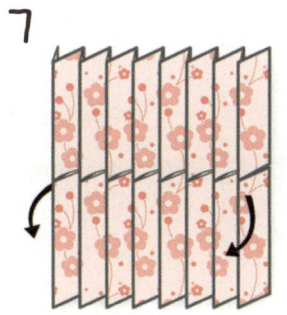

7 색종이 양쪽 면을 한 칸씩만 앞쪽으로 펴준다.

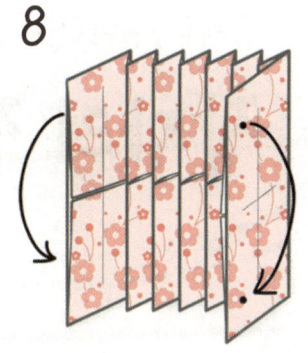

8 색종이 양쪽 면을 한 칸씩만 풀칠하여 붙인다.

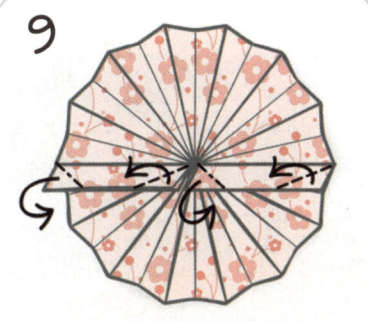

9 풀로 붙여진 색종이의 모서리 부분을 바깥 접기와 안쪽 접기를 한다.

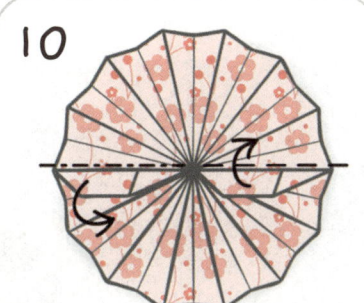

10 풀로 붙여진 색종이 면을 바깥 접기와 안쪽 접기하여 접어 넣어준다.

11 색종이를 뒤집기한다.

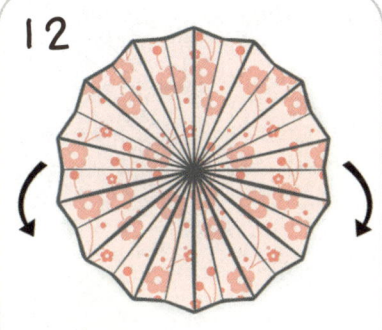

12 색종이 양쪽 면을 앞으로 모아주어 조개 모양을 만든다.

13 풀로 붙여진 색종이 면이 조개의 중앙 부분이므로 떨어지지 않도록 주의한다.

14 조개를 완성한다.

잠자리 접기

잠자리가 나는 하늘,

40

풀꽃 위를 자유로이 날아다니는 잠자리를 만들어 보세요. 잠자리 날개를 기름종이로 접고 유성 네임펜으로 날개에 무늬를 그려주면 더 실감나는 잠자리를 만들 수 있어요. 완성된 잠자리를 길게 자른 필름지에 투명 테이프로 붙여주고 화면 아랫부분에 연결 핀으로 필름지를 고정시켜주세요. 필름지의 길이를 각각 다르게 하여 주면 반원을 그리며 날아가는 잠자리들을 만들 수 있답니다.

  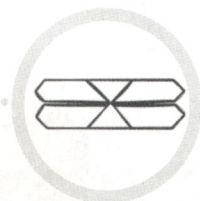

준비물 : 샘플 64   잠자리 몸통 접기   잠자리 날개 접기

1 잠자리 몸통 접기

방석 접기를 응용하여 잠자리 몸통 부분을 접어 보세요.

1. 색종이를 가로와 세로 방향으로 이등분이 되도록 안쪽으로 접었다 펴준다.

2. 중심선에 맞추어 안쪽으로 방석 접기한다.

3. 색종이를 뒤집기한다.

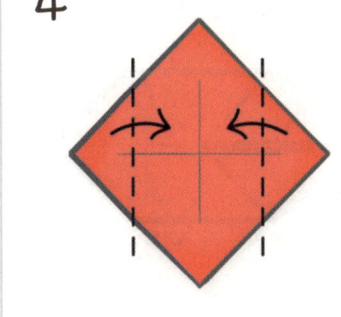

4. 중심선에 맞추어 이등분이 되도록 안쪽으로 접는다.

> 잠자리는 세계 각지에 약 5,000종이 분포되어 살고 있는데 그 중에서 우리나라에는 약 90여종의 잠자리들이 살고 있대요. 잠자리의 선조인 고생대원잠자리는 날개를 편 길이가 70cm나 되었대요. 잠자리는 4장의 날개가 각각 따로 움직일 수 있어서 빠른 속도로 날 수 있으며, 공중에서 가만히 멈춰 설 수도 있어요. 또 큰 턱이 있어서 먹이도 빠른 속도로 먹는답니다.

 색종이를 뒤집기한다.	 색종이를 바깥쪽으로 펼쳐 눌러 접기한다.	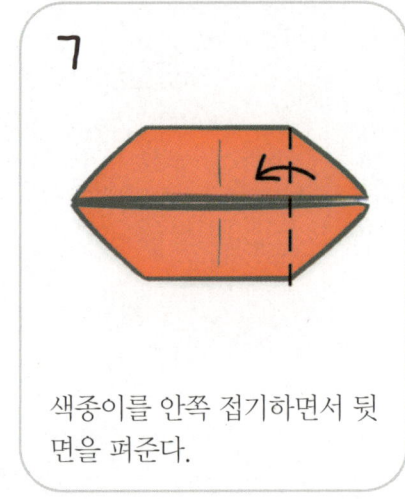 색종이를 안쪽 접기하면서 뒷면을 펴준다.
 색종이를 뒤집기한다.	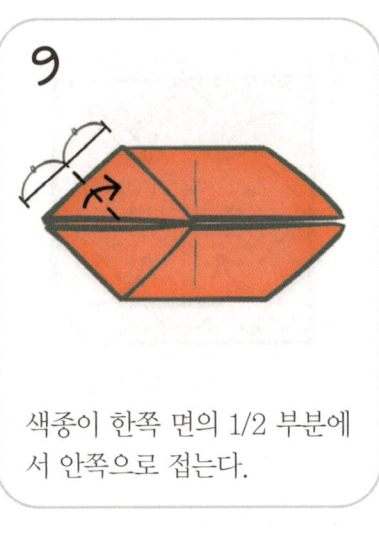 색종이 한쪽 면의 1/2 부분에서 안쪽으로 접는다.	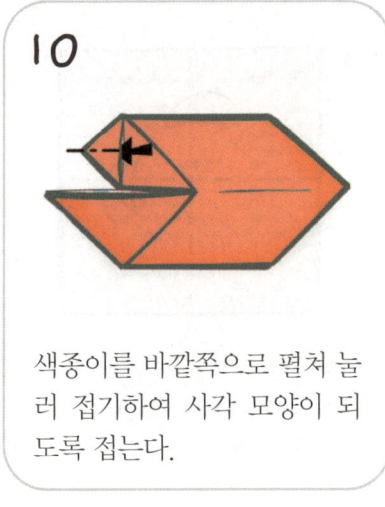 색종이를 바깥쪽으로 펼쳐 눌러 접기하여 사각 모양이 되도록 접는다.
 사각 모양을 이등분이 되도록 안쪽으로 접어 올린다.	 사각모양의 중심선에서 이등분이 되도록 바깥 접기한다.	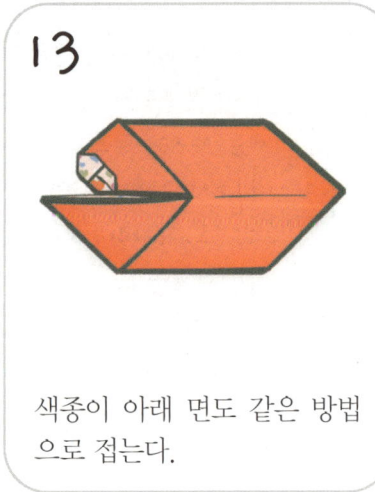 색종이 아래 면도 같은 방법으로 접는다.

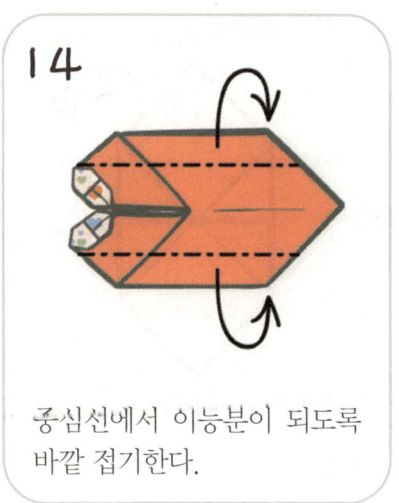

14 중심선에서 이등분이 되도록 바깥 접기한다.

15 색종이 앞부분의 모서리를 살짝 바깥 접기하고, 색종이 뒷부분을 사선으로 바깥 접기한다.

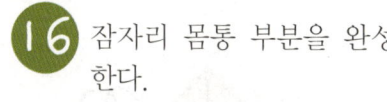

16 잠자리 몸통 부분을 완성한다.

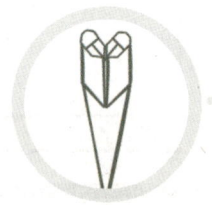   

잠자리 몸통 접기   준비물 : 샘플 65   잠자리 날개 접기

2 잠자리 날개 접기

방석 접기를 응용하여 잠자리 날개 부분을 접어 보세요.

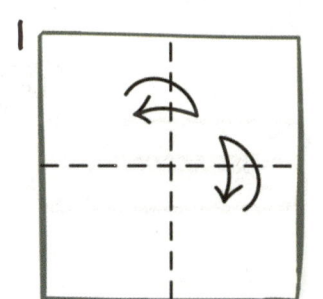

1 색종이를 가로와 세로 방향으로 이등분이 되도록 안쪽으로 접었다 펴준다.

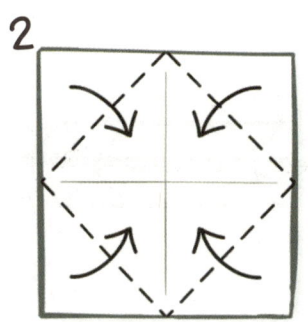

2 중심선에 맞추어 안쪽으로 방석 접기한다.

3
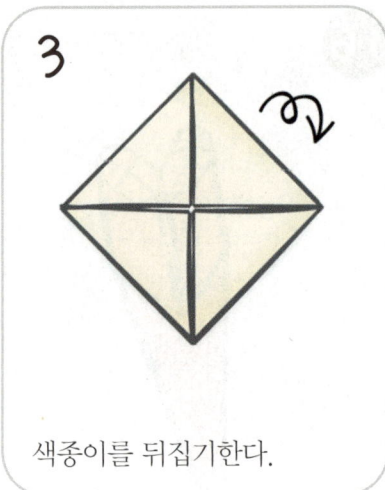
색종이를 뒤집기한다.

4
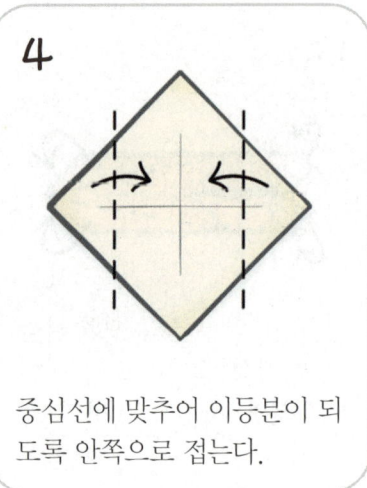
중심선에 맞추어 이등분이 되도록 안쪽으로 접는다.

5

색종이를 뒤집기한다.

6
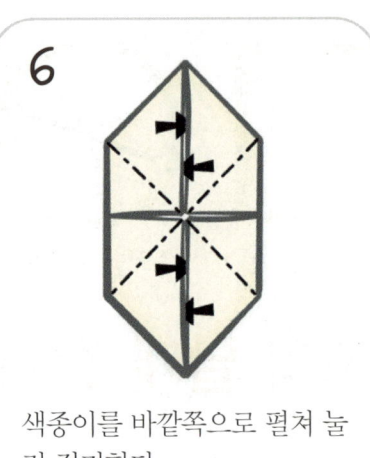
색종이를 바깥쪽으로 펼쳐 눌러 접기한다.

7
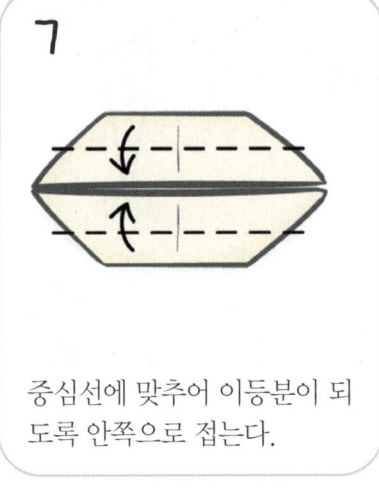
중심선에 맞추어 이등분이 되도록 안쪽으로 접는다.

8

양쪽 모서리 면을 1/2 부분에서 이등분이 되도록 안쪽으로 접었다 펴준다.

9

양쪽 모서리 면을 바깥 접기 하여 안쪽으로 넣어준다.

10
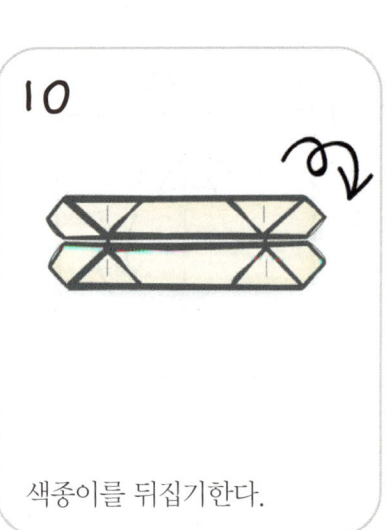
색종이를 뒤집기한다.

11
잠자리 날개를 완성한다.
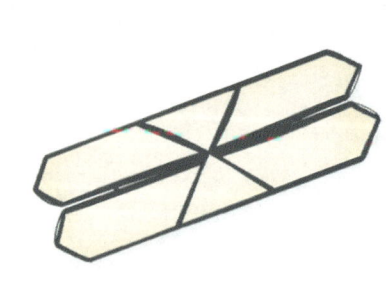

12

잠자리 몸통 부분을 날개 중앙에 끼워 넣어준다.

13 잠자리를 완성한다.

자유롭게 하늘을 나는 잠자리

잠자리가 나는 모습을 입체감 있게 만들 수 있어요. 완성된 잠자리 몸통 밑면에 가는 철사를 투명 테이프로 붙여주세요. 스티로폼 조각을 초록색 포스터 컬러 물감으로 채색하거나 색종이로 꾸며주고 그 위에 잠자리가 달린 철사들을 재미있게 구부려 꽂아주면 하늘을 자유로이 날아다니는 잠자리를 볼 수 있어요.

흰 눈송이 속의 눈사람 접기

41

눈송이가 날리는 겨울 풍경 속의 눈사람을 패트병을 이용하여 만들 수 있답니다. 멋진 빨간 모자를 쓴 눈사람을 만들고, 코팅지로 코팅을 해주세요. 코팅된 눈사람을 가위로 오려내어 나무젓가락 아랫부분에 투명 테이프로 붙여주세요. 나무젓가락 윗부분은 패트병 뚜껑 안쪽에 종이본드를 이용하여 붙여주세요. 우유팩 종이나 도화지를 잘게 자르거나 눈펀치로 찍어 눈송이를 만들고 패트병 안에 넣어주세요. 코팅된 눈사람을 둥글게 구부려 패트병 안에 잘 넣어주고, 물을 부어 주세요. 패트병 뚜껑을 좌우로 돌려 병 속의 눈송이를 날려 주고 눈 속의 눈사람을 보며 겨울 풍경을 느껴 보세요.

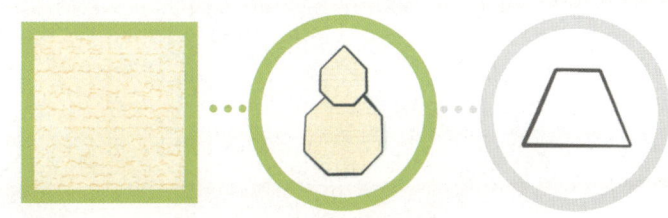

준비물 : 샘플 66 눈사람 얼굴, 몸통 접기 모자 접기

1 눈사람 얼굴, 몸통 접기

방석 접기를 이용하여 눈사람의 얼굴과 몸통 부분을 접어 보세요.

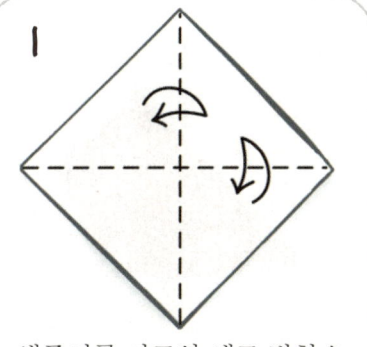

1 색종이를 가로와 세로 방향으로 이등분이 되도록 안쪽으로 접었다 펴준다.

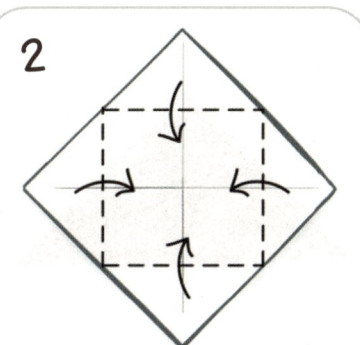

2 중심선에 맞추어 안쪽으로 방석 접기한다.

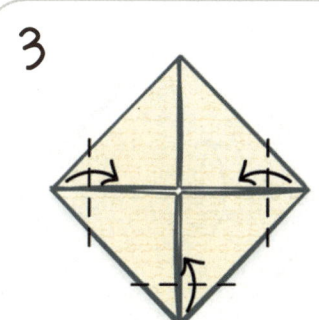

3 모서리 부분을 살짝 안쪽으로 접는다.

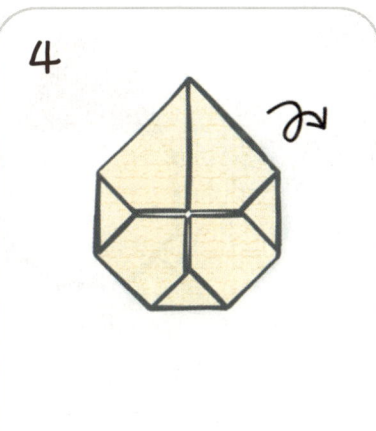

4 색종이를 뒤집기한다.

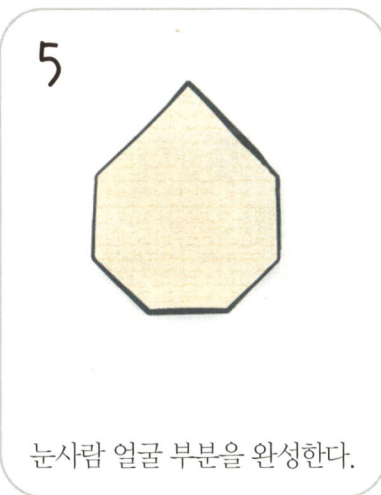

5 눈사람 얼굴 부분을 완성한다.

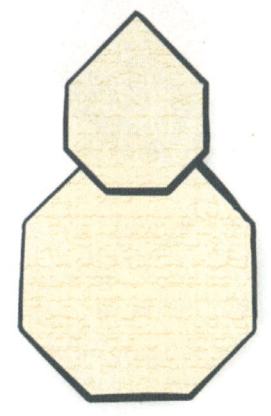

6 얼굴부분은 6.5cm, 몸통부분은 10cm 색종이로 접어 눈사람을 완성한다.

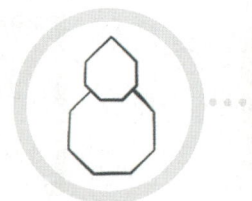

눈사람 얼굴, 몸통 접기   준비물 : 샘플 67   모자 접기

2 모자 접기

컵 접기를 이용하여 눈사람의 모자를 접어 보세요.

1
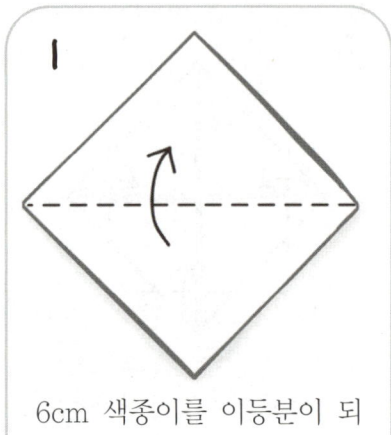

6cm 색종이를 이등분이 되도록 안쪽으로 접어 올린다.

2

색종이 한쪽 면을 안쪽으로 접어 컵 접기한다.

3

색종이 한쪽 면을 안쪽으로 접어 컵 접기한다.

4

색종이 윗부분을 안쪽 접기하여 안으로 넣어준다. 색종이를 뒤집기한다.

5

눈사람 모자를 완성한다.

6

눈사람의 모자 부분을 얼굴 윗부분에 연결하여 눈사람을 완성한다.

울타리가 있는
토끼 집 접기

42

아담한 울타리가 있는 토끼집을 만들어 보세요. 작은 창문에 커튼도 달아주고, 색모루를 이용하여 창문 고리도 만들어 주세요. 귀여운 토끼 가족을 만들어 창문가에 붙여주고 행복한 토끼네 집 꾸미기를 해보세요.

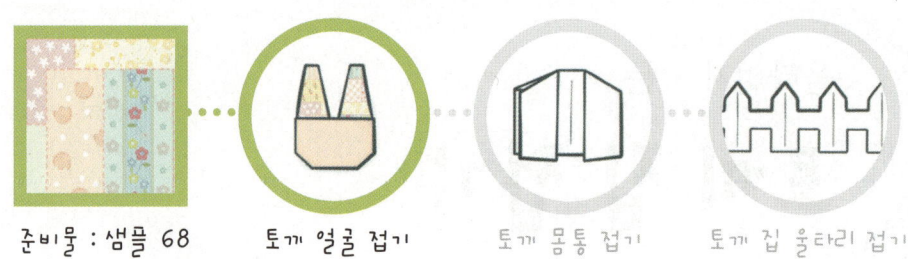

준비물 : 샘플 68　　토끼 얼굴 접기　　토끼 몸통 접기　　토끼 집 울타리 접기

1 토끼 얼굴 접기

색종이를 한단 접어 문 접기하고 가위집을 이용하여 토끼의 귀를 만들어 보세요.

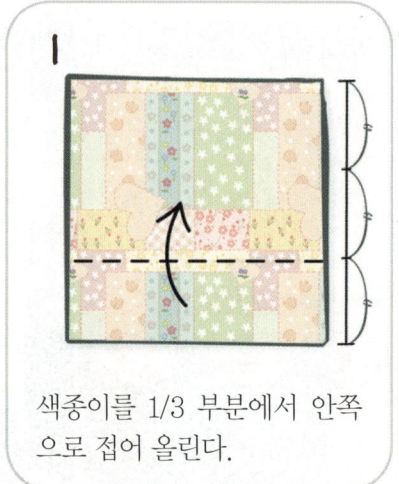

1. 색종이를 1/3 부분에서 안쪽으로 접어 올린다.

2. 색종이를 뒤집기한다.

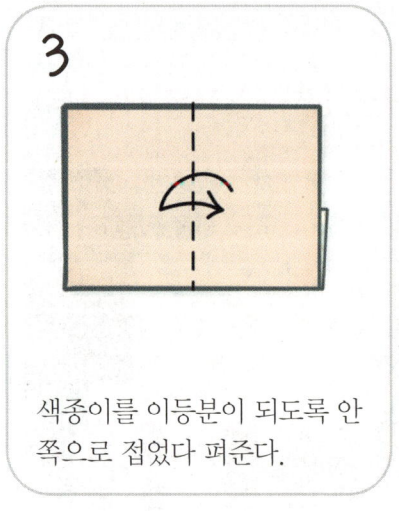

3. 색종이를 이등분이 되도록 안쪽으로 접었다 펴준다.

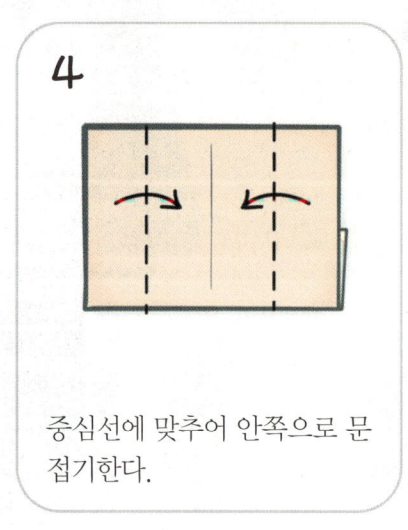

4. 중심선에 맞추어 안쪽으로 문 접기한다.

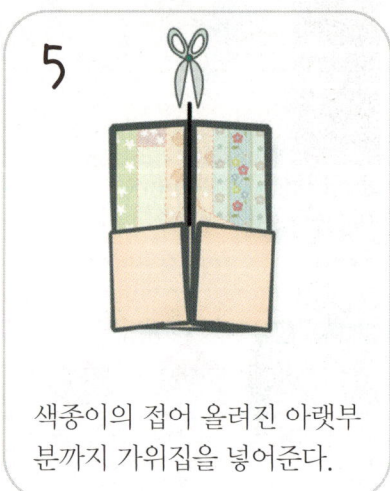

5. 색종이의 접어 올려진 아랫부분까지 가위집을 넣어준다.

6

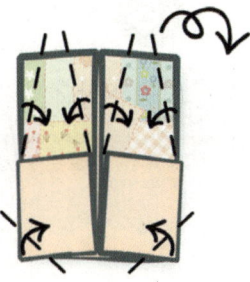

색종이의 가위집을 넣어준 면을 사선 방향으로 살짝 안쪽으로 접고, 색종이 아래 모서리 부분도 살짝 안쪽으로 접는다. 색종이를 뒤집기한다.

7

토끼 얼굴을 완성한다.

토끼 얼굴 접기   준비물 : 샘플 68   토끼 몸통 접기   토끼 집 울타리 접기

2 토끼 몸통 접기

문 접기를 응용하여 토끼 몸통 부분을 접어 보세요.

1
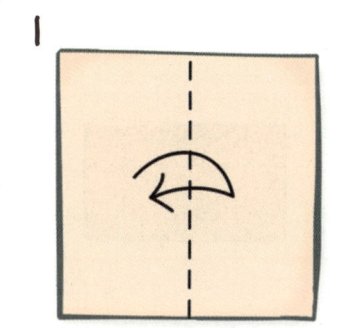
색종이를 이등분이 되도록 안쪽으로 접었다 펴준다.

2
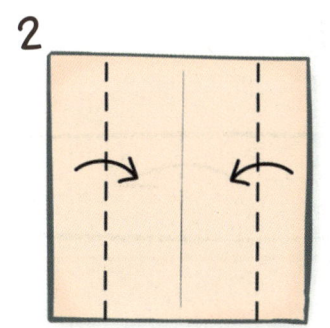
중심선에서 약간의 여유분을 두고 안쪽으로 문 접기한다.

3
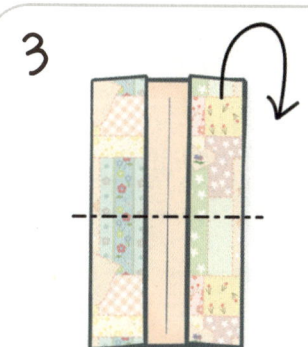
색종이를 이등분이 되도록 바깥 접기한다.

4 양쪽 모서리 부분을 바깥 접기하여 안쪽으로 넣어준다.

5 토끼 몸통 부분을 완성한다.

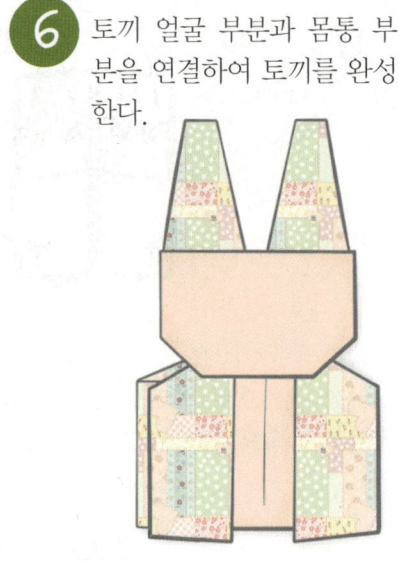

6 토끼 얼굴 부분과 몸통 부분을 연결하여 토끼를 완성한다.

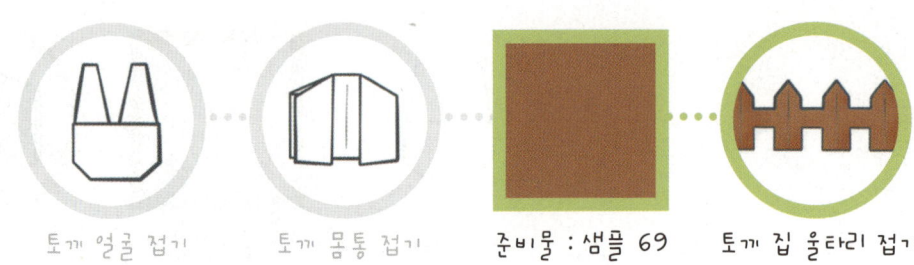

토끼 얼굴 접기 · · · 토끼 몸통 접기 · · · 준비물 : 샘플 69 · · · 토끼 집 울타리 접기

3 토끼 집 울타리 접기

색종이를 같은 간격으로 접어 오려 울타리를 만들어 보세요.

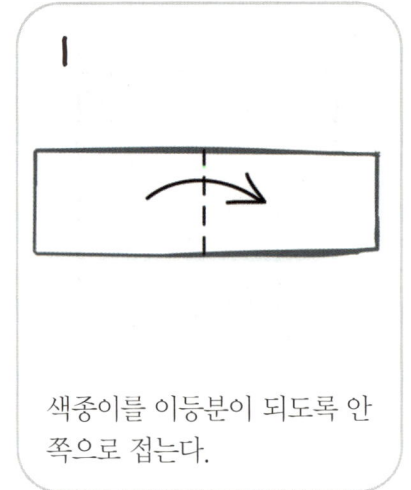

1 색종이를 이등분이 되도록 안쪽으로 접는다.

2 색종이를 안쪽 접기와 바깥 접기하여 접는다.

3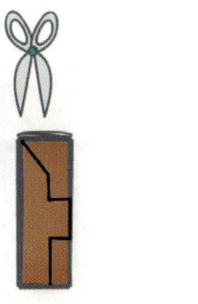

색종이를 울타리 모양이 되도록 가위로 오려준다.

4 색종이를 펼쳐 울타리를 완성한다.

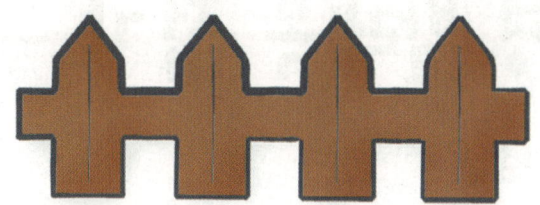

행복한 토끼 가족, 집 만들기

토끼집을 좀 더 입체적으로 만들고 싶다면 우드락 판을 이용하여 보세요. 우드락 판을 토끼 집 모양으로 자르고 창문을 만들어 주세요. 우드락 판 위에 예쁜 색종이를 오려 붙여 행복한 토끼 가족들이 사는 집을 입체감 있게 만들어 보세요.

나도 발레리나!
인형 발레복 접기

43

무늬 색종이를 이용하여 아름다운 발레복을 만들어 보세요. 발레복 밑단에 작은 레이스나 장식 구슬을 붙여주어도 좋아요. 발레리나 인형을 도화지에 그려 가위로 오려내어 발레복을 입혀주면 아름다운 발레리나 인형을 만들 수 있어요.

준비물 : 샘플 70   발레복 접기

발레복 접기

문 접기를 이용하여 화려한 인형 발레복을 만들어 보세요.

발레란 용어는 '춤추다'의 뜻을 가진 이태리어에서 유래가 되었지만, 구체적인 형식을 갖추며 발레가 발전하게 된 것은 프랑스에서였어요. 16세기 중반에 프랑스 사람들이 연회에서 추는 춤을 발레로 통칭하여 이름 붙였고, 당시 귀족들은 사교무용으로 많은 관심을 가지고 있었대요.

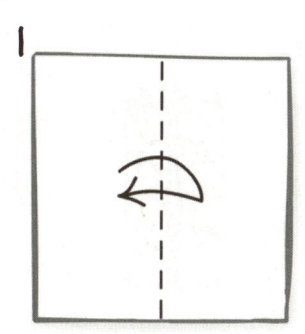

색종이를 이등분이 되도록 안쪽으로 접었다 펴준다.

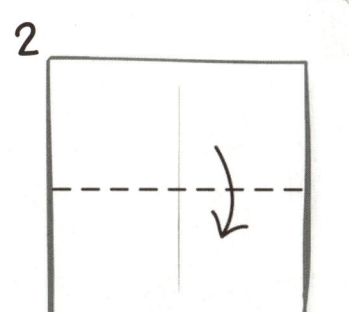

색종이를 이등분이 되도록 안쪽으로 접어 내린다.

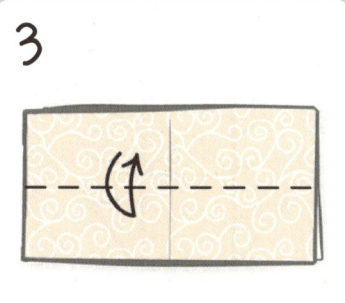

색종이를 이등분이 되도록 안쪽으로 접었다 펴준다.

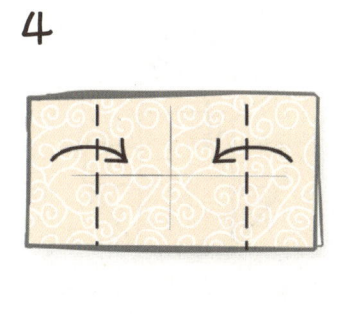

중심선에 맞추어 안쪽으로 문 접기한다.

색종이를 뒤집기한다.

중심선에 맞추어 안쪽으로 문 접기하면서 뒷면을 펴준다.

중심선에 맞추어 이등분이 되도록 안쪽으로 접는다.

색종이 면을 사선 방향으로 안쪽 접기한다.

색종이 아랫부분을 바깥쪽으로 당겨 접는다.

색종이를 뒤집기한다.

색종이 윗부분을 중심선에 맞추어 이등분이 되도록 안쪽으로 접어 내리며, 펼쳐 눌러 접기한다.

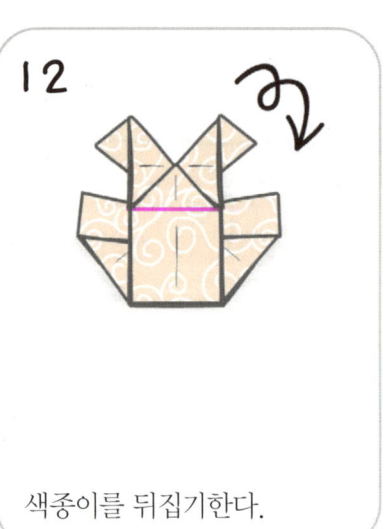

색종이를 뒤집기한다.

13 발레복을 완성한다.

나룻배를 띄워요!
나룻배 접기

44

물위를 조용히 떠가는 나룻배를 만들어 보세요. 크고, 약간 두꺼운 종이를 이용하여 나룻배를 만들고 귀여운 장난감들을 태워 물 위에 띄워보세요. 재미있는 물놀이를 할 수 있어요.

준비물 : 샘플 기   나룻배 접기

나룻배 접기

색종이를 삼등분하여 접어 입체적인 배를 만들어 보세요.

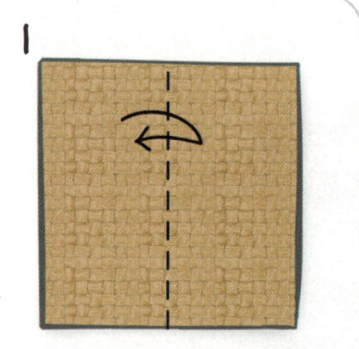

1 색종이를 이등분이 되도록 안쪽으로 접었다 펴준다.

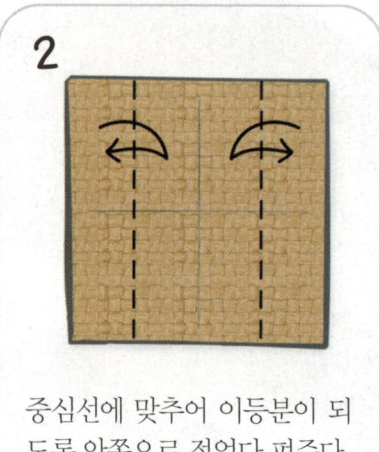

2 중심선에 맞추어 이등분이 되도록 안쪽으로 접었다 펴준다.

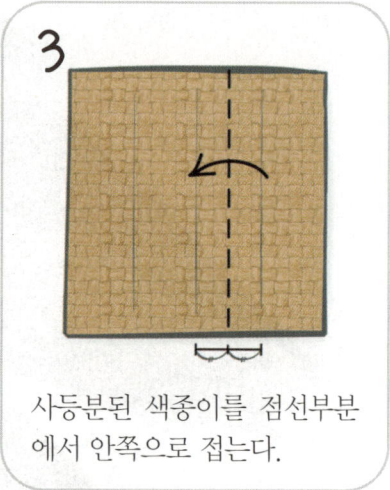

3 사등분된 색종이를 점선부분에서 안쪽으로 접는다.

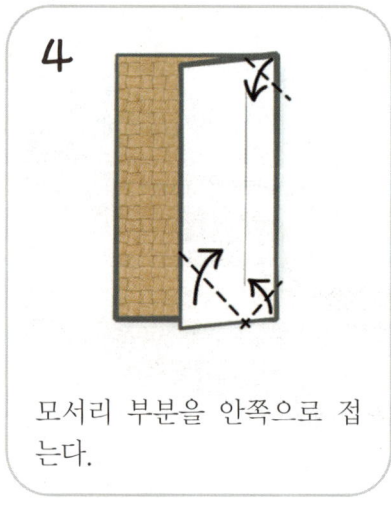

4 모서리 부분을 안쪽으로 접는다.

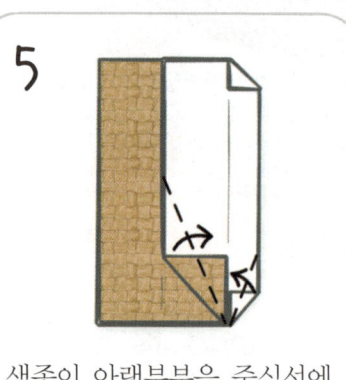

5 색종이 아랫부분을 중심선에 맞추어 사선 방향으로 안쪽 접기한다.

우리나라의 나루터는 고려시대부터 조직적으로 운영되기 시작하였고, 세종대왕 때부터 등급도 나뉘어지고 관리로부터 운영이 되었대요. 오늘날 한강을 건너는 현대식 대교들은 모두 이러한 나루터와 관계가 많답니다.

6
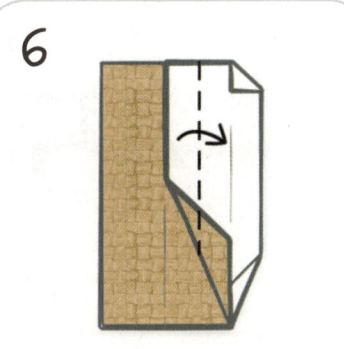
색종이를 중심선에 맞추어 안쪽 접기한다.

7
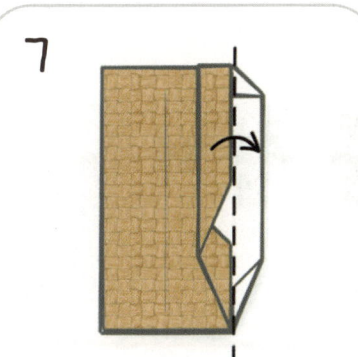
색종이를 중심선에 맞추어 안쪽 접기한다.

8
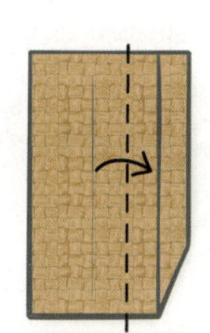
색종이를 점선부분에서 안쪽으로 접는다.

9
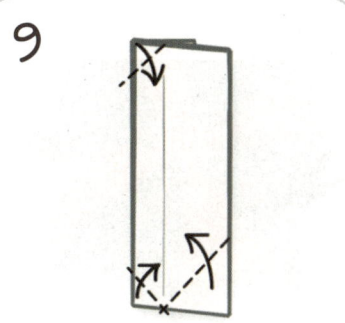
모서리 부분을 안쪽으로 접는다.

10
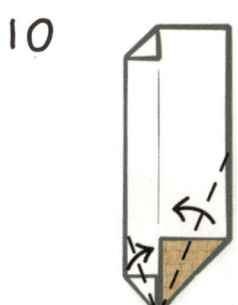
색종이 아랫부분을 중심선에 맞추어 사선 방향으로 안쪽 접기한다.

11
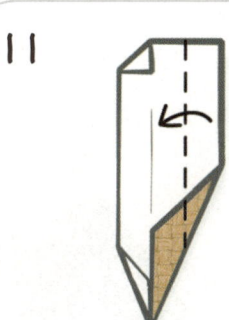
색종이를 중심선에 맞추어 안쪽 접기한다.

12
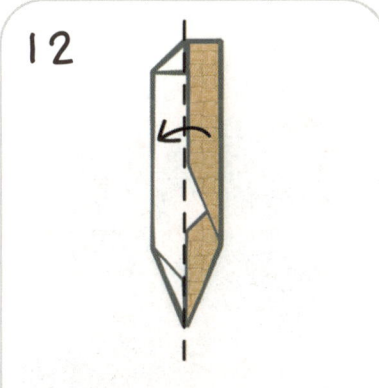
색종이를 중심선에 맞추어 안쪽 접기한다.

13
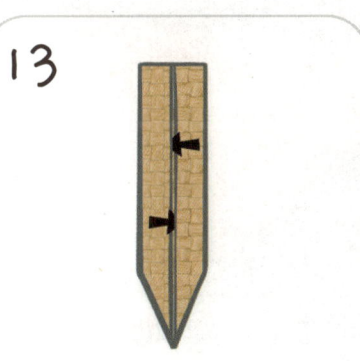
색종이를 바깥쪽으로 펼쳐 입체 모양을 만든다.

14 나룻배를 완성한다.
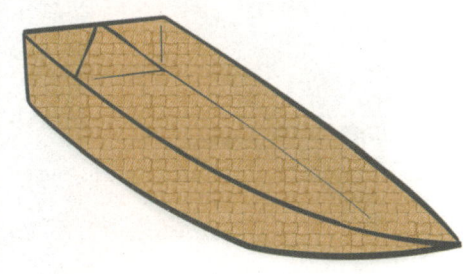

종이접기

내 손으로 만드는
트리 장식품 접기

45

컵 접기를 이용하여 만들기 쉽고도 예쁜 트리 장식품을 만들어 보세요. 크리스마스 분위기를 잘 나타낼 수 있는 두 가지 색상의 포장지나 무늬지를 이용하면 좋아요.
완성된 트리 장식품의 모서리부분에 뿅뿅이나 색구슬을 붙여 장식하면 더 화려한 트리 장식을 만들 수 있어요. 리본끈을 길게 달아 창문가에 걸어두거나 트리를 장식해도 좋아요.

준비물 : 샘플 72 　 트리 장식품 접기

트리 장식품 접기

색종이를 삼각 모양으로 겹쳐 접고 같은 모양을 둥글게 붙여주어 트리 장식품을 만들어 보세요.

1
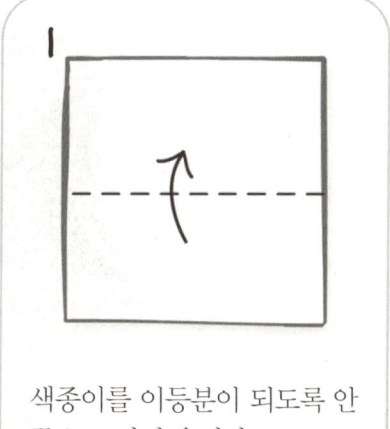
색종이를 이등분이 되도록 안쪽으로 접어 올린다.

2

색종이를 이등분이 되도록 안쪽으로 접었다 펴준다.

3

중심선에 맞추어 이등분이 되도록 안쪽으로 접는다.

4

같은 모양을 8개 접는다.

5
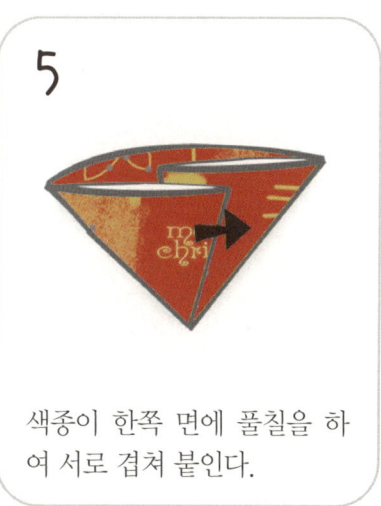
색종이 한쪽 면에 풀칠을 하여 서로 겹쳐 붙인다.

6

같은 모양을 8개 만든다.

7

종이를 둥글게 잘라 밑면을 만들고 8개 트리 장식 조각을 풀로 붙인다.

8 트리 장식품을 완성한다.

종이접기

땅그랑, 땅그랑
크리스마스 종 모빌 접기 46

아름다운 크리스마스 종 만들기예요. 금종이를 이용하여 종을 만들고 종의 윗부분에 리본끈으로 리본을 장식하여 리스에 활용하거나 성탄절에 맞춰 문에 걸어 장식해보세요. 멋진 성탄절 분위기를 낼 수 있는 소품이 된답니다.

준비물 : 샘플 73 크리스마스 종 모빌 접기

크리스마스 종 모빌 접기

사각 주머니 접기를 응용하여 크리스마스 종을 접어 보세요.

> 로마 가톨릭에서는 종이 천국과 하느님의 목소리를 상징한다고 보았고, 종소리에는 저주와 악마를 없애고 죄를 정화하는 효과가 있다고 믿었대요. 그래서 종의 모양과 장식에 최고의 기술과 정성을 집약하여 종을 예술품으로 만들었으며 종의 장식에는 모든 종교적 상징물을 사용했었대요. 오늘날과 같은 종의 모양으로 종 밑 부분에서 바깥쪽으로 퍼져있는 나팔꽃 모양의 종은 11세기부터 만들어졌어요.

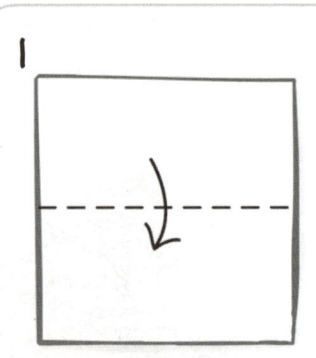

색종이를 이등분이 되도록 안쪽으로 접어 내린다.

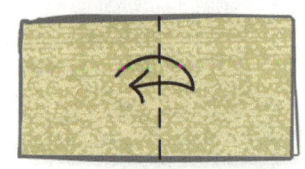

색종이를 이등분이 되도록 안쪽으로 접었다 펴준다.

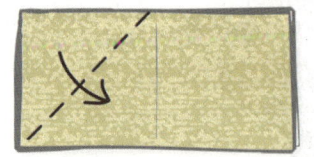

색종이를 중심선에 맞추어 안쪽으로 접는다.

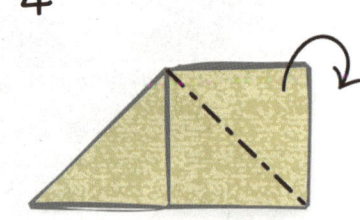

색종이를 중심선에 맞추어 바깥쪽으로 접는다.

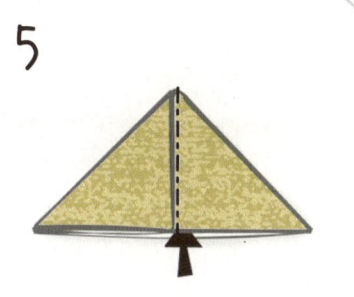

5

색종이를 바깥쪽으로 펼쳐 눌러 접기하여 사각 주머니를 만든다.

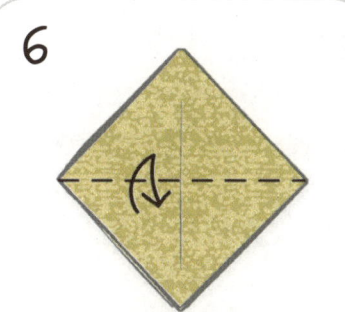

6

색종이 한 매만 이등분이 되도록 안쪽으로 접었다 펴준다.

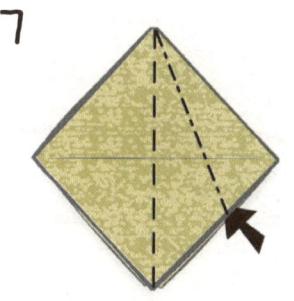

7

색종이를 바깥쪽으로 펼쳐 눌러 접기한다.

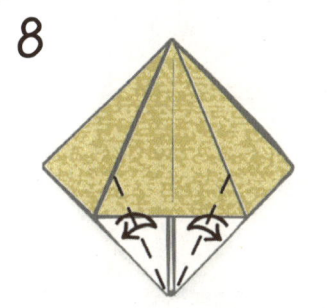

8

색종이 아랫부분을 중심선에 맞추어 이등분이 되도록 안쪽으로 접었다 펴준다.

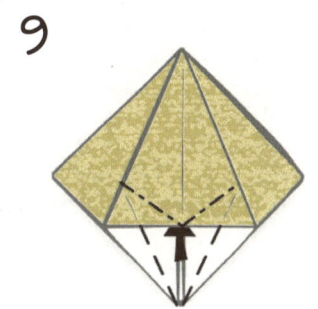

9

색종이 아랫부분을 바깥쪽으로 펼쳐 눌러 접기한다.

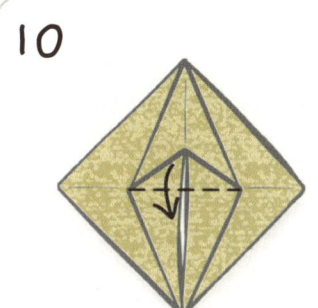

10

모서리 부분을 안쪽으로 접어 내린다.

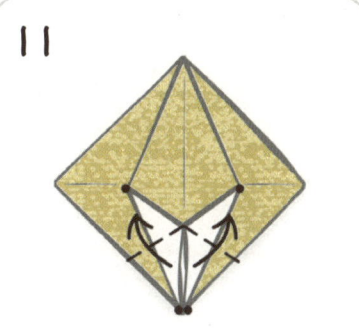

11

모서리 부분을 표시점에 맞추어 안쪽으로 접어 올린다.

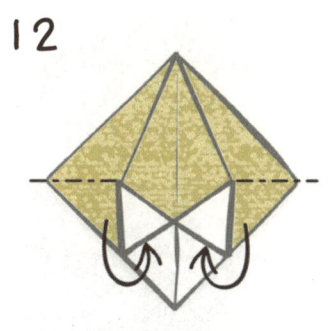

12

색종이 아랫부분을 바깥 접기 하여 안쪽으로 넣어준다.

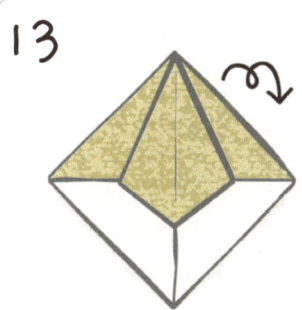

13

색종이를 뒤집기하여 뒷면도 같은 방법으로 접는다.

땅그랑, 땅그랑 크리스마스 종 모빌 접기 • 243

14
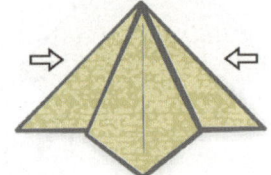
색종이 옆면을 눌러 주어 입체로 만든다.

15

모서리 부분 끝을 살짝 접어 올려준다.

16 크리스마스 종을 완성한다.

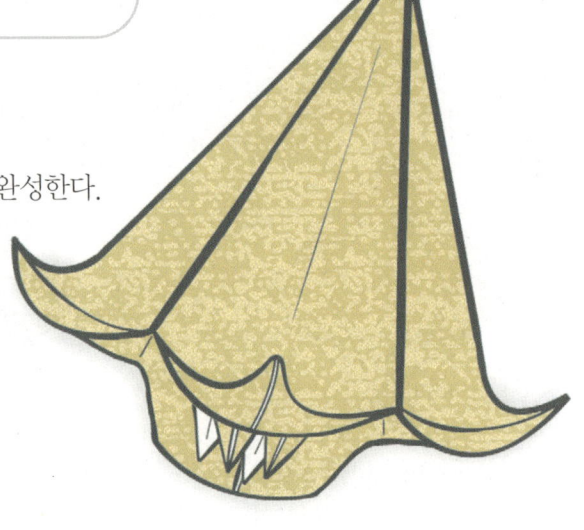

크리스마스 종 모빌 장식하기

반짝이는 금색종이를 이용하여 크리스마스 종을 접어보세요. 완성된 종의 안쪽 빈 공간에 휴지를 돌돌 말아 넣어주면 좀 더 단단하게 종 모양을 유지할 수 있어요. 같은 모양의 종을 두 개 접어 연결하여 붙여주고 크리스마스 분위기를 낼 수 있는 장식을 붙여주세요. 종의 윗부분에 리본을 예쁘게 묶어 크리스마스트리를 장식하여도 좋아요.

트리 속의 산타 할아버지 접기

47

종이접기

트리 속에 산타를 접어 크리스마스 카드를 만들어 보세요. 친구들이나 가족에게 전하고 싶은 말들을 예쁜 글씨로 트리 속에 산타와 함께 숨겨 전해보세요.
트리는 초록색 색종이나 크리스마스 포장지를 이용하면 좋아요. 완성된 트리에 장식 구슬이나 솜을 붙여주어도 근사한 크리스마스 카드를 만들 수 있어요.

준비물 : 샘플 74   트리 접기   산타 얼굴 접기   산타 몸통 접기

1 트리 접기

아이스크림 접기를 이용하여 트리를 접어 보세요.

1. 17cm 색종이를 이등분이 되도록 안쪽으로 접었다 펴준다.

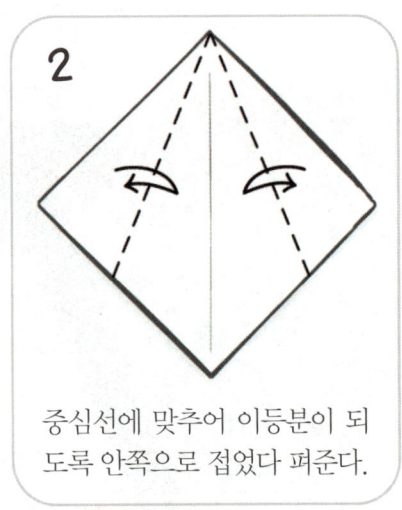

2. 중심선에 맞추어 이등분이 되도록 안쪽으로 접었다 펴준다.

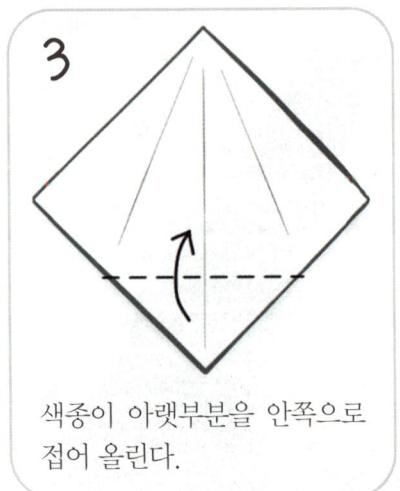

3. 색종이 아랫부분을 안쪽으로 접어 올린다.

4. 중심선에 맞추어 이등분이 되도록 안쪽으로 접는다.

5. 트리를 완성한다.

트리 접기 　 준비물 : 샘플 75 　 산타 얼굴 접기 　 산타 몸통 접기

2 산타 얼굴 접기

색종이의 윗면과 아랫면을 분리하여 산타의 얼굴 부분을 접어 보세요.

> 크리스마스 카드를 보내는 관습은 1840년 영국에서 시작되었대요. 처음에 시작된 크리스마스카드는 아기 예수, 마리아 등 종교적인 그림이 전통적으로 그려졌었지만 오늘날에는 겨울 풍경과 산타클로스를 주제로 한 카드들이 많아졌어요.

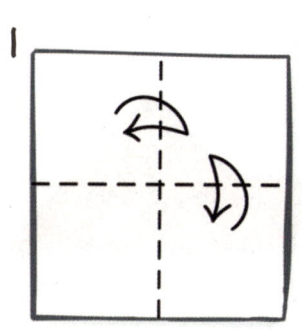

15cm 색종이를 가로와 세로 방향으로 이등분이 되도록 안쪽으로 접었다 펴준다.

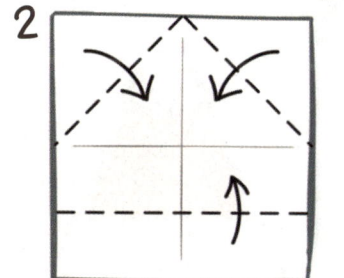

색종이 윗부분을 중심선에 맞추어 안쪽으로 접고, 색종이 아랫부분을 이등분이 되도록 안쪽으로 올려 접는다.

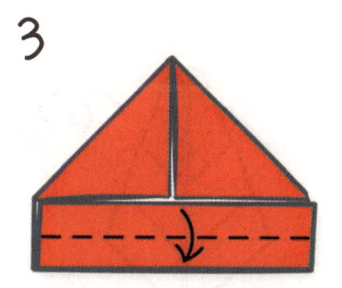

색종이 아랫부분을 이등분이 되도록 안쪽으로 접어 내린다.

색종이를 뒤집기한다.

5
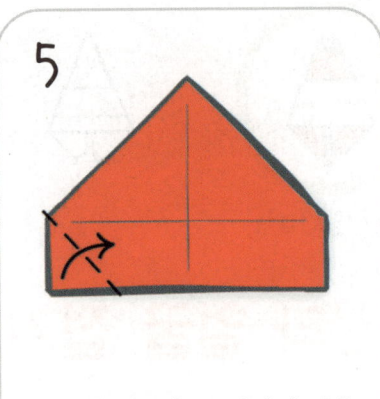
모서리 부분을 중심선에 맞추어 안쪽 접기한다.

6
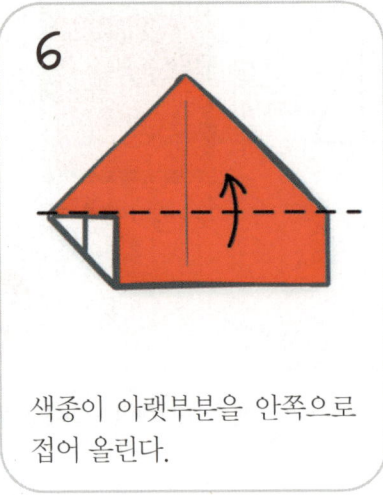
색종이 아랫부분을 안쪽으로 접어 올린다.

7
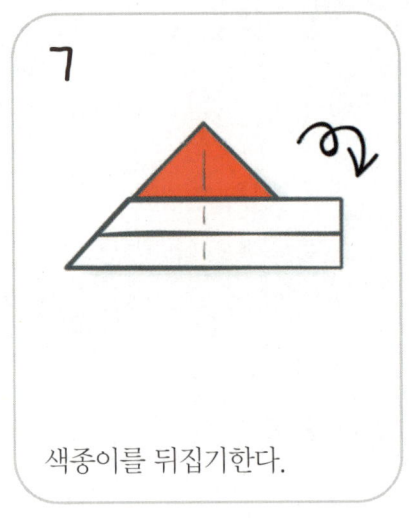
색종이를 뒤집기한다.

8

양쪽 면을 이등분이 되도록 안쪽으로 접어 올린다.

9
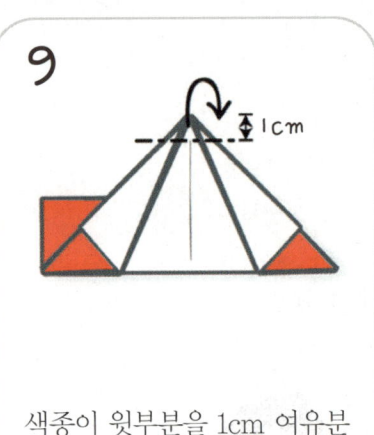
색종이 윗부분을 1cm 여유분을 두고 살짝 바깥 접기한다.

10
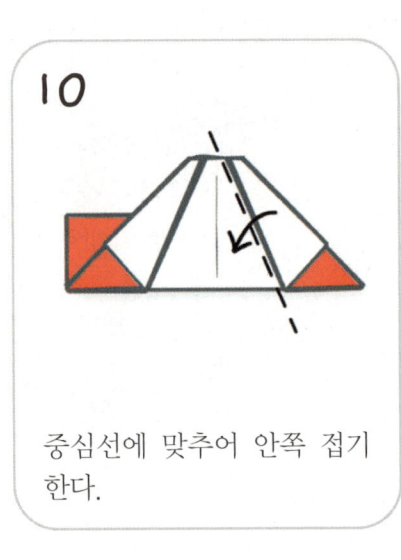
중심선에 맞추어 안쪽 접기한다.

11

중심선에 맞추어 안쪽 접기하며 모서리 부분을 안쪽으로 넣어준다.

12

색종이를 뒤집기한다.

13 산타 얼굴을 완성한다.
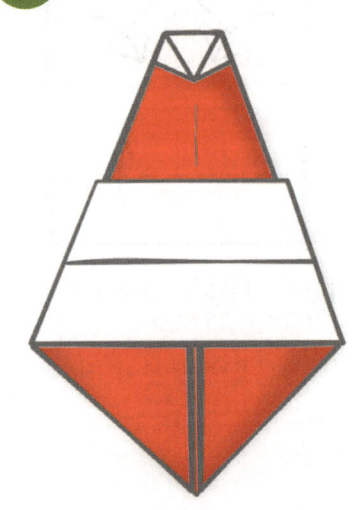

트리 접기   산타 얼굴 접기   준비물 : 샘플 75   산타 몸통 접기

3 산타 몸통 접기

색종이의 윗면과 아랫면을 분리하여 접어주고 가위집을 내어 산타의 몸통 부분을 만들어 보세요.

1
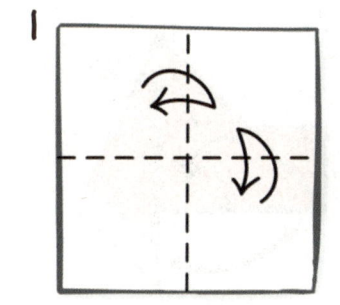
15cm 색종이를 가로와 세로 방향으로 이등분이 되도록 안쪽으로 접었다 펴준다.

2
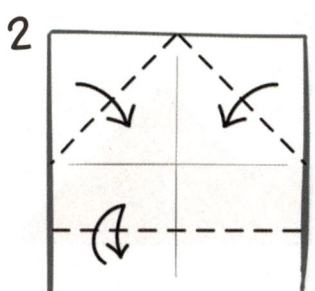
색종이 윗부분을 중심선에 맞추어 안쪽으로 접고, 색종이 아랫부분을 이등분이 되도록 안쪽으로 접었다 펴준다.

3
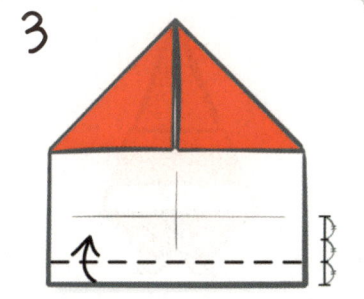
색종이 아랫부분을 이등분선에서 삼등분하여 1/3 부분에서 안쪽으로 접어 올린다.

4
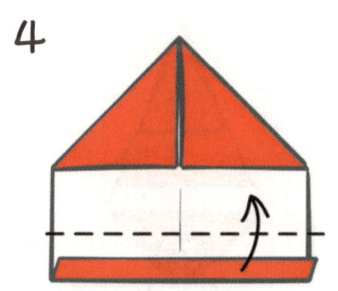
색종이 아랫부분을 이등분선에서 안쪽으로 접어 올린다.

5
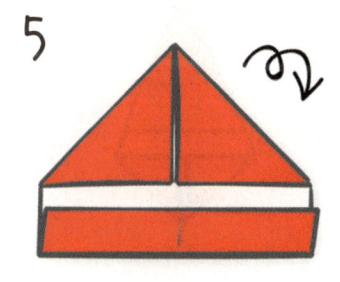
색종이를 뒤집기한다.

6
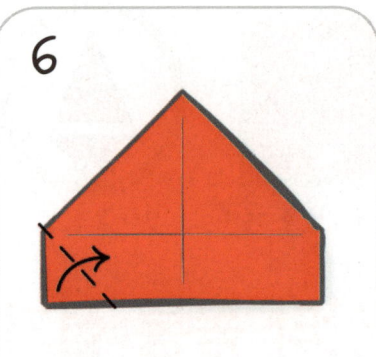
모서리 부분을 중심선에 맞추어 안쪽 접기한다.

7
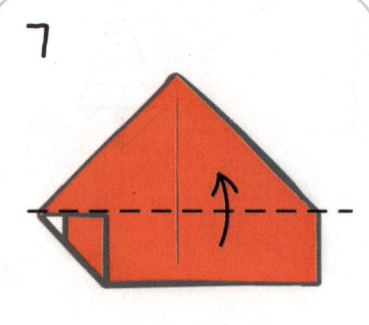
색종이 아랫부분을 안쪽으로 접어 올린다.

8
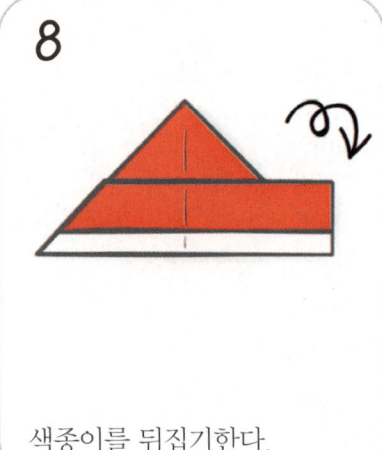
색종이를 뒤집기한다.

9
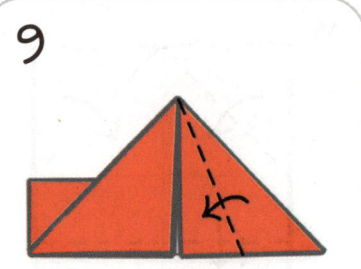
중심선에 맞추어 안쪽 접기한다.

10
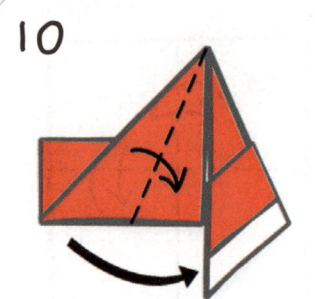
중심선에 맞추어 안쪽 접기하며 모서리 부분을 안쪽으로 넣어준다.

11
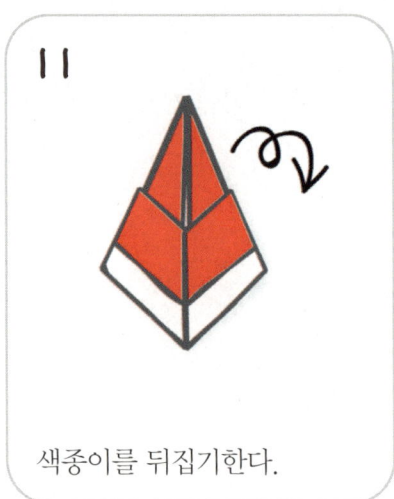
색종이를 뒤집기한다.

12

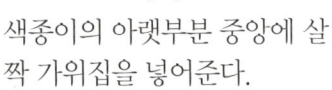
색종이의 아랫부분 중앙에 살짝 가위집을 넣어준다.

13

가위집 넣은 부분을 살짝 안쪽 접기한다.

14

산타 몸통 부분을 완성한다.

15

산타 얼굴과 몸통 부분을 서로 끼워 연결한다.

16 산타를 완성한다.

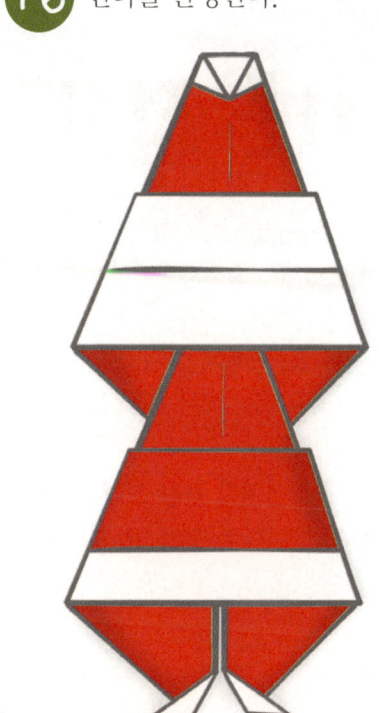

산타 할아버지 연출하기

산타의 얼굴 부분과 몸통 부분을 접을 때 중심선에서 정확하게 이등분이 되도록 안쪽으로 접어주어야 풀을 이용하지 않고도 양쪽 모서리 부분을 연결하여 고정시킬 수 있답니다. 산타의 얼굴 부분과 몸통 부분을 연결할 때, 자유로이 길이를 조절하여 재미있는 홀쭉이와 뚱뚱이 산타를 만들어 보세요. 산타의 수염 부분을 솜이나 천을 이용하여 풀로 붙여주면 더 실감나고 귀여운 산타를 만들 수 있어요.

예쁜 화분을 만들어 볼까?
선인장 화분 접기

48

예쁜 선인장 화분 만들기예요. 초록색 색지를 이용하여 선인장을 만들고 반짝이 은색 펜으로 선인장의 특징인 가시들을 그려주세요. 작은 장식 꽃을 선인장 위에 붙여주면 예쁜 꽃이 핀 선인장 만들기를 할 수 있어요.

도화지에 사인펜으로 예쁘게 선인장 꽃을 그려주고 가위로 오려 붙여도 좋아요. 완성된 선인장 화분 뒷면에 휴지 심을 투명 테이프로 붙여 입체로 세워주고, 창가에 크고 작은 선인장 화분들을 세워보세요.

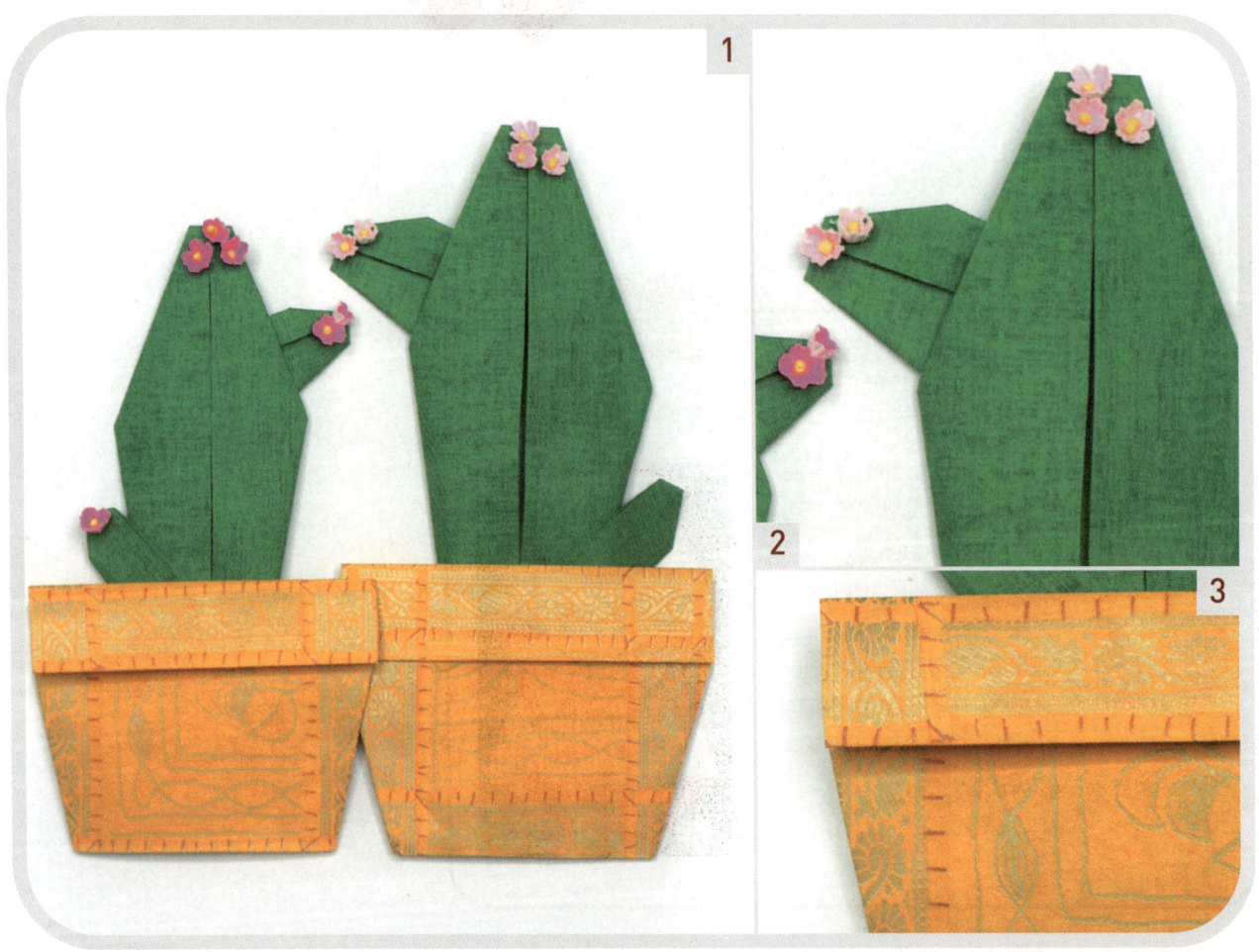

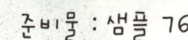
준비물 : 샘플 76

선인장 접기

화분 접기

1 선인장 접기

아이스크림 접기를 응용하여 선인장을 접어 보세요.

선인장은 잎이 없는 다육질 식물로 지구상에서 가장 종류가 많은 식물이에요. 현재 지구상에는 125속 1810종의 선인장들이 있다고 해요. 선인장은 건조한 지방에서 잘 자라며, 열매는 음료수나 약용으로 이용되기도 한답니다. 선인장의 가시는 사막에서 잎의 증산을 막기 위해 퇴화된 것이고, 가시는 동물로부터 자신을 보호하는 역할을 해요. 또 선인장의 표면에 있는 깊은 주름은 복사열에 의해서 체온이 지나치게 올라가지 않도록 체온 조절 기능을 한답니다.

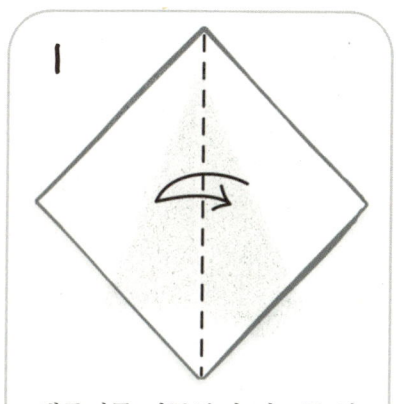

색종이를 이등분이 되도록 안쪽으로 접었다 펴준다.

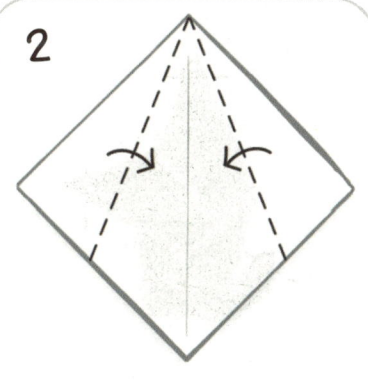

중심선에 맞추어 안쪽으로 아이스크림 접기한다.

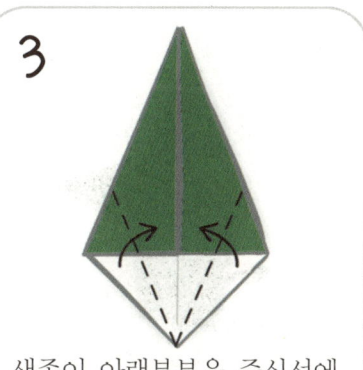

색종이 아랫부분을 중심선에 맞추어 이등분이 되도록 안쪽으로 접는다.

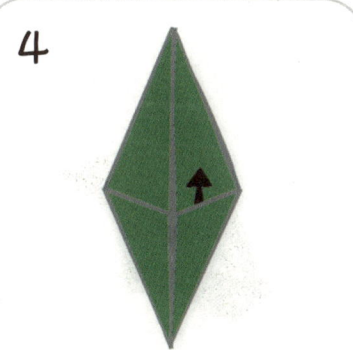

색종이 한쪽 면을 바깥쪽으로 빼내어 접는다.

5	6	7
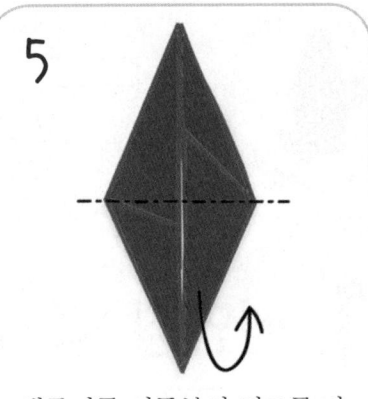	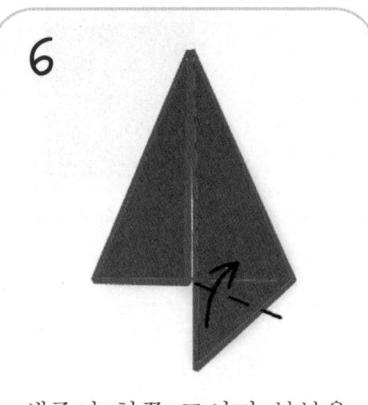	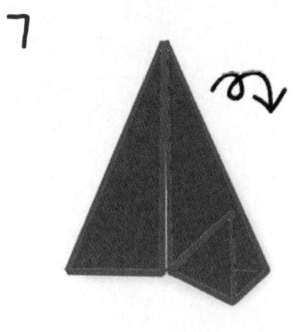
색종이를 이등분이 되도록 바깥 접기한다.	색종이 한쪽 모서리 부분을 안쪽으로 접어 올린다.	색종이를 뒤집기한다.

8	9	10
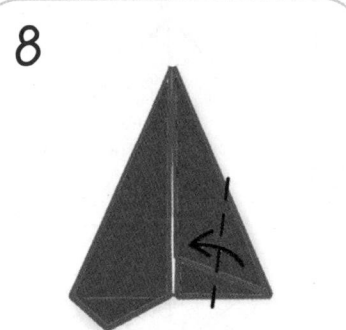	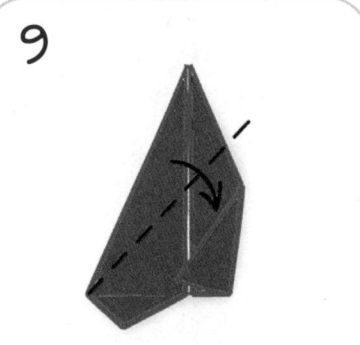	
색종이 한쪽 면을 사선 방향으로 안쪽 접기한다.	색종이 한쪽 면을 사선 방향으로 안쪽 접기한다.	색종이 아랫부분을 살짝 안쪽으로 접었다 펴준다.

11	12	13
		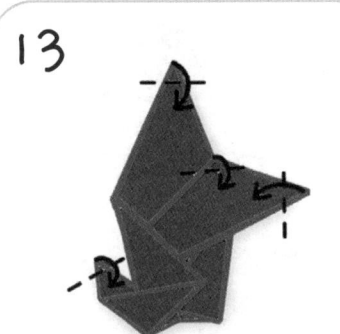
색종이 한쪽 면을 사선 방향으로 안쪽 접기한다.	색종이 한쪽 면을 바깥쪽으로 펼쳐 눌러 접기한다.	색종이 모서리 부분을 살짝 안쪽으로 접는다.

14 색종이를 뒤집기한다.

15 선인장을 완성한다.

선인장 접기 · 준비물 : 샘플 77 · 화분 접기

2 화분 접기

색종이 윗면을 바깥쪽으로 접고 아랫면을 사선으로 접어 화분을 만들어 보세요.

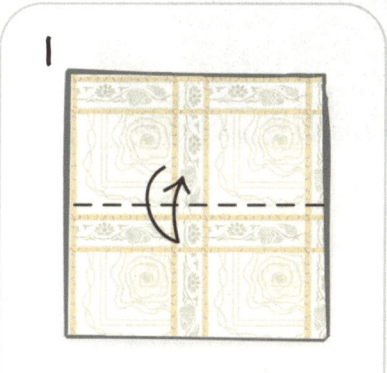

1 색종이를 이등분이 되도록 안쪽으로 접었다 펴준다.

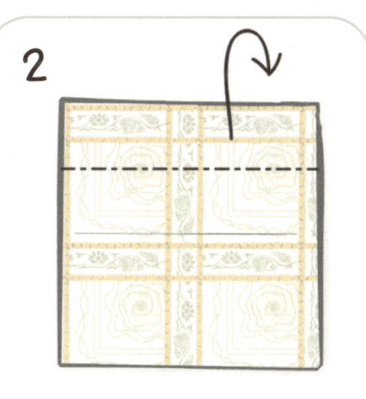

2 중심선에서 이등분이 되도록 바깥 접기한다.

3 색종이 아랫부분을 사선 방향으로 살짝 안쪽 접기한다.

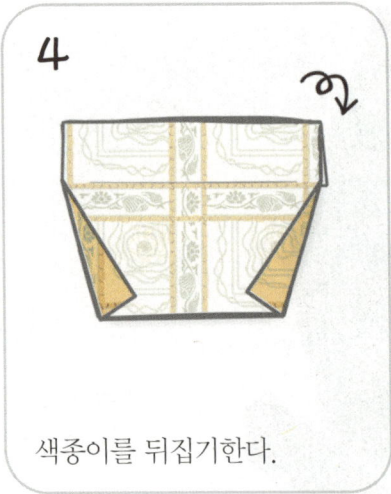

색종이를 뒤집기한다.

화분을 완성한다.

6 화분에 선인장을 붙여 완성한다.

종이접기

펄럭펄럭, 자랑스러운
태극기 접기

49

태극기는 대한민국의 국기로 우리나라의 국민 정신과 주권을 대표하는 상징물이예요. 태극기 아래 조국을 위해 애쓰신 나라의 선열들을 생각해보며 태극기 만들기를 해보세요.

펄럭펄럭, 자랑스러운 태극기 접기 • 257

1 태극 접기

방석 접기를 응용하여 태극 부분을 접어 보세요.

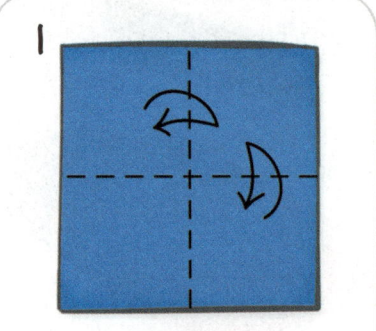

1

15cm 색종이를 가로와 세로 방향으로 이등분이 되도록 안쪽으로 접었다 펴준다.

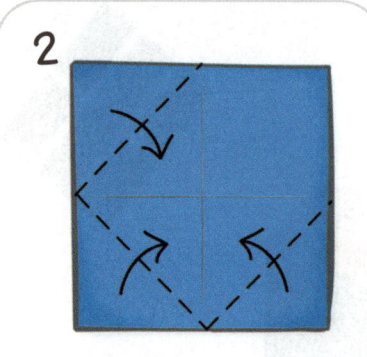

2

색종이를 중심선에 맞추어 방석 접기한다.

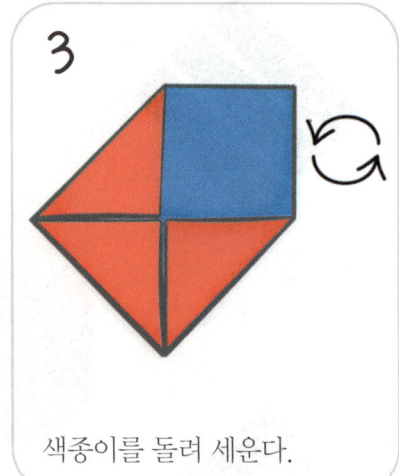

3

색종이를 돌려 세운다.

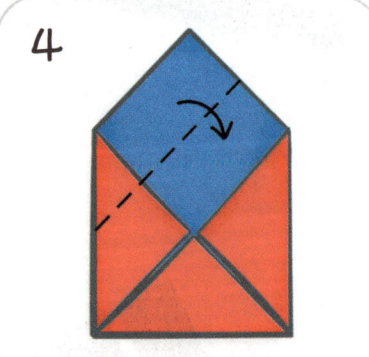

4

색종이 한쪽 면을 이등분이 되도록 안쪽으로 접어 내린다.

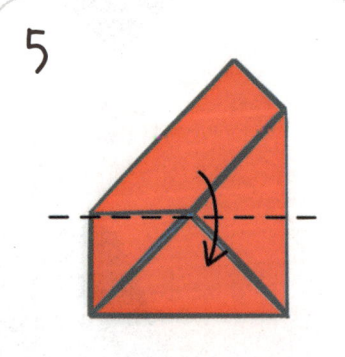

5

색종이 윗부분을 안쪽으로 접어 내린다.

6

색종이를 뒤집기한다.

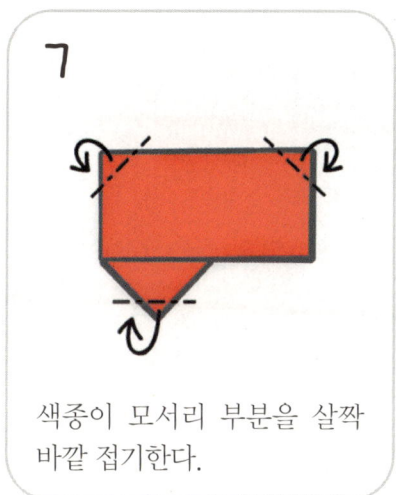

7

색종이 모서리 부분을 살짝 바깥 접기한다.

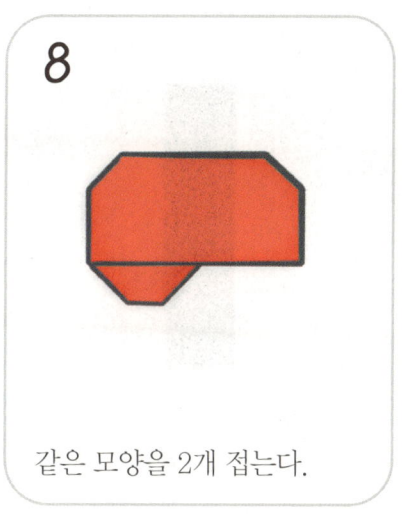

8

같은 모양을 2개 접는다.

9 같은 모양을 서로 겹쳐 태극 문양을 완성한다.

태극 접기   준비물 : 샘플 79   건, 곤, 감, 리 접기

2 건, 곤, 감, 리 접기

문 접기를 이용하여 건곤감리 부분을 접어 보세요.

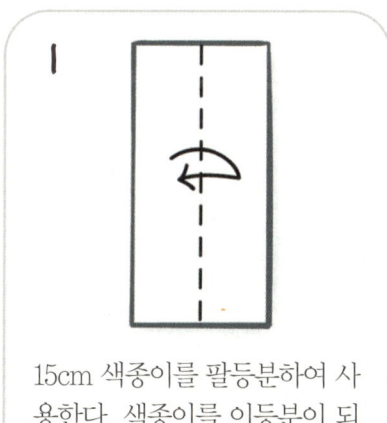

1

15cm 색종이를 팔등분하여 사용한다. 색종이를 이등분이 되도록 안쪽으로 접었다 펴준다.

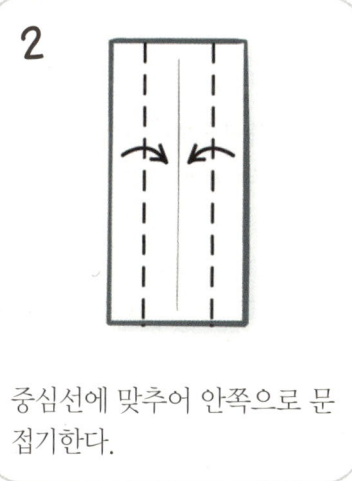

2

중심선에 맞추어 안쪽으로 문 접기한다.

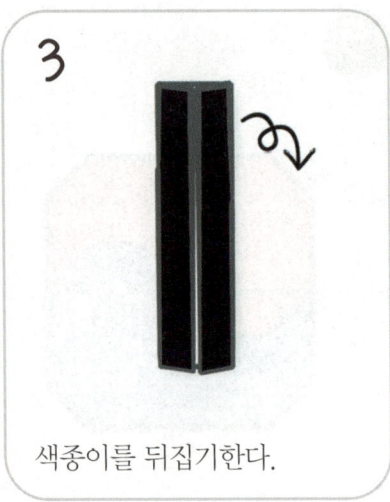

3 색종이를 뒤집기한다.

4 같은 모양을 12개 접어 건곤 감리 부분을 완성한다.

5 태극 부분과 건곤감리 부분을 구성하여 태극기를 완성한다.

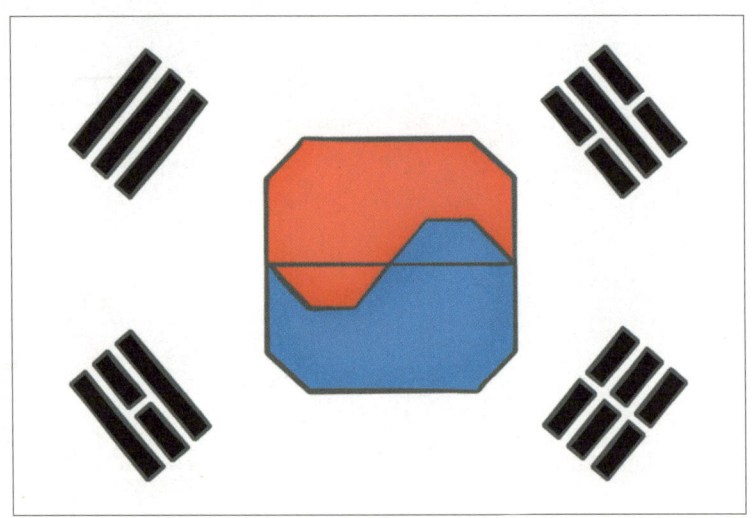

태극 도형이 우리나라의 상징으로 여겨진 것은 서기 682년경 신라 31대 신문왕 때부터였어요. 태극기는 1882년 최초의 국기로 만들어지기 전까지는 조선국기로 불리어 오다가 1919년 독립선언을 하던 때부터 태극기로 불렸대요. 태극기의 흰색 바탕은 백의민족의 순결성과 광명을 뜻하며, 태극원형은 단일을, 태극음양은 창조, 4괘 부분은 무궁한 발전과 광명을 뜻한답니다.

벽면에 수족관을 만들어요!
수족관 접기

50

여러 가지 물고기들을 접어 벽면에 멋진 수족관을 만들어 보세요.
둥근 스티로폼이나 우드락 판을 둥글게 가위로 오려 수족관 만들기를 할 수 있어요. 물결무늬 골판지를 둥근 스티로폼 밑에 붙여주고, 수족관 속에 물풀과 해초들을 꾸며주세요. 열대어들을 접어 붙여주고 투명 필름지를 둥근 스티로폼 위에 붙여주세요. 필름지가 붙여진 둥근 스티로폼 위에 수족관 테두리를 접어 둥글게 연결하여 붙여 수족관을 완성합니다. 뒷면에 양면 테이프를 붙여 물고기들이 헤엄치는 수족관을 욕실이나 벽에 장식할 수 있어요.

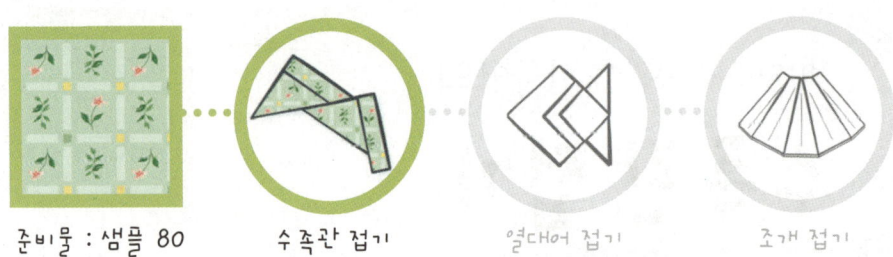

준비물 : 샘플 80   수족관 접기   열대어 접기   조개 접기

1 수족관 접기

색종이 윗면과 아랫면을 각각 이등분이 되도록 접고, 같은 모양을 여러 개 연결하여 수족관 틀을 만들어 보세요.

> 인류 최초로 물고기를 기른 사람은 4500년 전에 인공 연못에서 물고기를 기른 수메르인이었대요. 중국에서는 BC 1000년 전부터 잉어를 길렀고, 고대 로마에서는 식용과 오락용으로 바닷물고기를 키웠대요. 1700년대 중반 영국에서 금붕어를 유리 그릇 속에 키우기 시작하면서 물고기 키우는 하나의 방법으로 수족관이 발전되었답니다.

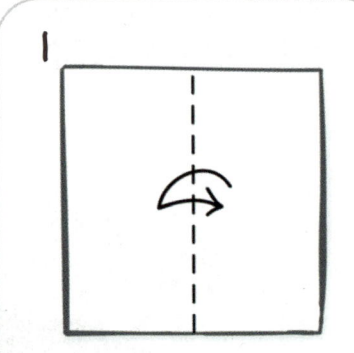

1
색종이를 이등분이 되도록 안쪽으로 접었다 펴준다.

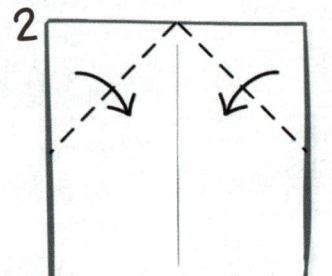

2
색종이 윗부분을 중심선에 맞추어 이등분이 되도록 안쪽으로 접는다.

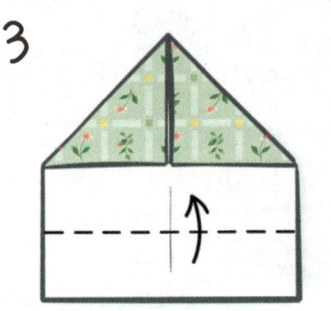

3
색종이 아랫부분을 이등분이 되도록 안쪽으로 접어 올린다.

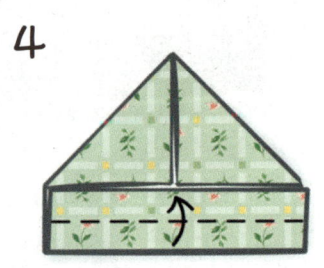

4
색종이 아랫부분을 이등분이 되도록 안쪽으로 접어 올린다.

5

색종이 아랫부분을 안쪽으로 접어 올린다.

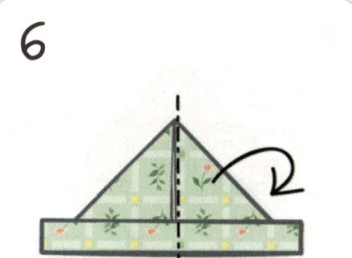

6

색종이를 이등분이 되도록 바깥 접기한다.

7 같은 모양을 여러 개 접어 서로 연결하여 원 모양을 만들어 수족관 틀을 완성한다.

수족관 접기

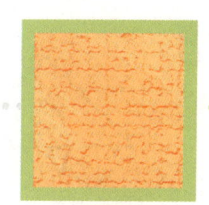
준비물 : 샘플 81

열대어 접기

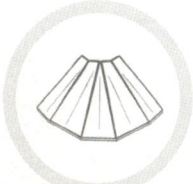
조개 접기

2 열대어 접기

삼각 접기에서 시작하여 열대어를 접어 보세요.

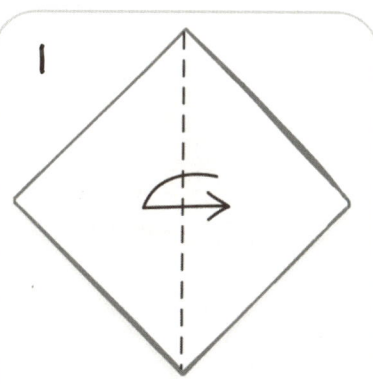

1

색종이를 이등분이 되도록 안쪽으로 접었다 펴준다.

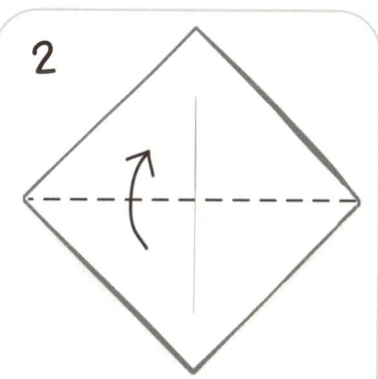

2

색종이를 이등분이 되도록 안쪽으로 접어 올린다.

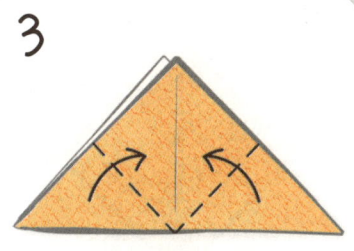

3

중심선에 맞추어 안쪽으로 접어 올린다.

4

색종이를 뒤집기한다.

5
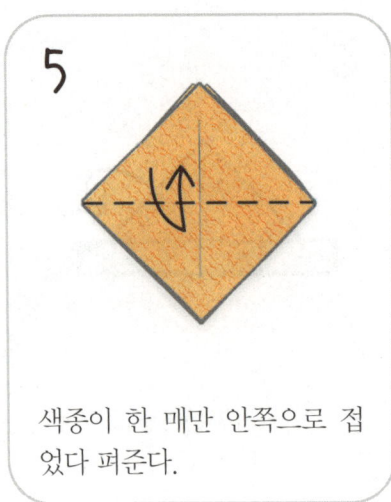
색종이 한 매만 안쪽으로 접었다 펴준다.

6
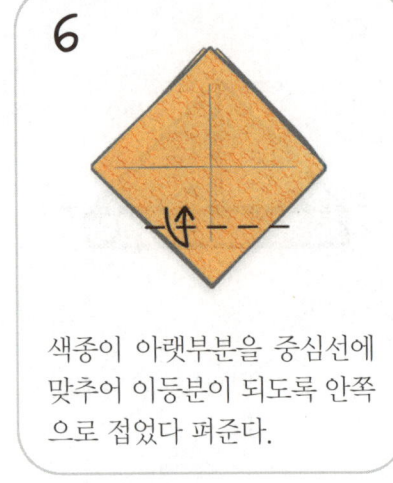
색종이 아랫부분을 중심선에 맞추어 이등분이 되도록 안쪽으로 접었다 펴준다.

7
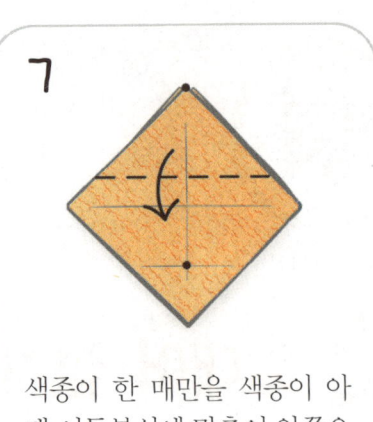
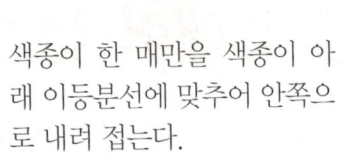
색종이 한 매만을 색종이 아래 이등분선에 맞추어 안쪽으로 내려 접는다.

8
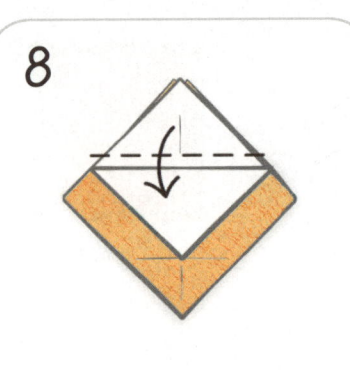
색종이 윗부분을 여유분을 두고 안쪽으로 접어 내린다.

9

색종이를 뒤집기한다.

10

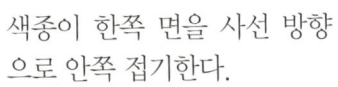
색종이 한쪽 면을 사선 방향으로 안쪽 접기한다.

11

모서리 부분을 안쪽으로 접는다.

12

색종이 한쪽 면을 사선 방향으로 안쪽 접기한다.

13

모서리 부분을 안쪽으로 접는다.

14

색종이를 뒤집기한다.

15 열대어를 완성한다.

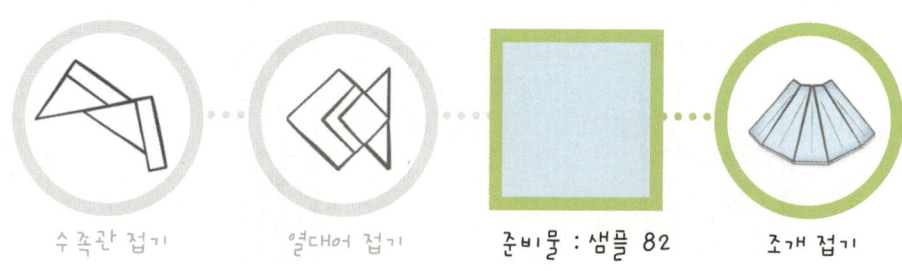

수족관 접기 · 열대어 접기 · 준비물 : 샘플 82 · 조개 접기

3 조개 접기

문 접기를 응용하여 같은 간격으로 접어 조개를 만들어 보세요.

1

색종이를 이등분이 되도록 안쪽으로 접었다 펴준다.

2

중심선에 맞추어 안쪽으로 문 접기한다.

3

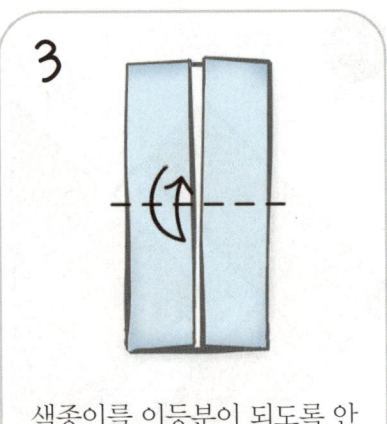

색종이를 이등분이 되도록 안쪽으로 접었다 펴준다.

4

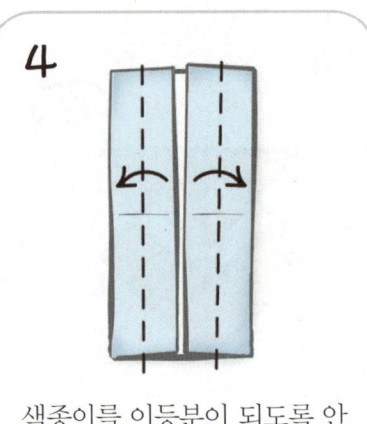

색종이를 이등분이 되도록 안쪽으로 접는다.

5

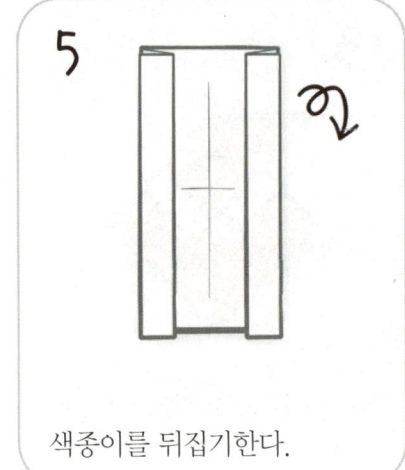

색종이를 뒤집기한다.

6

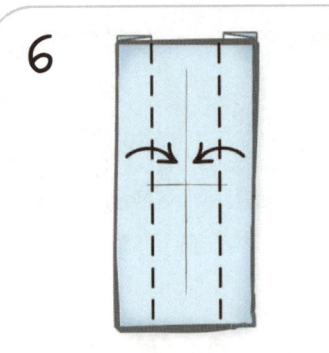

중심선에 맞추어 안쪽으로 문 접기한다.

7

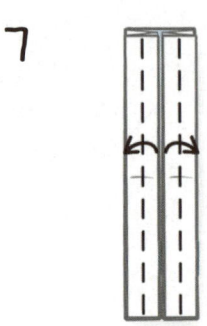

색종이를 이등분이 되도록 안쪽으로 접는다.

8

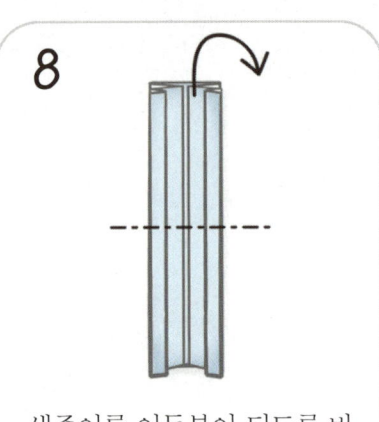

색종이를 이등분이 되도록 바깥 접기한다.

9

색종이 양쪽 면을 바깥쪽으로 당겨 접는다.

10 조개를 완성한다.

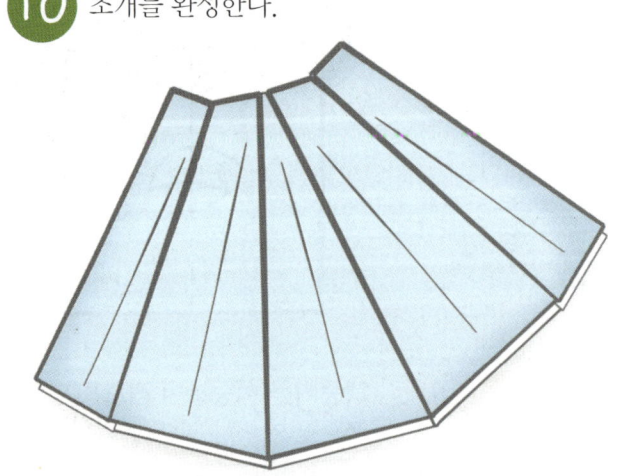

부록 패턴지 모음

부록으로 제공하는 패턴지는 예제에 필요한 종이 크기마다 차이가 있을 수 있습니다. 크기에 맞게 오려 사용하세요.

| 샘플1 | 파릇 파릇 싹이 났어요! 새싹 접기 | 샘플1 | 파릇 파릇 싹이 났어요! 새싹 접기 |

| 샘플 2 | 지구를 지키는 배트맨! 배트맨 가면 접기 |

| 샘플 3 | 나는 왕이로소이다! 왕관 접기 |

| 샘플3 | 나는 왕이로소이다! 왕관 접기 | 샘플4 | 낼름 낼름, 움직이는 뱀접기 |

| 샘플4 | 낼름 낼름, 움직이는 뱀접기 | 샘플4 | 낼름 낼름, 움직이는 뱀접기 |

| 샘플 5 | 소꿉놀이를 해볼까요?
감자튀김과 닭다리 접기 | 샘플 5 | 소꿉놀이를 해볼까요?
감자튀김과 닭다리 접기 |

| 샘플 6 | 소꿉놀이를 해볼까요?
감자튀김과 닭다리 접기 | 샘플 6 | 소꿉놀이를 해볼까요?
감자튀김과 닭다리 접기 |

| 샘플7 | 소꿉놀이를 해볼까요?
감자튀김과 닭다리 접기 | 샘플7 | 소꿉놀이를 해볼까요?
감자튀김과 닭다리 접기 |

| 샘플8 | 따리따리~ 움직이는 깡통로봇 접기 | 샘플8 | 따리따리~ 움직이는 깡통로봇 접기 |

| 샘플10 | 쨍그랑 한푼, 금붕어 저금통 접기 | | 샘플10 | 쨍그랑 한푼, 금붕어 저금통 접기 |

| 샘플11 | 쨍그랑 한푼, 금붕어 저금통 접기 | | 샘플11 | 쨍그랑 한푼, 금붕어 저금통 접기 |

| 샘플12 | 우주를 항해하는 미래의 우주탐험대 접기 | 샘플12 | 우주를 항해하는 미래의 우주탐험대 접기 |

| 샘플13 | 우주를 항해하는 미래의 우주탐험대 접기 | 샘플13 | 우주를 항해하는 미래의 우주탐험대 접기 |

| 샘플14 | 우주를 항해하는 미래의 우주탐험대 접기 |
| 샘플14 | 우주를 항해하는 미래의 우주탐험대 접기 |

| 샘플15 | 노랗게 옥수수가 익어요! 옥수수 접기 |
| 샘플15 | 노랗게 옥수수가 익어요! 옥수수 접기 |

| 샘플20 | 아기 강아지가 태어났어요!
아기 강아지 접기 | 샘플20 | 아기 강아지가 태어났어요!
아기 강아지 접기 |

| 샘플21 | 사진을 예쁘게,
꽃 모양의 사진 액자 접기 | 샘플21 | 사진을 예쁘게,
꽃 모양의 사진 액자 접기 |

| 샘플23 | 주룩주룩 비가 내려요! 우산 접기 | 샘플24 | 늑대가 나타났어요! 아기 돼지 삼형제 |

| 샘플24 | 늑대가 나타났어요! 아기 돼지 삼형제 | 샘플25 | 한가로이 풀을 먹는 아기 토끼 접기 |

| 샘플25 | 한가로이 풀을 먹는 아기 토끼 접기 | 샘플26 | 초가집 속의 할아버지와 할머니 접기 |

| 샘플26 | 초가집 속의 할아버지와 할머니 접기 | 샘플27 | 초가집 속의 할아버지와 할머니 접기 |

| 샘플27 | 초가집 속의 할아버지와 할머니 접기 | 샘플28 | 요리조리 움직여요! 아기 고양이 접기 |

| 샘플28 | 요리조리 움직여요! 아기 고양이 접기 | 샘플29 | 딱지보다 멋진 문양만들기 |

| 샘플29 | 딱지보다 멋진 문양 만들기 |
| 샘플30 | 딱지보다 멋진 문양 만들기 |

| 샘플30 | 딱지보다 멋진 문양 만들기 |
| 샘플31 | 눈처럼 희고 깨끗한 백합꽃 접기 |

| 샘플31 | 눈처럼 희고 깨끗한 백합꽃 접기 | 샘플32 | 굴러라! 주사위 접기 |

| 샘플32 | 굴러라! 주사위 접기 | 샘플33 | 사슴벌레가 있는 가을 풍경 꾸미기 |

샘플33	사슴벌레가 있는 가을 풍경 꾸미기
샘플34	사슴벌레가 있는 가을 풍경 꾸미기
샘플34	사슴벌레가 있는 가을 풍경 꾸미기
샘플35	치즈 케이크를 찾아랏! 생쥐 접기

| 샘플35 | 치즈 케이크를 찾아떠나는 생쥐 접기 | 샘플36 | 데굴데굴 재주 넘는 팬더 곰 접기 |

| 샘플36 | 데굴데굴 재주 넘는 팬더 곰 접기 | 샘플37 | 반짝반짝 신데렐라 유리 구두 접기 |

| 샘플37 | 반짝반짝 신데렐라 유리 구두 접기 | 샘플38 | 얼음 톡톡! 아이스빙수 접기 |

| 샘플38 | 얼음 톡톡! 아이스빙수 접기 | 샘플39 | 펄펄 눈 내리는 유리병 트리 접기 |

| 샘플41 | 예쁘게 장식할 수 있는 크리스마스 트리 접기 | 샘플42 | 예쁘게 장식할 수 있는 크리스마스 트리 접기 |

| 샘플42 | 예쁘게 장식할 수 있는 크리스마스 트리 접기 | 샘플43 | 시장을 봤왔어요! 냉장고 꾸미기 |

| 샘플45 | 시장을 봤어요! 냉장고 꾸미기 |

| 샘플46 | 시장을 봤어요! 냉장고 꾸미기 |

| 샘플46 | 시장을 봤어요! 냉장고 꾸미기 |

| 샘플47 | 시장을 봤어요! 냉장고 꾸미기 |

| 샘플49 | 가슴에 달아볼까? 장미꽃 모빌 접기 | 샘플49 | 가슴에 달아볼까? 장미꽃 모빌 접기 |

| 샘플50 | 연못가에 숨어있는 송사리 떼 접기 | 샘플50 | 연못가에 숨어있는 송사리 떼 접기 |

| 샘플53 | 하늘 위로 붕붕, 공중 곡예 비행기 접기 | 샘플53 | 하늘 위로 붕붕, 공중 곡예 비행기 접기 |

| 샘플54 | 빨랫줄에 빨래를 널어요! 옷 접기 | 샘플54 | 빨랫줄에 빨래를 널어요! 옷 접기 |

| 샘플55 | 빨랫줄에 빨래를 널어요! 옷 접기 |
| 샘플56 | 빨랫줄에 빨래를 널어요! 옷 접기 |

| 샘플57 | 빨랫줄에 빨래를 널어요! 옷 접기 |
| 샘플57 | 빨랫줄에 빨래를 널어요! 옷 접기 |

| 샘플58 | 알콩달콩~ 고양이 가족 접기 |
| 샘플58 | 알콩달콩~ 고양이 가족 접기 |

| 샘플59 | 알콩달콩~ 고양이 가족 접기 |
| 샘플59 | 알콩달콩~ 고양이 가족 접기 |

| 샘플60 | 알콩달콩~ 고양이 가족 접기 |
| 샘플60 | 알콩달콩~ 고양이 가족 접기 |

| 샘플 65 | 잠자리가 나는 하늘, 잠자리 접기 |

| 샘플 66 | 흰 눈송이 속의 눈사람 접기 |

| 샘플 71 | 나룻배를 띄워요! 나룻배 접기 | 샘플 71 | 나룻배를 띄워요! 나룻배 접기 |

| 샘플 72 | 내 손으로 만드는 트리 장식품 접기 | 샘플 72 | 내 손으로 만드는 트리 장식품 접기 |

| 샘플73 | 땅그랑, 땅그랑
크리스마스 종 모빌 접기 | 샘플73 | 땅그랑, 땅그랑
크리스마스 종 모빌 접기 |

| 샘플74 | 트리 속의 산타 할아버지 접기 | 샘플74 | 트리 속의 산타 할아버지 접기 |

| 샘플75 | 트리 속의 산타 할아버지 접기 |

| 샘플75 | 트리 속의 산타 할아버지 접기 |

| 샘플76 | 예쁜 화분을 만들어 볼까? 선인장 화분 접기 |

| 샘플76 | 예쁜 화분을 만들어 볼까? 선인장 화분 접기 |

| 샘플 77 | 예쁜 화분을 만들어 볼까?
선인장 화분 접기 | 샘플 77 | 예쁜 화분을 만들어 볼까?
선인장 화분 접기 |

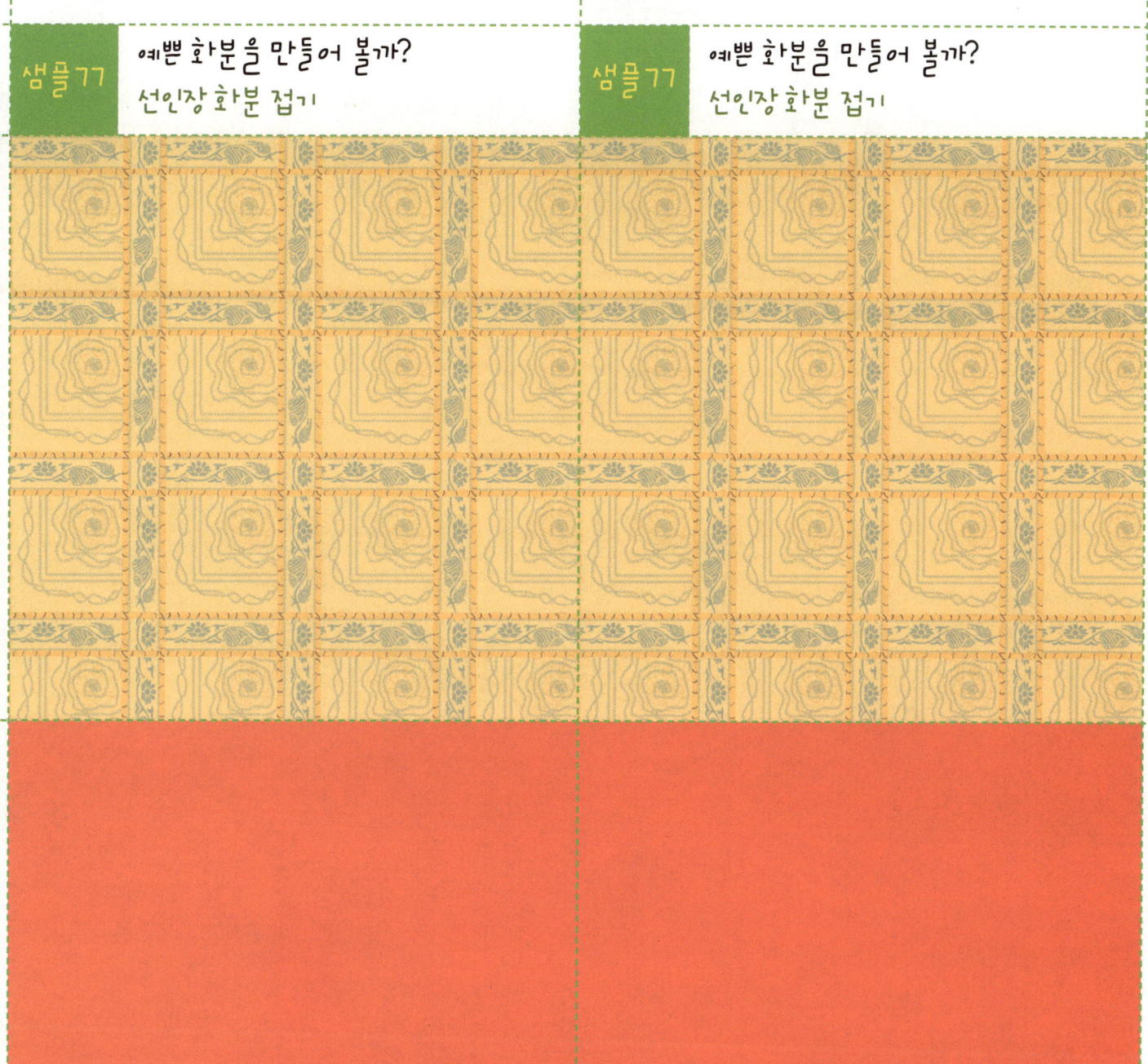

| 샘플 78 | 펄럭펄럭, 자랑스러운 태극기 접기 | 샘플 78 | 펄럭펄럭, 자랑스러운 태극기 접기 |

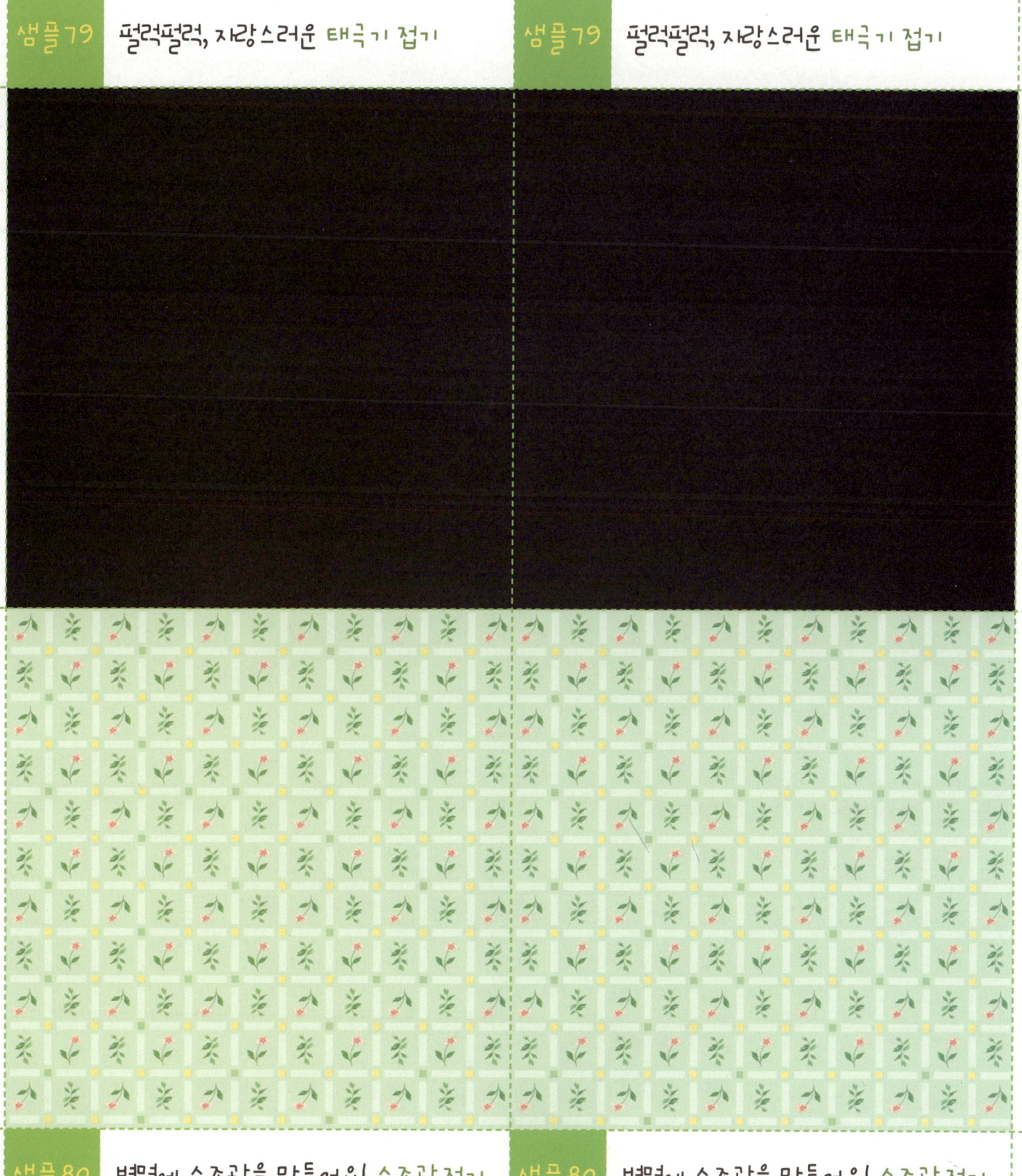

| 샘플 81 | 벽면에 수족관을 만들어요! 수족관 접기 | 샘플 81 | 벽면에 수족관을 만들어요! 수족관 접기 |

| 샘플 82 | 벽면에 수족관을 만들어요! 수족관 접기 | 샘플 82 | 벽면에 수족관을 만들어요! 수족관 접기 |